项目资助

本书受教育部人文社科基金青年项目"地方高校教师评价对组织绩效的影响研究"（项目批号：19YJC880082）资助

大学教师发展研究系列丛书

沈红 主编

大学教师
评价的院系逻辑

The Departmental Logic of
Faculty Evaluation

王建慧 ◎ 著

中国社会科学出版社

图书在版编目（CIP）数据

大学教师评价的院系逻辑／王建慧著．—北京：中国社会科学出版社，2023.8
（大学教师发展研究系列丛书）
ISBN 978 - 7 - 5227 - 2126 - 2

Ⅰ.①大…　Ⅱ.①王…　Ⅲ.①高等学校—教师评价—研究—美国
Ⅳ.①G649.712

中国国家版本馆 CIP 数据核字（2023）第 112797 号

出 版 人	赵剑英	
责任编辑	周晓慧	
责任校对	刘　念	
责任印制	戴　宽	

出　　版	中国社会科学出版社	
社　　址	北京鼓楼西大街甲 158 号	
邮　　编	100720	
网　　址	http://www.csspw.cn	
发 行 部	010 - 84083685	
门 市 部	010 - 84029450	
经　　销	新华书店及其他书店	

印　　刷	北京明恒达印务有限公司	
装　　订	廊坊市广阳区广增装订厂	
版　　次	2023 年 8 月第 1 版	
印　　次	2023 年 8 月第 1 次印刷	

开　　本	710 × 1000　1/16	
印　　张	15.25	
插　　页	2	
字　　数	245 千字	
定　　价	79.00 元	

总　序

2008 年，华中科技大学出版社出版了一套由我主编的《21 世纪教育经济研究丛书·学生贷款专题》，主体内容集中在高等教育学生财政如学生贷款的运行机制、学生贷款的补贴、学生贷款的担保等上。2014 年，中国社会科学出版社出版了一套也是由我主编的"高等教育财政研究系列丛书"，主体内容涉及公办高校学费标准、学生贷款的社会流动效应、高校绩效薪酬、政府财政支出责任、政府教育财政政策。可以看出，上述两套丛书是密切关联的，研究内容具有从高等教育学生财政向高等教育财政扩展的特点。2016 年，我和我的团队部分成员集体出版的《中国高校学生资助的理论与实践》，向学术界和社会大众集结报告了我们自 1997 年到 2016 年有关"高等教育学生财政"的研究成果。2019 年，在中国社会科学出版社的支持下，我主编的"教育经济研究"系列丛书开始出版。这是我从事高等教育经济与财政系列研究 20 多年来出版的第三套丛书。

我是 1999 年晋升的教授。自 2000 年开始以博士生导师的身份独立招收博士研究生，至 2019 年已招满 20 届，到 2019 年 5 月已独立培养出 66 名博士，其中以"教育经济学"和"高等教育管理"作为博士学位论文选题的人各一半，分属于"教育经济与管理"专业和"高等教育学"专业，毕业时分别获得管理学博士学位和教育学博士学位。管理学博士学位获得者大多在高等学校的公共管理学院工作，少量的在教育学院工作。研究教育经济问题的博士们现今的主要研究领域为高等教育经济与财政。

我本人具有跨学科的求学经历和教学、科研工作经历。在求学上：本科专业是"77 级"的机械制造与工程，在著名的华中工学院获得工学学士学位；然后以在职人员身份攻读华中理工大学的高等教育管理硕士，师从朱九思教授，1992 年获得教育学硕士学位；再然后考上了华中理工大学管理科学与工程专业的博士生，师从朱九思教授和黎志成教授，1997 年获得工学博士学位（也就是当今的管理学，1997 年的管理学尚没有从工学中分离出来）。指导研究生上：1998 年开始在华中理工大学高等教育研究所的高等教育学专业招收硕士生；1999 年开始辅助我的导师朱九思先生指导博士生；2000 年经评审获得高等教育学专业博士生导师资格并招生；2003 年经评审获得教育经济与管理专业博士生导师资格并招生。多年来一直在两个二级学科博士点（管理学的教育经济与管理，教育学的高等教育学）招收博士生。教学上：多年来承担的教学课程也是跨在两个专业。面对教育经济与管理专业博士生的"高等教育财政专题"；面对教育领导与管理专业的专业学位博士生的"国际高等教育发展"；面对来华博士留学生的"中国教育改革与发展"；面对两个专业硕士生的"比较高等教育"后来是"高等教育管理的国际比较"；还参与博士生的"研究方法高级讲座"课程的教学。科研上：多年来从事的科学研究也集中在这两个专业。涉及教育经济学研究领域，本人负责的科研项目有："高等教育增值与毕业生就业之间的关系——基于教育经济学的理论分析与实证检验""中国学生贷款方案""学生贷款回收""学生贷款偿还""中国全日制普通高校学生资助""国家开发银行助学贷款业务发展战略规划""中国高校学费制度改革""开辟教育新财源""大学科研成本计量"和"中央高校财政拨款模式"等；涉及高等教育管理研究领域，本人负责的科研项目有："大学教师评价的效能""多校区大学管理模式""中国研究型大学形成与发展战略""学术职业变革""高校教师质量提升""大学教师的近亲繁殖""科技工作者家庭状况""高校自主招生"和"高等教育中的双一流建设"等。

中国学术系统对博士毕业生在"起跳平台"上的综合性乃至苛刻的跨学科性的要求，提醒我在指导博士生的过程中既要注重他们在某一领域的学问的深度，也要注意拓展他们的知识面使其求职及职业发展具有一定的广度。比如，有不少博士生将学生贷款研究作为其博士学位论文的题目，那么我就要求他们：学生指的是大学生，因此在研究学生贷款之前要研究大学生，也就需要研究大学生成长、成才的环境，如学生的消费习惯、家庭的经济条件、大学的财政能力等；想要研究学生贷款，就要首先知道与学生贷款相关的其他学生资助手段，如奖学金、助学金、学费减免、勤工助学的本身意义和政策含义，还要知道各种学生资助手段相互之间的关系，得到财政资助对学生当前的求学和将来的工作各有什么意义；若想深入研究学生贷款，那么政府财政、商业金融、担保保险等行业都是学生贷款研究者要"打交道"的地方，谁来提供本金？怎样确定利率标准？如何融资？如何担保？如何惩罚？还有，研究学生贷款的角度也很多，可从主体与客体的角度：谁放贷、谁获贷、谁还贷？可从资金流动的角度：贷多少（涉及需求确定）？还多少（涉及收入能力）？如何还（涉及人性观照与技术服务）？还可从参与方的角度：学生贷款是学校的事务？还是银行的产品？或是政府的民生责任？或是家长和学生的个人行为？最后可从时间的角度：贷前如何申请？贷中如何管理？贷后如何催债？等等。可以说，就学生贷款这一貌似简单的事物来说就有如此多、如此复杂的研究角度。正是这样的多样性与复杂性，催生了我们团队的以学生贷款为中心的一系列的学术研究、政策分析、实践讨论。由本人定义的包含学费、学生财政资助、学生贷款还款在内的"学生财政"（student finance）只是高等教育财政中的一部分，尽管这个部分很重要。高等教育财政投入无非是两个重要部分的投入：公共投入和私人投入。我们团队进行了大量研究的是高等教育的私人投入。然而，全面意义上的高等教育财政必须研究公共投入，在中国，主要是各级政府的投入。本团队从 2007 年开始逐步将集中于学生财政的研究扩展到高等教育财政的研究范畴。有学生从资本转化（经济资本、社会资本、文化资本、人力资本本身及其相互关系）的角度来研究学生贷款带来的社会流动效应；有学生从教育政策主体性价值分析的角度来研究中国的学生贷款；还有学生从高等教育支出责任与财力保障的匹配关系来分析政府特别是地方政府的高等教育投入（该文获得中国高等教育学会优秀博士学位论文奖）。本套"教育经济研究·系列丛书"却把研究触角更加明确地指向教育经济学研究的经典问题上。

　　本套系列丛书是经我仔细挑选：张青根的《中国文凭效应》、张冰冰的《中国过度教育》、熊俊峰的《大学教师薪酬结构》、王鹏的《中国大学科研成本》、李玉栋的《丝绸之路沿线省域学科与产业的协同研究》、王建慧的《大学教师评价的院系逻辑》、徐志平的《中国学术劳动力市场》、宋飞琼的《中国学生贷款的实施效益评价》。其中张青根博士和熊俊峰博士的学位论文都曾获得中国高等教育学会优秀博士学位论文奖。

作为这些作者当年的博士学位论文指导教授，我对入选本套丛书的发展自博士学位论文的专著都非常熟悉，因为每篇论文都曾融进我的心血、智慧和劳作。今天，能将这些博士学位论文修改、深化、提升为学术专著，并由我作为丛书主编来结集出版，是我专心从事教育经济学研究20多年来的一大幸事，用心、用情来撰写这个"总序"倍感幸福。我想借此机会，列举一下我心爱的、得意的在教育经济学研究领域做出成绩和贡献的已毕业的33位博士研究生，尽管他们中的大部分博士学位论文已另行出版。他们的姓名和入学年级是：

2000级的李红桃，2002级的沈华、黄维，2003级的李庆豪，2004级的刘丽芳，2005级的宋飞琼、梁爱华、廖茂忠，2006级的季俊杰、彭安臣、毕鹤霞、胡茂波、杜驰、魏黎，2007级的孙涛、钟云华、王宁，2008级的臧兴兵，2009级的赵永辉、刘进，2010级的熊俊峰、王鹏，2013级的张青根、张冰冰、徐志平，2014级的李玉栋。还有在职攻读教育经济与管理专业获得管理学博士学位的李慧勤、肖华茵、夏中雷、梁前德、江应中。还有来华博士留学生，来自加纳的 Adwoa Kwegyiriba 和来自赞比亚的 Gift Masaiti。作为曾经的导师，我感谢你们，正是你们的优秀和勤奋给了我学术研究的压力和动力，促使我永不停步！作为朋友，我感谢你们，正是你们时常的问候和关注、你们把"过去的"导师时时挂在心中的情感，给我的生活以丰富的意义！我虽然达不到"桃李满天下"的程度，但你们这些"桃子""李子"天天芬芳，时时在我心中！我真真切切地为你们的每一点进步而自豪、而骄傲！

我衷心感谢本丛书中每本著作的作者！感谢为我们的研究提供良好学术环境和工作条件的华中科技大学和本校教育科学研究院！感谢中国社会科学出版社给予的大力支持！最后要感谢阅读我们的成果、理解我们追求的每一位读者！

2019 年 5 月 1 日
华中科技大学教科院

目　录

第一章　绪论 ……………………………………………………（1）

　第一节　问题的提出 ……………………………………………（1）

　第二节　研究意义 ………………………………………………（3）

　第三节　基本概念 ………………………………………………（4）

　第四节　文献综述 ………………………………………………（5）

第二章　研究的理论、方法与过程 ……………………………（24）

　第一节　理论基础 ………………………………………………（24）

　第二节　研究方法和过程 ………………………………………（34）

　第三节　研究的信效度与伦理说明 ……………………………（41）

第三章　I大学的教师评价改革及其组织效能 ………………（44）

　第一节　I大学教师评价改革的起因 …………………………（45）

　第二节　I大学教师评价改革的要点 …………………………（51）

　第三节　I大学教师评价改革的效能 …………………………（60）

　第四节　小结 ……………………………………………………（65）

第四章　理：数学系教师评价的"功用外显" …………………（67）

　第一节　"数学"的学科文化 …………………………………（67）

　第二节　"功用外显"的行动意向 ……………………………（70）

　第三节　学术工作内涵和价值调节 ……………………………（77）

　第四节　数学系的教师评价方式与晋升 ………………………（83）

　第五节　小结 ……………………………………………………（92）

第五章 工：机械系教师评价的"开放适应" ……………………（94）

第一节 "机械"的学科文化 ……………………………………（94）

第二节 "开放适应"的行动意向 ………………………………（96）

第三节 学术工作的内涵和价值调节 …………………………（103）

第四节 机械系的教师评价方式与晋升 ………………………（111）

第五节 小结 ………………………………………………………（119）

第六章 文：历史系教师评价的"传统坚守" ……………………（121）

第一节 "历史"的学科文化 …………………………………（121）

第二节 "传统坚守"的行动意向 ………………………………（123）

第三节 学术工作的内涵和价值调节 …………………………（128）

第四节 历史系的教师评价方式与晋升 ………………………（136）

第五节 小结 ………………………………………………………（142）

第七章 管：会计系教师评价的"竞值依赖" ……………………（146）

第一节 "会计"的学科文化 …………………………………（146）

第二节 "竞值依赖"的行动意向 ………………………………（149）

第三节 学术工作的内涵和价值调节 …………………………（155）

第四节 会计系的教师评价方式与晋升 ………………………（161）

第五节 小结 ………………………………………………………（170）

第八章 教师评价中学科文化对学科组织行动的影响 ……………（173）

第一节 学科文化是学科组织行动的依据 ……………………（174）

第二节 学科文化对学科组织行动选择的影响 ………………（181）

第三节 学科文化对学科组织效能的影响 ……………………（193）

第九章 结论 ………………………………………………………（196）

第一节 对中国地方高校在教师评价改革中的行动建议 ………（196）

第二节 美国公立大学教师评价改革弊端及对中国地方
高校的警示 ……………………………………………（204）

第三节 研究结论 …………………………………………………（208）

附录一 访谈提纲 ……………………………………………… （213）

参考文献 …………………………………………………… （215）

后 记 ……………………………………………………… （229）

第一章　绪论

20 世纪 90 年代，在卡耐基教学促进基金会的领导下，美国高等教育系统针对重研究、轻教学和学术内涵窄化的现象进行了深刻反思，由此拉开了美国高校学术反思运动的序幕。面对日益强大的公共问责和不断变化的学术工作，以"系"为基础的基层学科组织在教师评价的改革上采取了不同的行动。基层学科组织行动差异受到了不同学科文化的影响，学科文化在基层学科组织教师评价的改革中指引着行动的方向。中国大学教师评价改革基本上是以校为单位的改革，虽然在改革中给予院系一定的自主权，但是在一些关键指标上还是出现一致性和一刀切的现象，而且中国大学院系建设起步较晚，管理和结构上的不合理让评价改革更加趋向于功利化和行政化。这种更加强调整体性、一律性、以行政命令取代学科发展规律的评价改革常常受到质疑。本书将研究学科文化和基层学科组织行动在教师评价改革中的关系，尤为关注学科文化对学科组织行动和效能的作用和影响。研究美国公立大学 I 大学在教师评价改革中，以学科为基础的基层组织——"系"如何形成独特的行动选择，并且探讨学科文化在行动过程中的作用和意义，对中国高校，尤其是地方高校在改革中发挥院系自主性、规范院系行为具有借鉴作用。

第一节　问题的提出

卡耐基教学促进基金会于 1989 年对美国全国高校教师进行了调查，发表了《学术水平反思——教授工作的重点领域》的报告。此次调查引起了美国高等教育系统的重视，学校领导者和教师积极参与讨论，并引起高校对教师评价系统进行改革。评价对于建立优劣意识，培养正确的学术价值观具有重要的作用。评价就像一个指挥棒，指引着教师前进的方向；又像一面镜子，映射着教师的喜怒哀乐；更像一把尺子，上面的刻度决定了教师工作的价值。从 20 世纪 90 年代开始，美国很多高校逐渐改革了教师评价系统，不仅强调多元学术形式在教师评价中的价值，而且对提升教学和公共服务进行了探索。美国高等教育实行分权制，学科组织是权力实体。学科的发展和教师对个人职业生涯的追求让学术职业更加专业化，从而导致以学校为中心的文化向以学科和职业生涯为中心的文化转变。教师按学科背景被分配到不同的学术单位中。在分权制的美国高等教育系统，真正决定教师工作价值的是以学科和学科群为基础而建立的基层学科组织。沈红曾说，以学科为基本要素构成的大学中的"院"或"系"是最基层的学术组织，也被称作学科组织。

中国高校教师评价面临着破"五唯"的困境，在地方高校中，由于资源的稀缺和学术权力的普遍缺失，破"五唯"尤为困难。行政人员直接参与或主导评价活动，或者行政人员通过制定评价标准间接控制评价活动，这降低了评价标准的学术性，忽略了学科之间固有的差异。教师评价行政化与功利化倾向增强。教师评价功利化主要表现在对学术成果数量的过分重视上，强调数量的思想扭曲了量化评价的初衷和作用。当市场和经济规则日渐深入人心，"投入—产出"的经济学观念几乎渗透到了社会生活的各个领域，功利性日益成为人们衡量价值的首要标准。在行政力量的推动和强迫下，这种评价方式在未经批判和理性分析的情况下被过度使用，给中国学术界带来了严重的后果。为什么中国地方高校教师评价改革会遭遇院系"不想配合又不得不配合"，得不到教师普遍支持和理解这种窘况呢？这是因为中国地方高校在教师评价改革中没有充分意识到学科之间的差异，没有重视和发挥学科文化的作用和影响。学科的差异让高校教师评价改革的组织效能发挥不能加以一概而论。只有各基层组织依据自身学科特征制定的评价标准才能有效推动组织效能的充分发挥。

"系"虽是科层制中最不起眼的单位，但却是教师评价中最货真价实的单位。随着学科的逐渐专业化，美国的学者将"系"称为"最基本的组织元素和最基础的运行单位"①，伯顿·克拉克则称之为"美国大学的中心基石"②。尽管"系"是大学的组成部分，但是它们依然在学术功能协调和管理过程中独立运行。在美国，一所巨型的研究型大学可以拥有至少 50 个独立的"系"，系和系之间的差异很大，以学科或学科群为基础的系是大学的基本组成部分，也是决定教师晋升最关键的一环。本书选取美国中东部一所著名的以工科为主的公立大学——I 大学为案例学校，并选取四个学科门类——理工文管中的数学、机械、历史和会计为研究对象。理工文管从知识分类上分别代表了硬—纯学科、硬—应用学科、软—纯学科和软—应用学科，在 I 大学中数学系、机械科学和工程系、历史系和会计系不仅具有相当规模，是 I 大学重要的基层学科组织，而且在美国享有很高的学术声望。

第二节　研究意义

一　理论意义

本书将通过解释性研究探索美国一所公立大学教师评价改革的行动逻辑及其改革效能。解释性研究是探究一个事物形成的原因，探寻一个现象的起因，解释各种现象之间复杂的关系，揭示相互演变的规律。解释性研究是解释学系统的一部分，其目标是让我们更深刻地了解这个世界，无论是社会行为还是人的行为都会发生各种各样的变化，而在这种变化的背后总是存在起作用的一般性规律。这是社会学者的目标，也是解释学的目标。解释性研究在收集资料、处理数据、解释缘由、厘清关系、归纳整理、事实论证的技术路线上，也比描述性研究更为严谨和周密，所以其理论价值更高。本书是以案例分析为主，对美国公立大学——I 大学进行的质性研究，以详实的案例解析地方性大学教师评价事项，解读在学术反思运动之后 I 大学教师评价的改变、创新及其背后所蕴含的学科文化逻辑。

---

① 谷贤林：《美国研究型大学管理的若干特点》，《清华大学教育研究》2010 年第 4 期。

② ［美］克拉克·克尔：《大学的功用》，陈学飞等译，江西教育出版社 1993 年版，第 45 页。

二 实践意义

本书旨在为中国地方高校教师评价改革出现的问题提供解决思路。中国大学教师评价被诟病已久，各种不满情绪和批判充斥在网络和论文中，口诛笔伐之声不绝于耳。有些的确是评价本身的问题，但有些却是与学术评价相关的教育制度、学术环境、学术奖励制度等的问题。中国所出现的问题，无论是与评价本身还是与评价相关，很多是因为移植了欧美评价的形式，却忽略了形式后面的学术灵魂和民族特性。本书希望通过对美国地方性公立大学，教师评价改革的研究，为中国地方高校的决策者提供一个真实的教师评价改革场景和布局，让美国教师评价回归其本来面目。本书为中国地方高校提供了美国州立高校改革的真实场景和具体行动，其改革的方式和具体措施都会给中国地方高校解决教师评价改革出现的问题，以及进一步深化改革带来解决之道和新的思路。

第三节 基本概念

一 评价

"Assessment"和"Evaluation"在翻译成中文时都可以译为"评价"。在美语中这两个词也经常可以互换，没有严格的区别。这两个英文单词具有共同点：（1）都涉及测量、数据和信息的收集，换句话说就是都需要"证据"。（2）都涉及判断，即对价值、质量、效果等方面的判断。"Assessment"和"Evaluation"的主要区别在于，"Assessment"倾向于对"个人"的评价，而"Evaluation"通常指对事物，尤其是对项目或者课程的评价。但拉里·布拉斯坎普和约翰·奥莱在其著作《教师工作评价：促进学校和教师绩效》中认为，"Assessment"比"Evaluation"更适合用于对教师的评价，主要原因是：（1）"Assessment"源于拉丁文"Assidere"，意为"to Sit Beside"，在古希腊，坐在旁边就是参与、互动、分享和信任的意思，而在学术共同体中，这些精神和信念是学术活动的基础；（2）教师和管理者应该从对评价准则和证据应用的反思和辩论中共同学习；（3）评价的最终目的强调的是促进教师和学校的发展，而"Assessment" 更关注过程和发展。① 在美国，教师们通常用 Faculty Evaluation 来表达教师评价，因为他们将教师评价视为一个系统，尤其是当针对教师晋升的评价更多的是形成性评价，而非强调发展性评价之时。本书的教师评价沿用美国大学习惯上表述的 Faculty Evaluation，因为本书所研究的范围是在教师晋升时的评价，多作为形成性评价使用。

二　大学教师

大学教师是学术职业研究领域的一个重要群体。沈红给出了学术职业在中文语境下的定义：学术职业是指具有"以学术为生、以学术为业、学术的生存和发展使从业者得以生存和发展"特征的职业。学术职业具有"学术、精神、物质、工作、人群"五个要素。其中"学术"要素是学术职业所特有的本质属性，其他要素则因环境和条件而存在差异。学术职业从业者也存在广义和狭义之分，广义上指的是所有分布在不同机构（大学、科研院所、其他企事业单位）中的学者，狭义上指四年制本科院校中的学者。② 美国大学教师的统称为"Faculty"，包括所有类型大学中的专职和兼职教师。本书中的大学教师以沈红给出的定义为基础，是指美国公立大学中的终身职教轨的教师。

第四节　文献综述

一　有关美国大学教师评价的研究

为了应对诸多内外压力的挑战，从 20 世纪 70 年代开始，美国高校开始制定详细的教师评价政策和标准用于取代 60 年代以政治正确性为前提的教师评价。③ 随着第二次世界大战后大学之间的竞争愈演愈烈，学术劳动力市场也愈发成熟，大部分高校逐渐制定了一套系统的包括聘任、晋升、留任和终身制在内的评价方案。从 60 年代开始的大众化进程到近十

---

① Larry A. Braskamp, John C. Ory, *Assessing Faculty Work: Enhancing Individual and Institutional Performance*, San Francisco: Jossey-Bass Inc., 1994, pp. 13 – 14.

② 沈红：《论学术职业的独特性》，《北京大学教育评论》2011 年第 3 期。

③ 20 世纪 60 年代美国大学经历了学生骚乱，此时教师的聘任、留任和晋升的标准主要以支持政府、反对学生闹事为前提。

年来全球化、新学习市场的形成、资源限制等,各种力量的冲击对大学运行和学术职业产生了剧烈的影响。这些外部压力通过大学结构调整和政策转变间接转嫁到教师身上。美国对大学教师评价研究的焦点主要集中在评价理念、评价目的、评价标准和评价权力的争论上。

(一)评价理念

美国大学教师评价理念大致经历了两个阶段:科学管理导向和价值导向。[①] 第一个阶段为科学管理导向(1930—1970)。美国对教师工作评价的关注最开始受到了三种思潮的影响——教育评价运动、科学的兴起和发展以及工业革命。教育评价运动首先发起于初等和中等教育,一批基础教育学家希望通过数据收集和分析,了解学生的学业成就,而这种运动也很快对高等教育产生了影响。德国的科学研究模式被移植到美国后,又与当时的工业革命所带来的影响交织在一起,使测量和效率等成为当时社会的行为准则,对输出和生产力客观测量的重视也影响到了高等教育领域。在这种科学管理理论引导下的教师评价存在着极大的潜在风险,没有遵循和寄托于这种评价方式的教师很容易被校长解雇。在这种评价文化下,教师群体充斥着机会主义者、马屁精或者中庸主义者。教师聘任在这种评价文化下更像是一种高校的"自杀",教师必须在一两年之内证明自己的竞争实力,而在如此短的时间内,对于高校教师这个行业而言,很难鉴别一个教师的真实能力。在科学管理理论的指导下,大学开始制定标准化的管理机制,教师被要求报告他们的时间应用效率,而给教师的工作加权则被认为是一种简单的评价方式,尤其是对研究的定量评价被认为是一种最直接、最有效的鉴定教师工作效率的方式。很快,这种方法就被高校认可了,并作为教师晋升的依据。1950年以后,科学管理模式得到了进一步修正和改进,大学也开始在教师和学生评价中逐渐增加了标准化管理这一元素。但是,科学管理在评价教师上并没有像大学管理者所预想的那样有效,"梦想着用一个标准的评价系统来比较两个教师的效率在现实中真的就只是一个梦,在设计系统的时候期望是如此美好,但在应用的时候简直就是一个梦魇,现在根本没有任何

① 王建慧、沈红:《美国大学教师评价的导向流变和价值层次》,《外国教育研究》2016年第7期。

一个完美方法来测量教师的效率"①。

　　第二个阶段为价值导向（1970 年至今）。在 20 世纪 60 年代后期，学者注意到了在评价领域的两个变化：第一，学者对评价的哲学和方法开始了研究和探讨；第二，学者开始走出传统的、千篇一律的实验游戏。教育评价领域中出现新的理论方向，在社会研究领域已经开始出现对评价和决策更为理性的方式，学者开始在科学导向评价和价值导向评价上争论不休。推崇价值导向评价的学者认识到了这样一个问题：任何一个评价都必须在不同的价值系统中实行，价值系统包括人们对现实、态度、科学信念、文化传统等方面的看法，这些价值系统是截然不同的。当对人类的智慧成果进行评价时必然要包括从传统而来的价值规则和准则，而这些规则和准则由于历史、民族、地域等多方面的原因存在着极大的差别。随着社会学领域学者在研究中发现环境和背景对人类思想和行为影响的重要性，价值导向理论在评价中也逐渐受到重视，因为无论你应用何种模式和方法来评价事物，评价中的复杂程度都会超出模式和方法的限制，归根结底是评价人所持的价值观在起作用，无论是设计评价方案还是执行评价方案，评价过程中所谓的价值无涉是根本做不到的。这种从科学导向向强调社会背景和环境的价值导向的转换使教师评价从强调定量、科学范式向强调背景和环境导向的质量范式转变，但这并不意味着科学管理导向完全被价值导向所取代，起码在对教师工作的评价中，这两种导向会经常出现，高校管理者通常会结合两种评价导向来判定教师工作的价值。

　　（二）评价目的

　　很多文献认为大学教师评价主要有两个目的：（1）支持教师的发展和改进；（2）为教师的晋升、留任和终身制评定提供决策信息。② 一方面，重视教师的成长和发展就是尊重以学识为轴心建立起来的大学规范和精神。20 世纪 70 年代以前，美国大学教师发展主要强调学科领域内的自我发展，70 年代之后大学教师发展开始扩展教学发展和职业发展。教

---

　　① Robert M. W. Travers, "Appraisal of the Teaching of the College Faculty," *Journal of Higher Education*, Vol. 21, No. 41, 1950, pp. 339 – 362.

　　② Pamela J. Eckard, "Issues and Trends in American Education," *Peabody Journal of Education*, Vol. 57, No. 2, 1980, pp. 237 – 245.

师发展大致可以分为三个方面：个人发展，职业发展以及教学和课程发展。评价对教师发展的三个层次都有着重要的促进作用。首先，教师评价是教师进行自我检查和提高自我意识的有效途径，促进教师教学和科研活动的不断革新；其次，教师评价是对教师学术生涯的发展和在学术共同体中的地位和作用的一种审视和鉴定；最后，教师评价会提供有利于教学技能、课程设计等方面的改进信息。正确的教师评价所体现的是共同体内的集体价值观，这些价值观将极大地支持和帮助教师成长为专业人员。另一方面是提供人事决策信息。从某种意义上说，美国大学正式教师评价的出现正是为了制定新的人事政策。20 世纪 70 年代，由于美国高校出现了入学人数减少，财政拮据，学校运行费用增加等诸多难题，加之社会和政府对学校实施问责制的要求，美国高校制定了系统的教师评价政策，以学术价值为标准，指引教师的晋升、留任和终身制评定。[①] 以教师评价为基础的人事决策是对问责制的回应。社会和政府要求高校拿出聘任和晋升优秀教师的证据，证明纳税人的钱的确是用来支付有价值教师的工资；法院同样需要学校提供翔实的人事决策记录用来处理诸如聘任和晋升中性别和种族歧视或终身制的纠纷。

人事决策归根到底是为了促进教师的职业发展，但教师发展和人事决策却有着显著的差异，教师发展更倾向于发展性评价，人事决策倾向于终结性评价。教师发展是教师通过自我评价和教学日志等方式，了解自我优势和缺点并参加教师发展项目的过程；人事决策是学校管理人员和其他利益相关者通过组织控制，保证教学质量、学生满意度和组织责任的过程。用于促进教师发展和制定人事决策的评价程序有诸多不同（见表 1 - 1）。

表 1 - 1　　促进教师发展和制定人事决策评价过程的价值观差异

	促进教师发展评价	制定人事决策评价
主导者	教师	学校管理层
成果	推动教师职业发展和成长	最终完成的人事决策方案，并加以执行

① Neal Whitman, Weiss Elaine, "Faculty Evaluation: The Use of Explicit Criteria for Promotion, Retention, and Tenure," *AAHE-ERIC/Higher Education Research Report*, No. 2, 1982.

续表

	促进教师发展评价	制定人事决策评价
话语权	属于集体协商性质，掌握在所有人手中	属于指定性质，掌握在校长、院系领导和管理人员手中
外部关注点	向外部展现的是教师对多样化的学生和客户的适应力	向外部（国家、州、利益相关者）展现的是效率和生产力
内部关注点	向内部展现的是灵活性和创造性	向内部展现的是控制力和稳定性
组织重点	强调分权和多样	强调集权和整合
教师角色	处于主动地位，积极参与到学习之中	处于被动地位，经常怀着防备的心态
面向时间段	对未来的展望	对过去的评价

很多教师坚持认为，评价的首要目的应该是促进教师的改进和发展，但是大量文献显示，教师评价在服务人事决策上明显好于促进教师改进和发展，也就是说，教师评价更多地被用来作为人事决策的工具，而不是教师发展的助推器。沈红认为，大学教师评价必须明确两个理论基点，即"学术＞科研""发展＞发表"。大学教师评价的目的是教师个人发展、学科学术发展、大学组织发展的"三合一"。有关"评价目的"的集中认识是"为了大学的发展"，而在实际操作中又常常把"大学排名的上移"作为大学发展的代表；也有学校在评价的指导思想上提出"为了教师的发展"，但在实践中又常常将之落实到教师晋升与否上。[1] 美国大学教师评价的目的也面临着同样的问题。教师发展是学科发展和学校发展的基础，在教师评价的目的上，强调教师发展的评价方式和手段成为美国大学教师评价的关注点。

（三）评价标准

教师偏好多样和评价准则趋同一直是很多高校无法解决的难题。多样性能使教师各尽其才、各展其能，保障学术自由和学术观点广泛传播；明确的评价准则使学校的宗旨和理念得以传播和成功的榜样得以效仿。同理，没有明确的评价准则，则势必会滋生教师的倦怠心理，导致效率

---

[1] 沈红：《论大学教师评价的目的》，《高等教育研究》2012 年第 11 期。

低下，反应迟钝，同时也会使评价受到诸多外来因素或不确定因素的影响，从而导致评价朝着不公正的方向发展。大学教师评价准则趋同有一定的合理性。大学是一个世界性的制度，在制度扩散过程中，追求同构性的精神和内容。大学同时根植于统一的、全球的知识系统，全球知识社会的形成推动了大学制度标准化进程。教师作为知识的创造者和传播者，在这种制度化的系统中也无法摆脱同构化的命运。

美国大学教师评价准则的趋同性主要表现在两个方面：第一个表现是普遍重视教师绩效评价。随着外部环境的变化，竞争的加剧，公众和政府对大学提高运行效率的要求，高校内部的组织规则和价值也发生了巨大转变，学校把更多的精力和资源放在了提高教师绩效上。在很多关于美国大学教师评价的文献里，教师评价基本等于教师绩效评价。第二个表现就是科研在教师评价系统中居支配地位。一些调查显示，文章发表力、科研经费、引用率等已经成为每个学校进行教师评价的主要指标，学校的生存和发展主要依靠教师的学术成果和参与的学术活动，教师对教学的关注，对学生学习的指导已经没有那么重要了。真正能够获得较高评价的教师大部分在研究上出类拔萃，但教学和科研在教师评价中的比例根据学校类型的不同而有所改变。在研究型大学，尤其是在哈佛大学、斯坦福大学和芝加哥大学这样的私立院校，科研占据了大学评价的60%以上，这些学校以引领世界科研潮流为职责，教师的工作及其声望都取决于研究成果；而在文理学院或者较低层次的大学，教学的比重会相对高些，但较之以前，教学的比重也呈明显下降趋势。

偏重科研和绩效曾使美国研究型大学群体崛起，一跃成为世界高等教育中心，榜样的作用使得评价准则过度偏向科研和绩效合情合理，但过度趋同已经带来了很多负面问题，其中最重要的是忽略教师工作偏好的多样性，抹杀教师的创造力和积极性。由于教师在性格、教育经历和所属学科上的差异，不同的教师有着不同的工作偏好。尤其是教师分属于不同的学科，在建国之后的小型学院发展时期，美国大学就第一次出现了教师对学科专业的忠诚度超过对某个学校的忠诚度现象。[1] 教师的文

---

① Burton R. Clark, *The Higher Education System: Academic Organization in Cross-National Perspective*, Oakland: University of California Press, 1986, p. 112.

化和工作生活会因学科的不同而有所差别。不同学科的知识专门化、规范化和理论化不同，其知识体系、方法体系和工作体系也不同。各个院系在教学、科研和服务上的任务和职责也有很大的区别；即使在同一个院系，教师在教学和科研上的工作兴趣、教学内容和方式、研究方向和模式上都有极大的差别。教师工作偏好多样性是学术卓越性的保障。首先，寻求偏好多样性将提高教育质量，他们能保持各种不同的观点，为学生提供更多的机会去接受不同的思想、观点和经验。科学的本质具有不确定性，谁也无法肯定何种研究和教学将会在未来产生价值；① 其次，寻求多样性将激发知识活力。教师是一群具有专业知识的特殊人才，各尽所长将会对学校发展做出个人独特的贡献。多样性是增强学术活力与拓宽学术领域的基础。这个复杂多变的社会越来越需要人类智慧的整合，一个海纳百川、兼容并包的大学无疑是开发人类智慧资源的福地。

为了应对公共批判，解决偏好多样和准则趋同之间的矛盾，大学领导者开始逐步放松对教师评价规则的控制。一般来说，美国高校都会在教学、科研和服务三个领域对教师应该完成的工作进行阐述，然后由院系设定具体指标，并加以监督完成。在学校一级，学校会说明哪些材料将会被用来作为教师评价的信息输入，比如学生评教（评分卡、学生访谈等），出版刊物，开展服务活动等；院系将具体负责制定每一个评价领域的权重，哪些出版物将被计算在教师评价的标准内等这种细化标准。② 这种方式对于解决学科间的差异具有积极的意义。一些院系为了尊重教师的工作成果和教师的工作偏好，以及他们对教师这份工作不同的价值理念，在评价之前，院系领导会与教师共同协商，确定每位教师在不同领域的权重，但为了同时兼顾院系目标和利益，管理层会在共同协商基础上设定每个领域的最高和最低权重，以平衡教师和学院之间的利益。但是，评价系统必须体现教师在教学、科研和服务上的不同特点，以及

---

① ［美］罗纳德·G. 埃伦伯格：《美国的大学治理》，沈文钦、张婷姝、杨晓芳译，北京大学出版社 2010 年版，第 76 页。

② Pamela J. Eckard, "Faculty Evaluation: The Basis for Rewards in Higher Education," *Peabody Journal of Education*, Vol. 57, No. 2, 1980, pp. 94 – 100.

他们在工作上独特的格调和贡献。①

（四）评价方式

在教学评价上，学生评价、同行评议、系主任评价、教师自我评价是美国大学十分常用的教学评价方法，美国和中国学术界关注的依然是学生评价和同行评议这两种评价方式。美国从 1916 年开始将学生评价应用于对教师教学的监督，到 60 年代，学生评价教学的情况已逐步增多，并开始出现研究学生对教学效果评价的专门机构。学者前期对学生评价的研究主要集中的信效度上，但是研究的结论显示，如果评价标准恰当并组织得好，比如采用匿名等学生评价方式可以反映教学过程的真实情况。② 但学生评价依然会受到质疑，玛丽·福克斯认为，即使教师的课程内容并不生动，但是一个善于语言表达的教师有可能会从学生那里获得更高的分数，学生本身缺少对高质量教学的评价能力。③ 美国的一些研究还发现，那些给学生考试成绩打分较为宽松、布置作业较少的教师得到了学生很高的评分。学生评价发展到今日已经成为美国高校对教学评价的制度化手段之一，不管它是否能够真实地反映教师的教学状况，学生作为教学的直接利益相关者有权利对教学进行评价。为了弥补学生评价在教学上的缺陷，以听课为主的同行评议也被认为是主要的教学评价手段之一。周玉容和沈红从场域的视角分析了同行评议的优势、困境和出路：将大学教学同行评价视为一种场域，它具有自身运行逻辑与特点。作为从科学场域中分化出来的子场域，大学教学同行评价承袭了科学场域的惯习，在评价的民主性、专业性和公正性三个方面具有天然的独特优势；但作为一种新生的场域，在发展中又面临着场域自主性弱、惯习潜沉、资本不足等方面的困境。走出困境的路径是进行制度构建以提升场域自主性、倡导教师文化以促进惯习改变、动员资本以增加场域活力。④

---

① Raoul A. Arreola, "Issues in Developing A Faculty Evaluation System," *American Journal of Occupational Therapy*, Vol. 53, No. 1, 1999, pp. 56 –63.

② 陈晓端：《美国大学学生评价教学的理论与实践》，《比较教育研究》2001 年第 2 期。

③ Mary F. Fox, "Research, Teaching, and Publication Productivity: Mutuality versus Competition in Academia," *Sociology of Education*, Vol. 65, No. 4, pp. 293 –305.

④ 周玉容、沈红：《大学教学同行评价：优势、困境与出路》，《复旦教育论坛》2015 年第 3 期。

在科研评价上，美国学术界也是从数量和质量两个方面对发表进行评价的。"直接计数"法被广泛应用，同行评议期刊文章、专著、章节，甚至学术会议上的发言都是被"计数"的对象。当然，这种计数方法并不表示"平均主义"。不同类型的发表会被给予不同的权重，以示区别。尤其是在不同的学科，出版物的种类在权重上会有明显的差别。很多学者发现，在软科学领域比如社会学、教育学、心理学和政治学领域，具有原创性的学术书籍和专著明显会受到更多的重视和关注，在评价中更容易得到同行的认可和接受；教科书的编写也会高于一般编著，而一般编著的比重和高质量期刊上的论文发表享受同等待遇。在硬科学或者自然科学比如生物学、化学和物理学领域，对文章发表的重视程度要高于书籍。

对发表质量的评价主要有同行评议期刊和非同行评议期刊、期刊质量排名、出版物的影响因子，甚至作者的声望等。[①] 同行评议期刊的文章因为受到了专家的评审，所以在质量上比较容易被所在领域的学者认可，但是同行评议期刊的质量也参差不齐。每一个学科都有学者自己心中所认可的核心期刊，在这些期刊上发表的文章也具有相当的影响力。但同行评议期刊会受到编辑需求和期望的影响，具有主题和选材的偏好，而一些非同行评议期刊的质量也不比同行评议的低。[②]

引文分析法通常被认为是评价文章质量的标准，这种建立在文献计量学基础上的方法首先被应用于自然科学，随后被社会科学所应用。首先，论文引用也明显具有很多缺陷，尤其是用于晋升和终身制评价。终身制评价往往要经历6—7年的时间，但学者发表一篇高质量的文章需要大约两年时间，而除去这两年时间，剩下的四五年所积累的引用率并不是十分乐观。其次，引用率只计算第一作者，这对其他合著人不太公平，而且不利于鼓励学术合作。最后，就像阿特巴赫等所指出的那样，文献计量法的基本功能是审查科学工作者和学者研究的影响力，而不是研究

① Willis A. Jones, "Variation among Academic Disciplines: An Update on Analytical Frameworks and Research," *Journal of the Professoriate*, Vol. 6, No. 1, 2011, pp. 9 – 27.

② John M. Braxton, Alan E. Bayer, "Assessing Faculty Scholarly Performance," *New Directions for Institutional Research*, Vol. 50, No. 2, 1986, pp. 25 – 42.

质量。① 评价的主观性和客观性也是一个十分重要的问题。同事之间的评价在鉴定学术质量上有一定的帮助，但是这种评价容易受到同事之间私人关系的影响，而且同事之间的长久交流会让人情阻碍标准的使用。学生虽然是消费者，但是在学术评价上却不具备资格，因为他们缺少成熟和丰富的学术经验。② 校外同行在评价教师学术上要相对客观一些，但校外同行又容易受到个人研究方向和观念的影响，对与自己观念不同的学者容易出现评价偏差。还有一些学者提倡使用等级量表来表现文章的质量，以体现其客观性，但是这种方式无异于抹杀文章的独特性，在量表中除了赤裸裸的数字外看不出任何文章的特色和独创性。

（五）评价权力

教师参与大学管理的传统由来已久，但这种权力的获得伴随着大学教师坚持不懈的奋斗。从19世纪初开始，教师便逐步参与包括招聘和新教师任命在内一些重大决策。20世纪初，美国大学教师参与管理的权力进一步增大。AAUP的建立和终身制的确立，实现了教师权力地位的根本转变，大学开始在教师聘任和晋升上逐渐实现权力的转移，教师作为大学利益相关者，与大学行政人员一起参与大学决策。③ 教师评价与教师利益息息相关，这些利益涉及教师的聘任、晋升、工资、工作条件等方面，直接影响到教师的精神状态和学术产出。作为评价客体的教师，理当在教师评价政策的制定和执行中享有高度的发言权和参与度，这不仅仅是民主的体现，更是教师评价指标和程序充分切合教师意愿和学术传统的保证。没有一个教师评价系统是完美无缺的，成功的教师评价系统取决于教师的价值观，教师群体的价值观应该成为教师评价系统的基础。

但是，美国大学教师评价体系正式建立之时正值管理主义风靡全球，且在美国大学转型期，大学管理结构已明显向科层制和官僚体制转变，以校长为代表的科层制管理体系基本建立，官僚统治地位得以确立，这

---

① 菲利普·阿特巴赫、阿曼达·戈德尔：《论文引用率与大学排名：引文分析法不宜用于大学评估与排行》，张晓鹏等译，《中国高等教育评估》2006年第3期。

② Robert J. Menges, "Evaluating Teaching Effectiveness: What Is the Proper Role for Students?" *Liberal Education*, Vol. 65, No. 3, 1979, pp. 356–370.

③ ［美］亚瑟·科恩：《美国高等教育通史》，李子江译，北京大学出版社2010年版，第129页。

种管理模式一直影响至今。在大学教师评价过程中，管理人员同样拥有强大的权力，教师评价体系的设计权掌握在管理人员手中，院系主任在评价过程中占据着重要地位。[1] 当评价被用来作为人事决策工具时，管理人员便掌握了评价的主导权。在很多高校，院系领导、学术副校长和校长拥有人事决策的最终决定权，由高级别教师组成的院系教师委员会在决策过程中起着参考作用，院系领导拥有独立推荐权，而级别较低的教师则毫无话语权。[2] 一旦评价进入数据收集的程序，教师便失去了评价的参与权。关于管理人员在教师评价中的主导地位，一种观点认为，管理人员掌控人事决策过程是合适的，因为这是他们的职责，而且没有人比他们更懂得如何做出最合适的决策。但事实是，管理人员在评价过程中拥有强大的权力，引起了教师的强烈不满，教师认为管理人员在评价过程中的权力应该被限制在一定范围之内，管理人员的主导地位被教师认为是教师评价体系中的巨大缺陷。

既然管理人员是为教师评价服务的，就不应该将教师排除在评价过程之外。很多研究显示，减少教师的不满和抵抗是教师评价成功的关键，而提高教师参与度无疑是消除不满最有效的方式。安东尼·格拉莎认为，当教师强烈地意识到评价活动是为了他们自身的发展，在评价活动中能够掌握自己的命运时，他们就会更加信任、接受、执行这项活动，并且高度承认程序的可执行性和结果的公正性。[3] 在评价过程中，教师参与度的提高就意味着管理人员权力的减少。一方面，以校长为首的行政管理人员拥有强大的权力，而且美国大学的管理人员专业化程度很高，拥有丰富的高等教育管理经验；另一方面，随着美国教师专业化程度的提高，他们开始通过各种途径为自己争取学术权力，大学教师已经获得了聘任和晋升他们的同事、确定课程、保留他们喜欢的上课方式等学术管理权力，"共同治理"的概念已经越来越深入人心。美国大学已经通过评价程

[1] Pamela J. Eckard, "Faculty Evaluation: The Basis for Rewards in Higher Education," *Peabody Journal of Education*, Vol. 57, No. 2, 1980, pp. 94 – 100.

[2] Peter Seldin, "Faculty Evaluation: Surveying Policy and Practices," *Change: The Magazine of Higher Learning*, Vol. 16, No. 3, 1984, pp. 28 – 33.

[3] Anthony F. Grasha, *Assessing and Developing Faculty Performance: Principles and Models*, Cincinnati: Communication and Education Associates, 1977, p. 239.

序的设定、评价标准和指标的选择、指标权重的设定以及评价系统信度和效度的检测等环节使得教师参与评价。扩大教师参与程度措施包括建立教师评价委员会来指导教师参加教师评价活动；在院系教师会议和论坛上公开探讨评价事项；让全体教师对新评级系统进行测试，等等。①

二　有关美国大学教师评价改革的研究

在卡耐基教学促进基金会的推动下，美国高校开始逐步改革教师学术奖励系统。为了解和调查美国各类高校整体上的改革进程、效果和问题，在随后的 20 年间，卡耐基教学促进基金会、高等教育研究学会和美国高等教育协会又相继组织了三项全国范围内的问卷调查和案例研究，这三项研究为深入细致地了解美国高校教师学术奖励系统的变革提供了蓝本。

第一个重要调查是高校教师角色和奖励第二次全国调查（1994）。这次调查是在欧内斯特·博耶 1989 年全国调查基础上进行的。卡耐基教学促进基金会为了回应高校和教师对新学术内涵的兴趣和应用，在博耶提出四维度学术内涵五年之后，对美国高校进行了第二轮调查。此次调查的对象是教务主任、院长、系主任等高级管理人员，抽样对象包括研究型大学、博士授予型大学、综合性大学和文理学院。调查内容涉及高校在过去五年内学术奖励系统改革的基本情况、教学、研究和应用学术的评价方式和内容、学术内涵的发展程度以及教师终身制改革。在此次调查的基础上，卡耐基教学促进基金会发布了名为"学术鉴定：教授工作评价"的报告。该报告指出，在所调查的所有高校中，有81％的高校已经完成、正在进行或即将进行学术奖励系统变革。为了引导美国大学教师学术奖励系统变革，该报告在学术工作评价标准、学术工作评价程序以及如何记录教师学术活动等方面进行了详尽的论述。查理斯·哥拉斯科等认为，教师的学术工作应该具备六点品质：清晰的目标、充足的准备、合适的方法、有意义的结果、有效的陈述以及反思性批判，并给出

---

① Peter Seldin, "Faculty Evaluation：Surveying Policy and Practices," *Change：The Magazine of Higher Learning*, Vol. 16, No. 3, 1984, pp. 28－33.

了每个品质所要解决的问题，这是学术评价的基础。①评价工作应该围绕这六点来展开，其中评价教师工作所需要的材料，即如何记录教师学术工作，以及令人信服的评价过程至关重要。在评价教师工作所需要的材料方面，该报告认为，并不是所有材料都可以作为评价证据，用来作为评价的材料必须具备选择性和连续性。该报告还指出，对教师诸多方面的学术评价依然存在着缺陷和风险，对于学者而言，诚信、毅力和勇气是高尚的品质，但对这三者的评价需要采取主观、复杂和审慎的方法，这都为全面合理的学术评价带来了困难。②

第二个重要调查是多元学术内涵扩展的制度化调查（1999）。博耶对学术内涵的描述和研究强调的是一种应然状态，约翰·布莱克斯顿等认为应该对美国高校扩展多元学术内涵的实然情况进行一次全面调查。布莱克斯顿对多元学术内涵扩展的调查框架借助了库里的制度化模型——结构制度化、程序制度化和合作制度化。此次调查样本包括了卡耐基高校分类中的研究型大学、博士授予型大学、综合性大学和文理学院，共有1424名教师，分布在生物学、化学、历史学和社会学四个学科。问卷包括九个因变量和七个自变量，九个因变量分别用来描述博耶所倡导的四维度的学术内涵，七个自变量为机构类型、学科、性别、种族、终身制、博士项目声誉和职业年限。此外，此次调查还包括了教师对四维度学术内涵的自我认知和社会认知的测量。此次调查报告指出，四个学术内涵都达到了结构制度化水平，发现和教学学术达到了程序制度化水平，发现的学术达到了合作制度化水平，在教师认知中拥有最强的合法性。如要继续推进教学、整合和应用的学术向合作制度化发展，研究生教育和学术奖励系统需要进行相应改革。此次调查报告提出了推动学术多元化发展的意见：（1）学术评价需要采用新的标准；（2）教学学术需要得到广泛的认同；（3）学校应发展参与和应用学术的支持机制；（4）学校使命应强调四维度的学术内涵；（5）晋升和终身制评价应该基于各高校使命所强调的学术内涵；（6）研究生教育要注重培养学生四维度的学术

---

① Charles E. Glassick, Mary T. Huber, Gene I. Maeroff, *Scholarship Assessed*, San Francisco: Jossey-Bass, 1997, pp. 136 – 139.

② Charles E. Glassick, Mary T. Huber, Gene I. Maeroff, *Scholarship Assessed*, San Francisco: Jossey-Bass, 1997, pp. 143 – 146.

素养。①

　　第三个重要调查是走向更为广泛的学术理解：探索高校如何鼓励多元的优秀学术（2001）。在博耶、哥拉斯科和布莱克斯顿调查的基础上，凯莉·奥米拉又进行了一次全国性调查，这次调查始于2001年关于教师角色和奖励的论坛，在论坛上发起了名为"走向更为广泛的学术理解：探索高校如何鼓励多元优秀学术"的项目。该项目分为两部分。第一部分是对美国四年制高校的学术官员进行全国调查，确定鼓励多元学术的努力对教师学术生涯、组织效率和学术文化的影响。样本包括729所美国四年制非盈利院校，其中有68.3%的高校被列为改革院校，有31.7%的高校被列为传统院校，即没有进行学术评价变革的院校。问卷内容包括学术评价变革的阻力和动力来源、学术评价变革的影响、晋升和终身制政策变化等。第二部分是案例分析，分别在2001年和2003年对九所高校鼓励多元学术的政策和行动进行深度分析，这九所高校包括了非盈利高校和盈利高校、小型文理学院和研究型大学，有的高校已经进行了十几年的改革，有的高校则刚刚起步。这九所高校分别提供了学校和院系在改变学术评价上的进展、阻力以及成果。此次调查同时进行问卷和案例分析，研究者将政策和实践相联系，为管理者和教师提供了美国高校如何鼓励多元学术以及多元学术如何促进和强化高校特殊使命的全景式变革。此项目所给出的结论是：多元学术内涵的确改变了学术评价的内容，包括评价目的、方法和程序，但并未在晋升和终身制上有实质性的改变。②

　　经过多年的努力，综合和应用的学术在很大程度上得到了提升，一些大学如密歇根州立大学、印第安纳大学等都开始通过建立教师学术档案袋作为教师晋升的依据。哈佛大学、伊利诺伊大学香槟分校等著名研究型大学，在重新修订的教师评价方案中，开始强调多元学术的理念，并鼓励教师参与多样化的学术活动。威斯康星大学扩展部经过教师和领导层的讨论，根据博耶的学术内涵定义，最终给出该校教师认为的学术

---

　　① 　John M. Braxton, William Luckey, Patricia Helland, *Institutionalizing A Broader View of Scholarship through Boyer's Four Domains*, San Francisco: Jossey-Bass, 2002, pp. 169 – 170.

　　② 　Mary D. Sorcinelli, Jami Desantis, "Faculty Priorities Reconsidered: Rewarding Multiple Forms of Scholarship," *The Journal of Higher Education*, Vol. 78, No. 6, 2007, pp. 723 – 726.

内涵，并提出了新的学术评价方案，而且对每一种学术内涵的评价都做了详细描述。①

三 有关学科文化的研究

英国著名科学家查尔斯·帕西·斯诺于 1959 年在剑桥大学发表了名为"两种文化和科学革命"的长篇演讲，开启了学术界对学科文化的关注和研究。斯诺在演讲中说道：

> 当今社会存在着两种对立的文化——人文文化和科学文化，这两种文化的分裂和相互之间的矛盾，使西方丧失了整体文化观，致使学术界在面对过去时无法做出让人信服的解释，也不能对现在做出较为合理的判断，也难以对未来给出正确的预测和憧憬……一端是文学知识分子，另一端是科学家，特别是物理学家。二者之间存在着不可逾越的鸿沟——有时还互相憎恨、鄙视和厌恶，他们大多数都缺乏了解，荒谬地扭曲了对方的形象。②

斯诺所讲的两种文化实质上提出了这样一个问题：由于知识和教育背景、历史传统、哲学思维和工作方式等不同，人文学者群体和科学家群体之间拥有极少的共性，彼此之间在语言、价值观和社会关怀判断上的分裂，会妨碍社会和个人的进步与发展。两种文化的形成主要是因为"我们狂热地相信教育专业化"以及"我们倾向于让社会形式固定化，所有力量都让它更加僵化，而不是使它具有一定的可塑性"③。斯诺在五年后又发表了名为"再看两种文化"的文章，他提出：解决人文和科学之间的鸿沟需要重新规划教育，西方国家要向美国大学教育学习，科学家要给非理工科学生授课，而理工科学生应走入人文知识的世界。④ 由此提

---

① Greg Wise, Denise Retzleff, Kevin Reilly, "Adapting Scholarship Reconsidered and Scholarship Assessed to Evaluate University of Wisconsin-Extension Outreach Faculty for Tenure and Promotion," *Journal of Higher Education Outreach and Engagement*, Vol. 7, No. 3, 2002, pp. 5 – 18.

② Charles P. Snow, "Two Cultures," *Science*, Vol. 130, No. 3373, 1959, p. 419.

③ Charles P. Snow, "Two Cultures," *Science*, Vol. 130, No. 3373, 1959, p. 419.

④ Charles P. Snow, *The Two Cultures and A Second Look*, New York: New American Library, p. 168.

出了"第三种文化"作为弥合人文和科学两种文化的理想。

两种文化引起了学术界旷日持久的学科文化之争。在斯诺之后，美国著名社会学家塔尔科特·帕森斯提出在人文文化和科学文化之外，还有"社会科学文化"。杰瑞·盖福和罗伯特·威尔逊提出了更为细致的文化分类，即人文学科、社会科学、自然科学和专业学科，他们认为："各领域的学者在教育价值、教学方向、生活样式等方面存在重大的文化区别，这种区别足以把四类学科当作不同的学科文化。"①比彻为了回应斯诺关于两种文化的论调，开展了长期的关于学科文化的研究，比彻对学科文化的研究为其他学者在学科文化上的研究奠定了基础。来自不同学科的学者在对本学科文化的研究上颇为详细，在本学科内探讨学科文化对教师职业身份认同、行为、组织建设等方面的影响。比如，斯蒂芬妮·墨泽就在考古学的范畴内研究了史前考古专业的学科文化，以及田野工作和性别对考古学文化的影响。她认为，田野工作是考古学学科文化的核心，而田野工作却在考古学者内部存在性别的差异，性别制度通过对田野工作的规制进而影响了考古学的发展。②布鲁斯·基斯则探讨了美国现代社会学学科文化的变化，认为美国国家和地区专业学会的关系变化折射出美国社会学的学科漂移，社会学学科文化已经被以研究生产力和拥有博士学位授予权的大学所掌控，社会学已经成为一种职业而不是科学。③学者还从学科文化对学术论文写作、学术语言发展以及研究生的培养等方面的影响来展开研究，其中，中国学者王东芳以比彻学科文化研究为基础，利用质性研究方法对美国大学博士生培养制度进行了深刻的描述和总结，指出了不同学科文化对博士生培养制度差异的影响。

四　有关基层学科组织行动的研究

严格地以基层学科组织行动为主题的研究文献非常稀缺。沈红认为，

---

① Jerry G. Gaff, Robert C. Wilson, "Faculty Cultures and Interdisciplinary Studies," *The Journal of Higher Education*, 1971, Vol. 42, No. 3, 1971, pp. 186 –201.

② Stephanie Moser, "On Disciplinary Culture: Archaeology as Fieldwork and Its Gendered Associations," *Journal of Archaeological Method and Theory*, Vol. 14, No. 3, 2007, pp. 235 –263.

③ Bruce Keith, "Disciplinary Culture and Organizational Dissonance: The Regional Association in American Sociology," *Sociological Focus*, Vol. 37, No. 2, 2004, pp. 83 –205.

大学的组织结构如同一个网格，多学科共同体是网格中的多个"结点"，若无结点，网格中各线无法交汇，说明了学科共同体的重要性。行动也多以有生命的"人"为研究对象，但是有一些文献虽未明确表达基层学科组织行动的观念，但却包含了一些基层学科组织行动的意思。

简·罗宾森根据美国研究型大学的历史发展轨迹和与社会互动的深度和广度提出了一种新的模式，即筑巢式的"准国家"模式。[1] 这种模式将大学视为一系列的筑巢式机构，在不同的历史时期，随着当时的社会需求和活动设立、增加甚至转变大学的使命和结构。大学结构的增长和扩张是以分裂或添加的方式实现的，无论大学是为了适应知识或者自身的发展还是迫于外部需求而增设新机构，它就像筑巢一样，或者从原有的机构中分离出一部分，作为新机构的雏形和种子承担新的任务和职能，或者为了承担新的职能而直接添加和设立新机构，但在不同的历史时期建立的机构都蕴含着当时的社会需求和价值，并随着时代和社会特点的变化而变化。大学内的单位或机构是彼此依赖的松散联结体，每一个单位都有其独特的单位和学科文化，大学拥有强大的汲取和分配能力，通过内部单位和机构职能的分散承担，在保证大学传统和目标不变或者少变的情况下，应对社会新需求。罗伯特·戴蒙德在其著作《教师奖励制度与大学使命》中认为，大学使命和愿景是最宏观的部分，实现这些愿景和使命要靠学科组织包括学院和系的努力。因此在将大学使命和教师奖励相联系的过程中，学院和系都要在教师晋升和终身制的评价上制定详细的政策和指南，让教师更加清楚院系在教师评价中的作用以及院系在承担学校使命上的重点和优先考虑的任务。[2] 这些文献都指出了学科组织具有能动性，可以根据环境和自身需求确定行动意愿和方向。

中国学者李金春在其博士论文《中国大学教师评价：理念与行动》中，概括性地为中国大学教师评价设计提出行动建议：包括建立从制度占有走向制度共建的大学教师评价模式，让大学教师充分参与教师评价的制定，同时重视非文本性的大学教师评价，其中的"行动"概念与笔

---

[1]　Jane Robbins, "Toward A Theory of the University: Mapping the American Research University in Space and Time," *American Journal of Education*, Vol. 114, No. 2, 2007, pp. 243–272.

[2]　Robert M. Diamond, *Aligning Faculty Rewards with Institutional Mission Statements, Policies, and Guidelines*, Bolton: Anker Publishing Company, 1999, p. 9.

者所提出的"行动"概念有很大差别。王海英的博士论文《学校组织的行动逻辑——行动者的观点》研究了学校组织行动的本然逻辑，提出了学校是具有自己行动的目的与理性偏好的"行动者"，在"社会结构"的制约下进行着"能动"的选择。其"行动者"的观点有两方面的含义：一是将学校组织比喻为"行动者"，它有自己独特的组织理性与行动方式，并以组织整体的名义进行各种有目的、以第三者为对象的社会行动；二是指学校组织的行动归根结底是由学校组织内部个体行动者和组织成员来参与完成的，学校组织行动的生成、变化都要受到组织内部独立个体行动者的影响与制约。这篇论文真正以行动理论为基础探究了小学学校在课改中的行动逻辑，它不是对单个学校的学科组织行动的探究，而是阐述了学校行动的整体逻辑。

五　文献评述

美国学术界对大学教师评价的研究以及评价改革的研究重点放在三个方面：（1）在前期研究中，学者更关注正在形成制度的教师评价在评价方式、标准、权力等方面的发展，以及如何形成一个相对合理的评价。在关于构建教师评价的研究中，教学和研究的评价手段以及这些评价手段的应用和信效度都是研究的重点和关键，用以改进和完善关于评价手段的建议等。（2）如何让高校逐步从以研究为主的学术内涵向多元学术内涵转变，增加教学学术、综合学术和应用学术在评价中的比重，尊重教师工作的多样性成果；实现向多元学术内涵评价转变的第一步是确立多元学术内涵在学校和教师中的地位和认可度，目前美国在这方面的研究所取得的成果包括对多元学术内涵的制度化程度的研究以及多元学术内涵在教师奖励系统中的地位和作用的研究；但美国学术界在不同类型高校和多元学术评价的关系及教师职业生涯发展和多元学术评价的关系等问题上还在进行进一步的研究。（3）如何改变现有评价体系，创建适合发现学术、教学学术、综合学术和应用学术的评价体系，新体系中的评价准则和方法应该如何设定等。目前关于教学学术评价的研究取得了极大的进展，但在综合学术评价、应用学术评价改进，以及发现学术、教学学术，综合学术和应用学术四者在学术评价体系中的地位、相互之间的联系等方面，还有很大的研究空间。

　　美国学术界对大学教师评价的研究已经进行了几十年，在对各种评价手段及其应用上进行了极为细致的分析，不仅探讨了不同评价手段的差别和哪些因素会影响手段应用的准确性和合理性，而且指出它们之间应该怎样形成多元评价手段的综合应用，以减少单种方式所带来的评价偏差。在对多元学术内涵的践行以及各高校多元学术奖励系统的改革研究上，主要还是由一些高等教育行会组织通过问卷和案例分析对多元学术评价系统的实际情况进行调研，形成报告。在问卷调查上，从博耶的首次调查到探索高校如何鼓励多元的优秀学术调查，问卷所涵盖的范围和问题十分广泛，基本反映出美国高等教育在内外各种因素的影响下，逐步改变以研究为主的学术奖励系统，开始向着更加多元化的方向发展，但在实质性的教师晋升和终身制评价的改革上依然存在形式大于内容的问题。尽管美国在教师评价改革的研究上也进行了一些案例分析，但是案例分析的数量和细致程度依然不够，不能从根本上了解和分析美国大学教师评价在改革中所遇到的问题和原因，而中国学界对美国大学教师评价的研究，基本上都是以静态的研究视角分析已经形成的教师评价制度，在案例分析上也着重以介绍为主，缺少对美国大学教师评价改革的研究，尤其是极为细致的案例研究。这些都为本书留下了充足的研究空间。因此，本书将以美国一所公立大学的教师评价改革为例，通过对 I 大学教师评价改革的起因、各基层学科组织在教师评价中的行动，以及影响学科组织行动的学科文化等一系列问题的研究，分析和呈现美国大学教师评价改革的真实场景，为中国学界探究基层学科组织的行动、学科文化，以及文化和行动的关系做出贡献，并且弥补中国学界在教师评价的解释性研究方面的文献不足。

第二章　研究的理论、方法与过程

在美国大学教师评价改革上，以学科为基础的学科组织"系"会有不同的行动。在学科组织行动选择和形成的过程中，学科文化作为教师之间进行交流的、能够传承的意识形态，影响着基层组织的选择，因此学科文化构成本书的理论视角，而学科组织的选择是一种社会行动，这种行动受到文化的影响和建构。本书利用质性研究方法，分析学科组织在改革中的行动及其效能。

第一节　理论基础

一　社会行动理论与学科组织的行动

社会行动自马克斯·韦伯起就成为社会学科核心命题之一。马克斯·韦伯、塔尔科特·帕森斯和詹姆斯·科尔曼等著名社会学家都对社会行动进行了深刻的论述和研究。本书对学科组织行动研究的理论框架将建立在这三种社会行动理论基础之上。

（一）韦伯的意向行动理论

韦伯把"行动"及关于行动的研究引入社会学领域，是最早倡导行动理论的人。他的行动理论是"刺激—主观理解—反应"。他主要研究的是在特定的社会历史条件下人类行动者所采取行动的主观目的。韦伯关于社会行动的界定包括：（1）行动者主观上以他人行为为行动取向；（2）行动者各自行动的意义取向在某种程度上是参照他人行为，于是就会出现某种社会关系；（3）在长期的交互关系中，可能存在一种稳定的和有意义的内容。这种内容可能被行动者理解为一套规范或者操守，他们期待其他行动者也会以此引导他们的行为。韦伯的社会行动理论具有明显的"意向"性，韦伯所谓的社会行动排除了没有经过思想过程而做出的单纯反应性行为，它是一种行动者面对他人而赋予的主观意向行为。为了更加深入地研究社会行动，韦伯将社会行动划分为四种理想类型：目的理性行动、价值理性行动、情感行动和传统行动。目的理性行动即手段—目的的理性行动或工具理性行动，这是一种以外界事物的状态和他人行为的期待为基础，并将这种期待视为"条件"或者"手段"，让行动者能够理性地选择自我目的；价值理性行动是指行动者根据伦理、美学、宗教或者其他方面的价值观而采取的行动，其行动本身就体现了价值，所以并不顾虑行动的结果；情感行动是指行动者由当时的情绪或情感所左右，对某种外部刺激不受制约的反应；传统行动是指由传统习惯所决定的行动。① 韦伯认为后两种行动并不属于社会行动，因为它们没有包括行动者明确的主观意义。

（二）帕森斯的唯意志论行动理论

帕森斯在韦伯关于意向行动论基础上提出了唯意志论行动论。相比较韦伯的行动理论，帕森斯则试图建立一个更为一般的理论框架：行动是一个包括手段、目的、规范、条件与主观能动性等多种要素在内的、具有多种属性的行为过程。帕森斯在《社会行动的结构》中写道：

> "一个'行动'在逻辑上包括如下几点：（1）当事人。即行动者。（2）目的。即行动所要指向的未来状态。（3）情境。这种情境分两种：一是行动者不可控制的，即行动的'条件'；二是行动者可以控制的，即行动的'手段'。（4）这些元素之间的关系形式。即在选择达到目的的手段时，有着一种'规范约束'。② 另外，所有的行动都遵循一个规范，"正如不会有位置不动的运动一样，也没有不遵从规范的社会行动"。

帕森斯认为行动者是积极主动地选择自己所追求的那些目的。帕森

① ［美］马克斯·韦伯：《经济与社会》，林荣远译，商务印书馆2004年版，第92—94页。
② ［美］塔尔科特·帕森斯：《社会行动的结构》，张明德、夏遇南、彭刚译，译林出版社2008年版，第689页。

斯把自己的行动理论叫作行动的自由意志理论。行动的自由意志指规范对于"目的、遗传和环境"的独立性（规范也是一种主观要素）。也就是说，行动的主体不但是指有意识的主体，而且吸纳了规范、价值等社会因素，是完全社会化了的主体。正是规范与行动和社会秩序结构联结起来，使人的主观意志服从于规则和价值体系。帕森斯把动机和价值称为取向的形式。"单位行动"与动机和价值取向有关，并且对每个行动者来说，单位行动的总方向是他主要的价值和动机结合的结果。根据帕森斯的行动理论，社会行动就是行动者在特定的观念影响下，在所处的特定情景中，选择和采取合适的手段达到行动目的或目标的过程。

（三）科尔曼的理性行动理论

"行动"和"行动者"是紧密联系的。无论是在韦伯还是帕森斯的社会行动理论中，行动者的核心特征就是具有能动性，可以对环境做出反应，并且做出有意识的行动选择。科尔曼在《社会理论的基础》中认为，行动者就是经济学中所说的"具有目的的理性人"，不同的行动有不同的"效益"，行动者则是为了最大限度地获取效益，"效益"并不局限于狭隘的经济学含义，还指社会、文化、情感、政治等方面的"效益"。因此，"理性人"不同于"经济人"。理性行动要通过人际交往或社会交换来达到一定的目的，它需要理性地考虑或计算各种因素。理性行动包含了诸如交换关系、权威关系、信任关系、集体行动和法人行动等有目的性的行动，不包括不具有目的性的情感行动和不具有社会性的个人行动。科尔曼社会行动理论的最大特点是运用经济学的理性选择模型，从社会学角度将其扩展。经济学认为，认识是依据个人稳定的利益偏好在各种行动中做出选择的，而社会学认为，人的行动是受社会环境和社会结构制约的。科尔曼根据行动者的行动特点，将行动分成三种类型：（1）通过控制获取利益的资源渠道，满足个人利益；（2）用最少的成本控制最大的资源利益；（3）为了获取更大的利益，行动者可以让渡或放弃当前的资源。① 科尔曼的理性社会行动逻辑是行动者控制资源并得益于资源，行动者只有一个行动原则：最大限度地实现个人利益。

---

① ［美］詹姆斯·S. 科尔曼：《社会理论的基础》，邓方译，社会科学文献出版社 1999 年版，第 45—47 页。

本书以"学科组织"作为行动者，将其对教师评价改革的回应作为"行动"，深刻描述学科组织面对教师评价改革时的行动意向和具体策略，以及学科组织在面对教师评价改革时行动的逻辑。本书使用学科组织的"行动"而不是"行为"这一概念，就是因为更侧重于对社会学意义上学科组织有意向的行动进行分析，这种"行动"是与具有一定意识能动性的"行动者"相联系的。本书将基层学科组织——"系"隐喻为行动者，学科组织的"行动"，就是那些具有行动意图与目标、代表基层组织整体并对整体产生影响的行为。韦伯的意向行动理论为本书提供了学科组织在大学教师评价改革中行动的集体决策路线，学科组织的行动具有主观意向性，是团体成员行动背后思想和动机的心理框架，它体现了行动的目的性和规划性。作为理性主体的学科组织包括了行动的信念和愿望。帕森斯的唯意志论行动理论明确提出了观念和价值等社会因素对主体主观意识的影响。作为观念和价值最高级的形式，文化对行动具有最深的规范和约束作用。本书强调学科文化在学科组织行动中的规范作用，正是受帕森斯唯意志论行动理论的指导。科尔曼的理性行动主义将行动者视为"有目的的理性人"，重点分析了理性在行动中的作用，而作为行动者的学科组织在行动中同样具有组织理性，尤其是在学术工作的调节上，处处体现出学术理性和经济理性的算计和平衡。行动理论作为本书理论基础之一，构成了学科组织在教师评价改革中完整的行动框架。

二 学科文化的相关理论

学科是教师学术身份的核心。托尼·比彻将学科定义为拥有某些可信任特征的研究领域，这些特征包括专业协会、被认可的国际共同体、专业期刊、知识领域、学问模式和结构化的系部设置。[①] 学科在结构上和认知上的特殊性取决于该领域研究范式和内容的成熟度。同时，比彻强调学科也是一种文化现象，是由一群具有相似思维的学者将其行为准则、一系列的价值观和特殊的智力任务汇聚而成。[②] 学科以高深知识为本原，

---

① Tony Becher, "Historians on History," *Studies in Higher Education*, Vol. 14, No. 3, 1989, pp. 263–278.

② Tony Becher, "Towards A Definition of Disciplinary Cultures," *Studies in Higher Education*, Vol. 6, No. 2, 1981, pp. 109–122.

经过制度化发展，成为高等教育的核心，学科组织是以学科为中心筹建的，因此对学科组织行动的研究必须以学科为基础。学科形成的基础是"高深知识"的生产，在对学科知识研究中具有重大理论贡献的是安东尼·比格兰和大卫·科尔布的现象学分析法。

比格兰在 1973 年对来自伊利诺伊大学 36 个学科领域的 168 名学者以及来自西部一所小型学院 30 个学科领域的 54 名学者进行了一次关于学科知识特征的问卷调查。调查结果非常详尽和鲜明。比格兰在此次调查中提出了著名的比格兰分类法，将学科按照三个维度进行了划分——软科学和硬科学、应用科学和纯科学、生命系统和非生命系统。第一个维度联系了范式存在的程度，第二个维度关注了应用程度，第三个维度则区分了无生命物体和生物以及社会领域。比格兰分类法触发了诸多研究，其中最为著名的就是科尔布于 1981 年通过对 800 名不同学科背景学生的调查，利用科尔布学习方式量表从具体—抽象和积极—被动，对学生学习方式进行了研究。科尔布的研究证明，学科知识的划分和比格兰分类有很大的重叠性，当去掉比格兰分类的第三个维度时，他惊奇地发现两种分类高度一致。由此，科尔布提出了抽象被动、具体被动、抽象主动和具体主动四类学科，分别对应自然科学、人文和社会科学、以科学为基础的专业和社会专业。① 比格兰和科尔布分别从教师和学生的角度、从研究内容特性和知识探求方式的角度对学科进行了研究。

比彻从认知论和社会行为学两个角度对学科文化进行了探究。从认知论上看，比彻借鉴了比格兰分类，认为硬学科发展依靠将琐碎的知识拼接成块，去解决类似智力拼图的游戏，这些学科被因果关系、预测普遍规律的启示以及概括能力所引导。软学科如历史和社会学则恰恰和硬学科相反，它们关心更为广泛的焦点问题，抵制普遍化的详细说明，共享一个强调解释和再解释的研究模式。纯学科和应用学科的维度则强调了学科在社会自治上的不同。应用学科如工程学和教育学服务和受控于学园之外的组织；而纯学科如文学和数学不会聚焦于职业教育和务实的

---

① David A. Kolb, The Kolb Learning Style Inventory, Boston: Experience Based Learning Systems Inc. , 2007, p. 62.

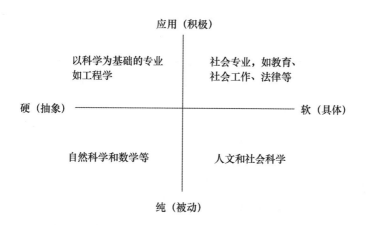

图2-1　比格兰和科尔布学科知识分类关系

社会应用性问题，而是专注于对现象的理解。[1] 除此之外，比彻还从学科的社会行为角度将学科分为田园和城市以及趋同和趋异的学科。城市学科有很高的"人和问题比例"，学者之间的交流非常频繁，问题的解决速度也非常快。田园学科则有较低的"人和问题比例"，学者之间的交流不太多，研究问题的解决时间较长。趋异学科则呈现出在理论和方法论上毫无统一性的特点，而趋同学科则在问题的解决和如何解决上有较高的统一性，库恩称此类学科有成熟的范式。[2]

　　在比彻看来，独特的学科文化是在由传统、符号和交流模式，假设、价值观和信仰所塑造的思考和获取知识的方式中逐步形成的。[3] 每个学科都由智力相似的人组成，其行为方式、价值体系和独特的认知任务共同形成了学科部落。伯顿·克拉克从组织学的观点对学科文化进行了论述：学科文化是高等教育组织特质和基本要素，学科文化是学术文化的核心

　　① Ylijoki, Oili-Helena, "Disciplinary Cultures and the Moral Order of Studying—A Case-Study of Four Finnish University Departments," *Higher Education*, Vol. 29, No. 3, 2000, pp. 339 - 362.

　　② Jim L. Turner, Matthew Miller, and Claudia Mitchell-Kernan, "Disciplinary Cultures and Graduate Education," *Emergences*: *Journal for the Study of Media & Composite Cultures*, Vol. 12, No. 1, 2002, pp. 47 - 70.

　　③ Tony Becher, and Paul Trowler, *Academic Tribes and Territories*: *Intellectual Inquiry and the Culture of Disciplines*, Maidenhead: Mcgraw-Hill Education (UK), 2001, p. 46.

和基础。它根植于学科并拥有一套知识传统和相应的行为准则。他们分享有关理论、方法论、技术和问题的信念，包括他们崇拜的偶像和外行人难以理解的"行话"、专业技术和工作方式等。① 奥伊利—海伦娜·里约基认为，学科文化的核心是"道德秩序"。它规定了文化的基本信仰、价值、规则和愿望，形成了学术部落根本的精神特质。道德秩序包含了两个方面：一是对个人的规范力量，即来自外部的控制；二是个人内心的方向感、存在感和身份认同感。②

　　以上所有关于学科文化的研究都将其视为一种内在的和稳定的现象。人们观察和研究学科往往习惯于将视角投放在学科内部知识生产的逻辑规则，以及由规则规制的精神气质。这种视角在很大程度上受到了默顿主义的影响，他强调知识是由科学家"发现"的客观事实组成的，是对外在自然世界的客观反映和合理表述。但后现代主义的知识社会学则更强调知识的建构性，"科学是一项解释性事业，在科学研究过程中，自然世界的性质是社会建构出来的"，知识负荷着科学家的认知和社会利益或受到特定社会因素的塑造。③后现代主义的知识观更强调知识的相对性、多元性、文化性和境遇性。知识不存在特定的形式，认知者的感觉和理性都是文化的产物，知识的陈述和运用存在各种各样的形式，带有特定文化传统和地域文化特质的烙印。没有一种普遍的真理性知识，任何知识都是特定背景下的产物，任何知识都有存在的理由，其价值因境遇的不同而改变。后现代知识社会学又为学科研究提供了一个不同的视角，一个由外向内的视角，一个与社会息息相关的视角。当大学走出象牙塔，成为社会的中心时，学科再也逃避不了社会因素的影响和塑造。学科知识生产的外部社会机制是指个体知识转变为公共知识并发展壮大的过程。社会对学科知识的需求会影响学科知识生产的方式和价值，学科知识生产并不纯粹是一种知识内在逻辑的演进，作为一种社会性活动，知识生

---

　　①　Burton R. Clark, "The Academic Life Small Worlds, Different Worlds," *Educational Researcher*, Vol. 18, No. 5, 1989, pp. 4 – 8.

　　②　Oili-Helena Ylijoki, "Disciplinary Cultures and the Moral Order of Studying—A Case-Study of Four Finnish University Departments," *Higher Education*, Vol. 29, No. 3, 2000, pp. 339 – 362.

　　③　赵万里：《科学的社会建构》，天津人民出版社 2002 年版，第 2 页。

产还遵循着特殊的社会规则。①

著名知识社会学家苏珊·赫克曼认为，所有知识都是由社会决定的，而马克思的观点则更为激进：即使自然科学知识也是由社会目标决定的，他的主旨意为社会需求因素对自然科学知识的影响是决定性的和不可忽略的。恩格斯也认为，对自然知识的有效而深刻地解释必须借助社会和历史的因素。在知识社会学理论发展的过程中，狄尔泰和韦伯分别强调了社会和环境的制约性，以及精神因素的历史作用性，当社会因素都无法解释知识发展时，精神因素则会成为突破口。曼海姆的知识社会学强调了知识与社会之间的互动关系，试图解释知识与外部世界的因果关系，认为知识发生于特定的文化之中，而不仅仅取决于人们的社会地位、阶级身份及其守护的利益。曼海姆知识社会学理论有两个特征：一是他认为社会构成了知识的信念，而非个人，社会的群体互动和协商产生了知识，而个人无法从自身的经历中形成知识；二是对知识的考察必须服从于社会学家的考察。

根据以上学科文化和知识社会学关于知识的研究，本书将从三个方面分析学科文化：体现知识生产内部逻辑规则的学科知识特征、体现知识生产外部条件制约的学科社会特征、体现知识与社会关系的学科价值倾向：

·学科的知识特征。学科的知识特征即比彻提出的从认知论上对学科进行分析。相比较科布的分析模式，比彻认为，比格兰的分析方法更加清晰易懂，而且易于应用。因此在比格兰对知识的分类法上，比彻将学科分为硬—纯学科、软—纯学科、硬—应用学科和软—应用学科，而这些学科在研究范式上存在着巨大的差异。范式是美国著名科学哲学家托马斯·库恩在《科学革命的结构》中系统阐述的概念和理论，它指的是一个共同体成员所共享的信仰、价值、技术等集合，是常规科学得以发展的理论基础和实践规范，是从事某一科学的群体所共同遵从的世界观和行为方式。库恩指出："按既定的用法，范式就是一种公认的模型或模式。""我采用这个术语是想说明，在科学活动中某些被公认的范例——包括定律、理论、应用以及仪器设备在内的范例——为某种科学

_____

① 朱新梅：《知识与权力：高等教育政治学新论》，教育科学出版社 2007 年版，第 59 页。

研究传统的出现提供了模型。"① 在库恩看来，范式是一种不同研究者群体所共同接受的假说、理论、准则和方法的总和，这些有形或无形的东西在心理上构建了科学家的共同信念。"范式"一开始只是库恩为了解读科学发展而提出的严格运用于科学研究领域的理论，后被广泛运用于所有学科领域。范式实际上揭示了学科知识生产在一定时期内的内部逻辑规则，这种逻辑规则形成了一个学科的精神气质和独特魅力。范式是用来观察和理解世界的一套完整的概念框架，它不仅形塑了人们所看到的事物，而且影响了人们对事物的理解。学者对范式的选择直接影响了他们对研究问题的看法。库恩的"范式"为学科文化研究者在认知论上提供了更切合的思维方向，和自然科学相比，社会科学和人文科学的范式发展水平要低一些，自然科学的研究范式最为成熟和规范。② 以比格兰对学科的分类来说，硬学科的范式要比软科学的范式更为严谨。

·学科的社会特征。比彻从学科社群和学术网络视角分析学科群体组织的社会特征。学科社群如果在范式上呈现出集体性和相互认同，它就具有趋同性；如果呈现出分裂性和意识形态上的断裂，它就具有趋异性；学术网络体现的是学者的交流方式，都市型的学术网络往往占据着一片狭小的学术领地，学者倾向于以团队的方式进行合作，知识更新较快，竞争相对比较激烈；田园型学术网络的研究领域往往比较广泛，研究问题分布零散，需要较长的时间去寻找问题的答案，竞争性相对较小。③ 比彻从学科和专攻两个维度认知学科社群和学术网络。在他看来，一般具有趋同性的学科社群在学术网络上大多呈现出城市型的特征，具有趋异性的学科社群在学术网络上大多呈现出田园型的特征。学科的社会特征展现需要知识生产的公共空间，这些空间主要包括制度化的学术团体及其组织的会议、论文期刊和著作出版等，还有国际化的各种交流平台和渠道。这些学术团体及知识交流平台和载体为学科知识生产的分

---

① ［美］托马斯·库恩：《科学革命的结构》，金吾伦、胡新和译，北京大学出版社2003年版，第9—21页。

② Janice B. Lodahl, and Gerald Gordon, "The Structure of Scientific Fields and the Functioning of University Graduate Departments," *American Sociological Review*, Vol. 37, No. 1, 1972, pp. 57–72.

③ ［英］托尼·比彻、保罗·特罗勒尔：《学术部落及其领地》，唐跃勤、蒲茂华、陈洪捷译，北京大学出版社2008年版，第195页。

工、合作、交流，以及学科知识生产的制度化提供了基本的空间和载体保障。知识生产的组织化所形成的学科协会"为研究的开展、传播乃至对研究的批评提供了多样化的媒介，成为某一特定学科中既有思想冲突又有学科共识的社团组织"①。

·学科的价值倾向。知识具有价值性，作为人类文化创造，具有多方面的意义、作用和功能。知识价值的生成，既产生于人所具有的不同于动物的智能特性，又得益于人所具有的不同于动物的社会属性。知识价值首先属于观念性价值，建构于人的观念中，并保存在大脑记忆中，作为理性思维的产物通过文字和语言得以传承；随着人类社会的发展，知识及其价值还会通过行为延伸到人的社会生活和环境之中。通过人的行为，知识与其他条件一起，实现更为负责的价值。高深知识是大学的核心。高深知识同时还具有两种价值——知识的本体价值和知识的社会价值。高深知识的本体价值表现在它的真理性和认知价值上，真理本身就是价值。约翰·杜威认为："知识本身之所以重要，那是因为它对于它所需要做的事情和它所要创造的东西有影响。"② 大学建立的最初目的就是希望学生去追求高深知识的本体价值。纽曼在《大学的理想》中表达了类似的观点：博雅教育是"心智、理智和反思的操作活动"，以心智训练、性格修养和理智发展为目标。博雅教育具体培养的是集智慧、勇敢、宽容、修养等于一身的绅士。为知识本身的目的而追求知识，是进行这一教育的重要途径。③ 随着现代社会的发展，高深知识的本体价值已经无法满足社会需求，高深知识的社会价值日益凸显。在功利的、实用的知识观指导下，现代大学的知识目标更加世俗化，从培养学生的精神理性与道德转变使学生成为社会需要的科技人才，在纽曼看来，各种不能称为"知识"的细化的和具体的知识被纳入大学教学和研究范围内。作为制度化的知识生产行为，学科高深知识同时具有本体价值和社会价值，但是学科知识生产具有明显的价值倾向。比格兰的纯学科和应用学科学

---

① Burton R. Clark, The Academic Life: Small Worlds, Different Worlds, Lawrenceville: Princeton University Press, 1987, p. 36.

② ［美］约翰·杜威：《人的问题》，傅统先等译，文化教育出版社1957年版，第132页。

③ ［英］亨利·纽曼：《大学的理想》，王承绪等译，浙江教育出版社2001年版，第59页。

科分别具有本体价值和社会价值的行为倾向，但无论是纯学科还是应用学科的高深知识都具有本体价值和社会价值。

学科的知识特征是学科组织学术活动的基础，学科知识限制了学科组织的教学、研究和服务范围；学科的社会特征反映了学科组织成员的生活和工作样态，包括学者团体的趋同和趋异、群聚和分散，以及彼此之间知识交流平台和方式；学科的价值倾向则反映了学科组织与社会之间的动态关系，日益密切的大学和社会关系将通过学科组织服务社会的方式而改变。在美国分权制管理体系和教师以学科身份为归属的背景下，学校层面对教师评价的改革并不一定能够得到具有独立运行权的基层组织——"系"的有力执行，它们会以学科文化为行动基础，在面对学校教师评价改革时做出附和学科文化的行动选择。

第二节 研究方法和过程

对于学科组织的行动研究更适合采用质性研究方法。本书关注以学科为基础的不同基层学科组织在教师评价改革中学科文化及其发展给行动带来的影响。本书重点通过深度访谈，联结文本与实地访谈之间的关系，将基层学科组织作为行动分析单位，试图揭示在教师评价改革中不同学科文化给学科组织带来的行动差异，为政策制定者提供相关行动建议。

一 质性研究方法

所谓质性研究，就是"以研究者本人为研究工具、在自然情景下采用多种资料收集方法对社会现象进行整体性探究、使用归纳法分析资料和形成理论、通过与研究对象互动对其行为和意义建构获得解释性理解的一种活动"[①]。首先，质性研究具有自然主义的传统。质性研究需要实地了解和观察被研究者的生活状态和思想活动，通过面对面的情景交流探究被研究者所处的生活环境以及社会对其的影响。其次，质性研究具有不断变化的特点。研究者要根据实地调查和情景的变化不断调整研究

---

① 陈向明：《质的研究方法与社会科学研究》，教育科学出版社 2000 年版，第 3 页。

设计，对资料的收集、分析以及理论的建构都要进行调整。再次，质性研究的根基在于"解释"。质性研究需要从被研究者的行为和语言上建构意义，对他们的个人经验进行解释性理解。在研究的过程中或者在与被研究者互动的过程中，研究者要不断对自己进行审视和反省，构建自己与对方有效的理解和交流机制。最后，质性研究还具有归纳的特点，要求从琐碎到整体地分析资料，在此基础上建立分析类别和理论假设，然后通过相关检验将其系统化。由此可知，"质性研究"的结果在特定的情景和条件下具有可信度，但极难推广到样本之外。质性研究所强调的重点乃在于探寻事实的本质与探索现象的各种面向，并以个人与自身以外所产生之种种互动来进行符号诠释，所以质性研究基本上是凭借人、情景与时空三个坐标轴架构所得的三次元角度检视各种存在的现象。质性研究方法种类繁多，本书主要运用访谈法和文本分析法达到质性研究的目的。

（一）访谈

在质性研究中，访谈法在通过语言获取人的理念和意义上具有重要作用，它是一种有效和不可或缺的方法。在研究对象的价值观、情感表达、态度、行为和规范等问题上，访谈都可以通过与研究者的面对面语言交流了解其过去的经历和耳闻目睹的有关事件，以及受访者的看法。访谈有正式和非正式两种，本书的访谈都为正式访谈，且采用半结构方式，在访谈前发出正式邀请，并附上访谈提纲。经由受访者同意，确定时间和地点进行访谈。所有访谈都经过受访者同意后，进行录音，形成文本。研究者在开始访谈之前要先设计一个提纲。这个提纲一般都是概括性的，包括要了解的主要问题和覆盖的内容范围。提纲的作用在于提示，以避免遗漏重要的内容。因此，研究者在使用访谈提纲时要保持开放、灵活和随机应变的态度。访谈的具体形式应该因人、因具体情境而异，不必拘泥于同一程式，也不强行按照访谈提纲和语言顺序提问。访谈是访谈者和受访者共同构建的社会事件，通过提问，让被访谈者对回忆和现实进行描述，为意义的建构提供契机。访谈的结果和信息输出并不是受访者的自我陈述，而是受访者和访谈者在互动的过程中信息交流的产物。访谈并不能做到所谓的"客观"，必须认识到集体建构社会现实的"真实"①。访谈并不是访谈者向受访者单方了解情况或者事实的客观过程,而是双方相互作用、共同建构"事实"和"行为"的过程。交谈双方实际上共同营造着访谈氛围和话语情境。

(二)文本分析

所有质性研究都需要分析文本。文本分析就是研究者用来诠释文字记载与视觉信息特征的一种方法,而且这个叙述与诠释过程常常会延伸到文本的批评与审核上。文本可以分为新产生的文本和已有文本。新产生的文本包括研究对象在对研究者的访谈中产生的信息和对信息的处理;已有文本包括各种已经存在的文献,研究者把已有文本看作数据来解决研究中的问题,尽管这些文本是为不同目的而产生的。文本并不代表客观事实,尽管它们代表其作者所认为的客观事实。② 人们为了特定目的而建构文本,不管具体文本是新产生的文本还是已有文本,都依赖于特殊的话语,提供对行动的记录、探究、解释、辩护或预测。研究者希望从文本中寻找出意义,这个意义可能是文本自身所具有的意义,也可能是研究者经由观察与搜索过程所给予的文本意义。或者说,文本意义的来源可能是文本制造者的直接指陈,或者是从文本的接受者对文本的解释中了解的。本书新产生的文本包括对研究对象进行访谈所转化而成的文本,已有文本包括 I 大学所有关于教师评价的政策文本、历史记录、所研究的四个学科的学科知识文本等。新文本会让研究者产生新的思想、感情以及关注,并让研究者明白是什么样的结构和文化影响了这个人,研究者要通过编码、统计等工作对新文本进行分析。已有文本并非为了研究目的而产生,已有文本可能会出现报告撰写者接受的定义,改变或者违背了读者对这些具体类属的理解,文本信息可能会与田野调查有着极大的差异。这些差异就有可能以非常重要的形式引导研究者的分析。对文本的分析要放在具体语境中,脱离语境的文本会失去很多意义。在进行文本分析时,最重要的不是证实证据的可靠资料,而是将其视为需要分析和仔细审查的对象。

---

① [英]凯西·卡麦兹:《建构扎根理论:质性分析实践指南》,边国英译,重庆大学出版社2009年版,第46—49页。

② Lindsay Prior, *Using Documents in Social Research*, Fiesole: SAGE Publications Ltd., 2014, p. 17.

二　研究过程

（一）初始抽样和研究对象的确定

在进入研究现场之前，研究者对 I 大学的教师评价改革完全处在一个模糊的状态，既不知道改革是如何进行的，改革的内容是什么，也不知道改革的效能如何。带着这样一种模糊的认识，研究者开始了第一轮材料的收集。

材料的收集首先从了解研究现场 I 大学及其教师评价开始。在这一阶段，有关 I 大学的历史、现状、院系分布和结构的文本，以及 I 大学在教师评价上的政策文本等都是研究者需要着重收集和阅读的材料。在对 I 大学的基本情况进行全面了解之后，研究者将 I 大学最近的一次教师评价改革，即 2006 年教师晋升和终身制改革委员会的成员作为处理初始研究问题的抽样对象。改革委员会共有 13 名成员，有两位已退休，有两位调离了 I 大学，包括改革委员会主席在内的 4 位成员接受了访谈，另有 3 位成员通过邮件往来回答了研究者所给出的访谈提纲中的问题。在访谈中，除了事先准备的开放式访谈提纲外，并没有刻意要求受访者就某个特殊的问题给予精确的回答，而是更多地倾听和寻求细节或解释。在访谈中，研究者和受访者主要就两个方面的内容进行了交流：2006 年的改革情况和受访者所在院系的评价情况。通过本轮访谈，研究者更加深入地了解了 I 大学教师评价的改革和发展情况，并得到了在 I 大学教师评价文献中所没有展示的有关新信息，这些信息包括改革的动因、改革的过程、新政策的执行情况等。通过第一轮访谈，面对新信息，新的问题浮现在笔者面前：

为什么受访者所在院系在笔者看来并没有完全执行新的评价政策，但他们却非常自信地表示充分执行了改革后的政策，并且毫无阻力？

为什么各个院系在教师评价政策的执行上会有很大的差异？

带着这样的疑问，研究者发现要想了解真实的情况，就必须对三类人进行深入访谈。第一类是各个院系的院长或者分管教师评价工作的副院长，各个学院的教师评价委员会或者晋升委员会成员，各个系的系主任。根据 I 大学的历史和院系分布情况，研究者选择了工学院、文理学院、农学院、商学院、教育学院的部分院长、教师晋升委员会成员和系主任等教师进行第二轮深度访谈，访谈的主要内容是所在院系教师评价的具体做法，请这些受访者详细描述评价的政策、过程、标准等。在这一轮访谈中，新的现象不断浮现出来，其中对笔者研究思维影响较大的有三点：

通过受访者的描述，学校的评价政策具有很大的自由度，在他们看来是一个指导性的政策。

学院在教师评价中并不具有实质性的作用，是一个松散的联结，真正决定教师命运的是所在系的评价。

受访者在描述评价政策、过程和标准，以及对其所做的解释上都离不开所在学科的具体情况。

新现象的浮现又直接将研究者从关注学院一级向关注学系方向引导，并且给研究者一个隐约而模糊的直觉——学科组织"系"所拥有的教师评价自主权似乎是约定俗成的，并且得到了学校的默认，没有人觉得系是在挑战学校的权威或者对学校的评价政策有任何违背之处。那么，新的问题又出现了：

"系"到底是依据什么来自主确定如何回应教师评价改革的呢？

经过了前两轮的访谈之后，研究者将最终的访谈重点放在了以学科为基础建立起来的学科组织"系"上。但在进行最后也是最重要的访谈之前，研究者认为是时候对前两轮访谈进行质性内容分析了，以确定文本分析的方向，即研究者究竟想从文本中诠释出什么，为下一轮访谈做准备。

（二）正式抽样和结构化内容分析

研究者通过访谈看到在教师评价改革中不同的基层学科组织在学科文化和社会对学科不同需求的约束下，采取了不同的行动意向和方式。"系"作为基本的学术和行政机构，掌握着教师评价的最大权力，彼此之间在教师评价行动上也有极大的差别。在这种背景下，研究者决定将正式抽样的着眼点放在"系"上。通过前两轮访谈，并对访谈的院系进行进一步了解之后，研究者决定将数学、机械工程、历史和会计系作为重点分析对象。之所以最终确定将这四个学科作为研究对象，主要是因为：第一，根据学科文化和学科知识分类，这四个学系分别可以代表硬—纯学科（理科）、硬—应用学科（工科）、软—纯学科（文科）和软—应用学科（管科）；第二，根据学科与社会的互动关系，数学和机械工程同样面临着大科学和大数据的时代背景，具有本体价值倾向的数学和具有社会价值倾向的机械工程在行动上也显示出了不同的特征，数学开始强调社会价值倾向，并改变着研究范式；具有社会价值倾向的机械工程则更加开放和适应，在三维知识生产模式下，将知识的本体价值和社会价值融为一体；历史学的社会机制改变不大，所以在评价中依然保持着坚守的姿态；会计学作为一门刚刚获得独立地位的学科，在学科独立和学科生存对本体价值倾向和知识价值倾向要求不同的情况下，体现了理论和实践的分裂。

这四个系的教师受访者该如何选择呢？首先，教师需要对本系的教师评价具有深入的了解并且参与过教师评价活动；其次，具有在Ⅰ大学多年的工作经验，亲身经历过十年、二十年甚至更长期的教师评价的演变。因此，系主任和具有教授头衔的学系晋升委员会或者执行委员会的成员就成为访谈的对象。在第二轮访谈时，研究者已经对四个学系的系主任进行了访谈，因此，本轮的访谈任务就落在了各个学系晋升委员会和执行委员会成员或前成员身上。研究者通过电子邮件向四个系的委员会成员发出访谈邀请，三轮共计访谈 28 名教师，另有 3 名教师通过邮件回答了问题。无论是初始抽样的访谈还是理论抽样的访谈，都持续了 1—2 个小时，有两位访谈者由于研究的需要和其间突发事件，访谈了两次。

在第三轮访谈之后，研究者对文本进行结构化内容分析。结构化内容分析的主旨是在材料中寻找类型或者形式上的结构。[①] 最终，本书结合学科文化理论与社会行动理论，按照特定的内容领域萃取和概括材料，以内容结构化方法为基础，确立了几个重要的结构范畴：学科文化、行动意向、价值调节、评价方法和晋升决策，并以此形成了写作框架。

三 研究思路

之所以使用学科组织的"行动"而不是"行为"这一概念，是因为本书更侧重于对社会学意义上学科组织有意向的行动进行分析，这种

---

① ［德］伍威·弗里克：《质性研究导引》，孙进译，重庆大学出版社 2011 年版，第264 页。

"行动"是与具有一定意识能动性的"行动者"相联系的。本书将基层学术单位——"系"隐喻为行动者,学科组织的"行动",就是指那些具有行动意图与目标、代表基层组织整体并对整体产生影响的行为。根据学科文化的相关理论和社会行动理论以及访谈材料,将学科组织作为行动者,分析在学校教师评价改革的背景下,学科组织在学科文化的影响下,在各自所处的社会机制中选择合适的行动方式,通过对学术工作制度化程度的理性调节,以及教师评价方法和晋升决策的变化来实现行动的目的。在本书中,学科组织是具有理性的行动者,有着自己独特的组织理性与行动方式,并以组织整体的名义进行各种有目的的社会行动。学科文化作为观念塑造着学科组织的行动取向,学科的知识特征、社会特征和价值倾向变化都会引起学科组织在行动选择上的不同。作为一个具有理性的行动者,学科组织的目标是经济理性和学术理性的集合体。图 2 - 2 是本书的研究思路。

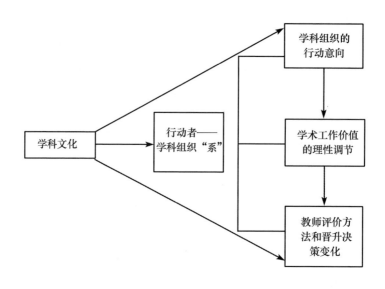

图 2 - 2 本书研究思路

本书将遵循如下思路展开研究:

首先,分析案例学校 I 大学的教师评价及其改革情况。笔者将深刻剖析 I 大学在 2006 年进行教师评价改革的起因、改革的重点,以及十年来教师评价改革的组织效能，为进一步分析学科组织如何面对学校教师评价改革的行动提供宏观的背景和镜像。通过对案例学校教师评价改革整体情况的梳理，我们不仅仅提供了 I 大学教师评价改革的情况，还通过对 I 大学的分析彰显出整个美国高等教育系统对教师评价改革的要求。

接着描述和分析四个基层学科组织的案例。分别展示具有硬—纯知识特征的理科代表——数学系、具有硬—应用知识特征的工科代表——机械科学和工程系、具有软—纯知识特征的文科代表——历史系和具有软—应用知识特征的管科代表——会计系的行动选择。我们将通过学科组织所在学科的知识特征、社会特征和价值倾向分析来说明学科组织的行动意向、学科工作价值的理性调节，以及教师评价方法和晋升决策的变化。第一步，呈现学科文化特征；第二步，分析学科组织的行动意向；第三步，分析学科组织的学术工作价值及其理性调节；第四步，分析学科组织教师评价方法和晋升决策的变化。

然后，我们将回到研究的核心议题，即分析学科文化和学科组织行动之间的关系上。首先分析学科文化及学科文化对学科组织行动的影响；其次分析学科文化与学科组织行动的互动；最后给予中国学科组织行动以建议。

第三节 研究的信效度与伦理说明

效度和信度一直是质性研究中一个有争议的主题。大多数学者认为，如果我们相信概念是被社会建构的，那么我们就无法建立一个标准来确保一件事情是否真实或者精确。一般而言，质性研究采用的是归纳逻辑，因此质性研究比较偏重效度、强调主观性，并注重全景分析。相对而言，量化研究比较偏重信度和客观性，有精确的验证方法和工具。质性研究虽然有较高的效度特征，但验证效度的方法不同于量化研究。定量研究的信效度强调研究的严谨性，而质性研究的信效度强调研究的可信度，其标准为可信性、迁移性、可靠性和可确认性。可信性是指研究结果能否正确描述和解释研究现象，即参与者可以认识到在他们所处背景中发现的事实；迁移性指研究结果在相似条件下的推广，即在一个场景中的发现可以被迁移到其他相似的人群和场景中；可靠性指研究结果的可重复性，即读者可以根据研究者的研究思路评价分析的准确性；可确认性指研究结果没有任何偏见，即发现和结果是严格出自数据而非研究者的偏见。①

影响质性研究信效度的因素主要来自六个方面：与资料收集有关的因素、与资料分析有关的因素、社会情境因素、被研究者的历史和成熟度、被研究者的流失、研究者的个人因素。为了提高本书的信效度，研究者在这六方面都做了努力。在资料收集上，首先，研究者一步步确定访谈抽样对象，从开始对教师评价最为熟悉的执行官员（院长和系主任）到各学科组织的晋升委员会成员或前成员，都是教师评价和晋升的关键人物或具有代表性的人物，他们对评价的过程和标准都非常熟悉。其次，所有受访者都允许研究者对访谈进行录音，为了保证访谈所记录内容的准确性，研究者并没有增加任何个人推论和评判。在资料分析上，研究者对四个案例的分析都建立在访谈基础上，在原始资料支持下进行编码，除了4位华人教授采用中文访谈，还有一位香港出生的华人教授在第二次访谈中采用了中文访谈，其他均使用英文访谈。访谈中遇到一些移民教授包括一位西班牙裔、一位印度裔，其余都为美国本土出生的教师。使用英文访谈会遇到两种困难：在语言翻译上出现的文化差异，使一些词语和语句在中文中无法找到适合的对应词语，还有一个涉及移民教授的发音不标准而导致的理解困难。对第一种困难，研究者在转述中会将英文词语附上，给读者呈现原文；对第二种困难，研究者会反复聆听录音，直到听懂为止，对实在无法理解的，研究者会通过和受访教授的沟通进一步确定原文的意义。在社会情境因素上，研究者会在访谈前发邮件询问受访者时间和地点，请受访者预留出接受访谈的时间，一般为了保证访谈不受噪音干扰，地点都会设在教师的办公室，但有一位教师因为访谈时间定在放假期间，所以选择了咖啡厅，时有噪音干扰，但因为有录音，在后期整理时还是能够分清教师的言语；在访谈中也会出现语言沟通障碍的情况，但研究者在没有听懂受访者言语时会请求他再重复一遍或者询问受访者，研究者的理解是否正确，尤其是在和西班牙裔和

①　Yvonna S. Lincoln, Egon G. Guba, *Naturalistic Inquiry*, Fiesole：SAGE Publications Ltd.，1985，p. 204.

印度裔教授访谈过程中沟通显得尤为困难。

　　关于受访者的历史和成熟度，研究者尽量选取在 I 大学工作年限达到十年以上，对学校教师评价的政策和实际变化都有直观了解和感受的教授。在 I 大学，只有教授才具有进入晋升委员会的资格，他们是学科组织评价的"守门人"，他们的经验会对研究结果起到重要的作用。在访谈过程中，并未出现受访者流失的问题，有的受访者接受了研究者两次采访，其中一位教师在访谈时，因为突发事件而离开，但他接受了研究者的后续访谈。在访谈中，作为一个在中国文化圈生活的研究者，在进入一个陌生的文化圈时，无论其如何想做到研究立场中立，想努力了解和熟悉陌生文化圈，尽量呈现出一个客观的文化群体、现象和意义，都终究无法摆脱其生活了几十年的文化圈的烙印，终究会带着关于中国大学教师评价的现象和知识进入了一个陌生的文化圈。由于文化差异，对众多现象、行为和概念的理解都会存在差异，作为外国研究者将在和受访者的对话中寻求理解，而这种理解也必将经过文化背景和文化图式的加工。

　　为了保护所有研究对象，本书将隐去调查学校的名字以及所有受访者的姓名。在访谈之前，笔者通过邮件向受访者说明访谈的原因，以及全部访谈提纲，询问是否愿意接受访谈，在受访者接受访谈邀请并且允许录音的情况下进行访谈。由于在回国之前五个月才着手进行访谈准备，笔者所在的访学学校在 2012 年将研究的伦理审查权力从各学院收归学校，且伦理审查多以学院教师带领研究团队进行集体申请，时间和过程十分漫长。由于受访者以教师的身份而不是代表学校以官方的管理者身份接受访谈，受"学术自由"原则的保护，受访者可以在学术范围内进行自由讨论。虽然没有申请伦理审查，但是在访谈中，笔者严格遵守伦理审查的规范，并未提及美国社会较为敏感的政治问题，也未在收集数据时伤害受访者，在访谈中所有材料的获取都经过了每一位受访者的知情和同意，也未受到受访者关于伦理方面的质疑和指责，访谈进行得十分顺利。

第三章　I 大学的教师评价改革及其组织效能

　　I 大学始建于 19 世纪，是一所享有世界声望的一流公立研究型大学，为 I 州公立大学系统的旗舰高校，被誉为美国"公立常青藤"大学之一。该校拥有强大的工学院、农学院、文理学院、商学院等 14 个学院，其学术成就和声望一直稳居美国乃至世界前列。它同时也是一所巨型大学，拥有来自全美 50 个州和全世界 100 多个国家的三万多名在校生，该校历史上有 11 人获得过诺贝尔奖，18 人获得过普利策奖。该校是 I 州最大的公立大学，作为赠地学院，承担着大量的本州本科生教育和赠地学院理应向公众履行的使命。

　　2006 年，I 大学对教师晋升和终身制评价进行了改革。2006 年 10 月 4 日，改革委员会成立，委员会成员由学术副校长任命，其 16 名成员分别来自工程学、农学、图书馆学、艺术学、教育学、心理学、医学、人类学、历史学、语言学等学科，基本涵盖了 I 大学所拥有的大学科，这些成员除了委员会主席为工程院院长以外，其余都是各个院系单位普通的全职教授。委员会对晋升和终身制评价政策改革极为谨慎，在正式政策出台之前进行了两年的预备和调查期。从 2006 年秋到 2007 年夏，先后举行了八次讨论会。为了保证改革能够全面听取各方面意见，委员会还做了以下几项工作：与教师咨询委员会讨论教师发展和需求问题；与教学促进委员会讨论教学评价在晋升和终身制评价中的问题；与转化研究委员会成员讨论转化研究在教师晋升和终身制评价中的问题；与 2004 年公共服务改革委员会主席和农学院相关代表讨论公共参与性服务和扩展服务在教师晋升和终身制评价中的问题。除此之外，委员会还进行了两次全校范围内的问卷调查，分别是向全校院系各单位行政官员和院晋升委员会成员发放问卷，以及直接向正在进行中期考核和处于晋升期的教师发放问卷。此次改革是在学校教务长的建议和推动下进行的，从改革方案来看，学校将改革的重点放在了四个方面：对跨学科学术的认可和奖励；对转化研究的推动和认可；对参与和扩展服务的鉴定和奖励；对晋升和终身制评价过程中清晰度和透明度的改进。经过两年的讨论之后，改革委员会最终给出了改革草案，并报教务长和学校董事会批准，正式出台了新的教师晋升和终身制评价政策。

第一节　I 大学教师评价改革的起因

高等教育从来没有完全自治过。它总是在遵循内在发展逻辑和不断回应外部需求的矛盾斗争中前行。[①] I 大学教师评价改革也同样遵循着内在发展逻辑和外部需求的平衡原则，外部环境的冲击让 I 大学不得不面对来自市场和政府的压力，使命的内在性逐渐被利益性所取代，而多年渐进的学术工作变化也让原来的教师评价方法出现了很多漏洞和不足。这两者共同促成了教师评价改革。

一　社会需求冲击带来改革压力

从历史的发展轨迹来看，美国高校都更贴近社会，更重视社会的要求。社会变革必然会引起高等教育的转变，不管美国高校内部多么厌恶变革对大学的冲击，也没有人能够抵制和漠视变革，而且必须对逐渐变化的外部环境做出回应。当大学朝着令大众怀疑的方向发展时，公共权力便会介入。美国高等教育从 20 世纪 90 年代开始一直面临着两大发展难题：不断紧缩的财政拨款和激烈的资源竞争；不断增加的公共问责和对公共需求与期望的回应。公众希望看到高等教育机构能够扩展入学渠道，提供高质量的研究，积极参与社区、国家和社会问题的解决，以及对经济发展的贡献，但是他们对高等教育机构作为社会发展重要的助推器越来越没有信心和信任感。各州的立法机关开始通过立法的方式给公立高校施加压力，希望它们能够调整教师工作量、设立后终身制评价、将财

---

① ［美］克拉克·克尔：《高等教育不能回避历史：21 世纪的问题》，王承绪译，浙江教育出版社 2001 年版，第 5 页。

政拨款与绩效直接挂钩、对政府提供的项目进行定期考核等。I 州也不例外。一直以来，I 州都赋予大学系统高度的自治权和学术自由。I 大学就像一个独立的学术王国，拥有不受限制的教师任命和晋升的权力，州政府和议会并不限制名额，也不干涉学校关于聘任和晋升的一切事务。但是从晋升总趋势上看，获得晋升的教师人数缓慢下降，这说明学校对教师晋升和终身制评价的门槛越来越高。一方面，从 2002 财政年开始，州政府对公立大学的拨款数额急剧下降，从年增长率 15% 下降到 2008 年的 –17.5%。①2014 年，I 州新上任的共和党籍州长宣布继续削减对公立大学的拨款，本年度将减少 4 亿美元，以便将更多的教育拨款投向基础教育。另一方面，州政府和议会却一直加强对公立大学的问责，尤其是 I 大学系统对本州和全美的经济发展是否做出了令人满意的贡献。2000 年 3 月，I 州参议院通过了第 296 号决议，该决议直接指出了本州公立研究型大学在促进经济发展上的职责和义务：

> 政府和公立大学的重要职责就是增加就业机会，帮助提升具有生产力的技术经济，鼓励私人资本向技术密集型企业投资，促进公民房地产、健康和公共福利事业发展。参议院认识到 I 州公立研究型大学在促进本州经济发展中独特的重要性，公立研究型大学通过传统的教学、研究和公共服务等职责在促进经济发展过程中起到明显的作用，因此，根据参议院决议，本州公立研究型大学应该扩大在本州范围内促进经济发展的作用。兹决议，公立研究型大学应当与本州政府、私立部门、社区领导或者其他经济发展机构密切合作；兹决议，公立研究型大学应当充分应用机械、设备、研究科学家和工作人员的时间和服务，以及其他资源促进新技术和科学创新的发展和商业化，这种应用必然会促进公共福利，但同时并不损害对大学传统职责——教学、研究和公共服务——的履行；兹决议，公立研究型大学应当与本州其他类型的公立和私立高等教育机构合作，

---

① Illinois State University, Illinois State University Report of the Comptroller, in Accordance with the Single Audit Act and OMB Circular A –133, June 30, 2008.

促进本州内技术转让的发展。①

公立大学对本州需求的反应相比较私立大学而言更加敏锐。当州政府和议会通过财政拨款和立法向公立大学释放出信号之后，公立大学尤其是领导层就会通过政策调整回应社会的需求。Ｉ大学系统是Ｉ州最大的公立大学系统，对州政府和议会的决议与财政拨款趋势会做出最快的反应。Ｉ大学作为Ｉ大学系统的旗舰学校，担负着更为重大的使命和公众需求。关于其使命，这所大学清楚地写道：

> Ｉ大学通过在学习、发现、参与和经济发展上领先的服务，在Ｉ州的管理下，提升Ｉ州、美国乃至全世界公民的生活。我们将会成为杰出的公立研究型大学，履行赠地学院的使命和发挥全球影响力。

大学始终具有相对独立性和自主性。当这种压力和需求被认识后，会立刻转化成学校领导层所重视的学校利益。当促进经济发展作为学校的一项重要使命后，学校的毕业率、续读率、研究成果转化、参与和扩展服务等，都会成为州政府和议会对下一年度高等教育拨款的重要参考指标，也是招生市场竞争的重要砝码。尽管公立大学对州政府拨款的依赖逐渐减少，但是从Ｉ大学的财政状况来分析，每年至少有30%的收入来自政府拨款②，能否履行好促进经济发展这项重要使命关乎资源是否会源源不断地供应到高校建设中。当Ｉ大学对教师评价进行改革时，其理由往往并不是宣称来自外界的压力和需求，而是认为这是一种关乎学校利益的改革。改革委员会主席这样说道：

> 我们没有什么压力。主要是一种关乎学校利益的改革。在那个时候，学校强调经济增长，增加高校对州经济增长的贡献就变成了学校的一个使命。所以我们要确保教师评价的政策能够体现这样一

---

① State of Illinois 291st General Assembly 3 Senate, *State of Illinois 91st General Assembly Legislation*, Senate Resolution No. 296, March 23, 2000.

② University of Illinois, *University of Illinois Annual Financial Report*, June 30, 2014.

种使命，这也是我们的期望，我们要确保教师的工作与社区和社会有更大的联系。其实，这并不是压力，我们需要让我们的晋升政策与使命相一致。

I 州参议院第 296 号决议清楚地指明了公立研究型大学履行促进经济发展的使命主要通过以下两种方式完成：（1）与政府、私人机构和其他类型高校合作；（2）研究成果的商业化。除此之外，本科生的毕业率和续读率也是政府拨款的重要标准。这些在教师工作和学术内涵上分别体现为参与和扩展服务、转化研究和教学。鼓励教师在这些方面展开工作，将会对履行学校使命产生助力。作为高校奖励系统中最终的环节，在教师晋升和终身制评价中将参与和扩展服务、转化研究和教学作为重要组成部分是改革的首要任务。时至今日，美国公众对高等教育的迫切需求、社会的迅速发展催生出更多需要美国高校承担的公共职责和公共目标。

二　学术内涵和教师工作的改变

学校形成新的评价政策无法忽略正在变化中的学术内涵和教师工作。巨型大学中的每一个教师就像一个独立的学术核心，拥有自己的学术团队和独特的研究领域。从表面上看，变革总是以最显著的形式呈现在我们面前，比如政策或者制度的改变，但在美国高等教育体制中，变革大部分始于最底端却拥有强大学术权力的教师。当一个个独立的学术核心研究领域、研究观念和工作行为发生改变时，就意味着学校的文化结构正在悄然发生改变。当教师新的学术贡献，尤其是这种学术贡献已经在大部分或者部分教师中得到认可和赞扬，但在评价中却无法体现时，显性的评价变革就会发生。I 大学将学术的定义由原来传统的学科内研究和写作，扩展到了博耶所倡导的综合学术（跨学科研究）和应用学术（转化研究、参与和扩展服务）上。I 大学的学术内涵基本上扩展到了所有领域，这种更为广泛的学术定义是在综合了各学科教师工作和学术特点之后所达成的共识。在访谈中，所有的改革委员会成员无一例外都提到了学术内涵和教师工作的转变是促成此次改革的重要原因之一，其中改革委员会主席总结道：

　　我们意识到教师的工作越来越综合，关于学术的定义根据不同的学科也有很大的区别。因为我们学校有很多学院——工程、社会工作、商学院、农学、文理学院都对学术的内涵有影响，学术内涵的变化和学科差异使我们在改革的时候不得不兼顾各个学科和学院的情况。我们对晋升政策改革的主要动力来自于对学术认知的改变。很多教师都在进行跨学科研究，我们晋升和终身评价的政策却依然强调传统学科的研究，但新进的教师很多都是从事跨学科研究的，甚至供职于跨学科机构，所以很多人认为我们的晋升政策并没有对跨学科研究和工作给予应有的重视和认可。另一个原因就是参与和扩展服务，在老的指南中参与和扩展服务没有明确地位，也没有给出相应的评价方式和证据，所以这次改革是要提升服务的重要性，完善对于服务评价的档案袋。这次改革还有一个重要的目的就是重申教学的重要性。

　　学术内涵和教师工作以最缓慢和最隐蔽的方式进行着，这种细微的变化从各个学科教师的描述中可以明显体会到它可能已经持续了很长时间，因为每个学科的变化都不尽相同，它们并不在同一个变革轨道上，甚至有些学科已经历的在其他学科才刚刚兴起，有的学科还没有经历的在其他学科已经进行了几十年。学术内涵和工作变化的不同步和缓慢性导致了学术内涵整合的困难，并且想让其以显著的方式呈现在群体面前并不现实，直到某一天，外部压力和内部某些教师工作在大部分学科中达成了共识，这种变化才会"恍然"被学校或者全体教师意识到。笔者访谈的一位历史学的教师代表就这样描述了其所经历的变化：

　　学术的定义的确发生了改变，一开始就是指研究和写作，如果在本学科内，我们是很好评价的。但是事情发生了改变，在院里，教师研究的东西我们不知道了，教师开始探索学科交界的知识，涉及比如说政治学、人类学等学科，这些学科对于我们来说就不是那么容易评判的。我可以告诉你一个故事，我们系之前有一个教师，系里没有同意他晋升，并不是不想让他晋升，而是因为系里没有了解他所研究领域的教师，我们不知道该如何评价他，而对于向系外教授咨询的程序我们当时没有，所以教授们犹豫不定，延迟了他晋升的时间，直到我们向其他院系咨询该类情况如何处理后才得以解决。到那时，我们才发现需要一个正式的程序来评价非传统学科教师和系外人员的学术水平，去判定他们做的学术是否值得赞赏。

　　教师晋升尤其是终身制轨道的晋升是美国高等教育系统为了保留优秀人才而采取的制度性保障，但同时这种制度又具有极大的保守性。在美国教师中流行着这样一句话：为了创新，你要获得终身教职；为了获得终身教职，你要做一个墨守成规的人。① 因此，如果仅仅依靠来自上层的改革意愿，那么，对于美国高等教育体系这种上轻下重的结构来说，是没有任何效用的，必然是教师群体的观念和行为开始发生了量变甚至质变，从而带动学校需求的变化。大学教师被认为是世界上十分保守的人群之一，因为他们崇尚传统。通过保守传统，正在成功地使大学区别于到目前为止所存在的任何机构，"传统" 与 "保守" 是大学构建自身独特文化精神的关键。认可大学传统与保守的文化品格，其根本目的是尊重大学在稳定的发展中所形成的深厚的文化积淀，坚守大学在传统基础上逐步形成的精神，避免因社会躁动曲解教育创新而粗暴地切断文化精神的历史传承之链。② 保守并不意味着不求进取，维持现状，而是保持现有的东西不至于失去。大卫·达姆罗什认为，是学者不断改变着大学的文化，尤其是学术文化。③ 在很大程度上，教师群体使得大学能够满足和履行各种需求和使命，无论是教学、研究、创造性发明、职业和社区服务还是学术决策，最终实现它们的是教师，教师的努力和工作才是学校发展和实现自我超越的基石。教师是学校最重要的财产和智慧库，是学校扩展使命和对外需求的首要资源，而外部需求和知识发展正在改变着

---

　　① Sylvia Hurtado, Jessica Sharkness, "Scholarship Is Changing, and So Must Tenure Review," *Academe*, Vol. 94, No. 5, 2008, p. 37.

　　② 刘创：《在传统与保守中获取自由——论大学传统与保守的文化品格及当下意义》，《教育研究》2004 年第 4 期。

　　③ David Damrosch, *We Scholars: Changing the Culture of the University*, Cambridge: Harvard University Press, 1995, p. 96.

教师的工作和学术内涵。① 教师群体的多样化不仅包含种族和性别的多样化、教职轨道的多样化，而且包括教师工作兴趣和研究领域的多样化，这就意味着传统的教师聘任和晋升政策无法满足当代教师的需求和学校的发展。一位受访的历史系教师说，教师评价所体现的"不仅仅是共同体内的价值观，我们需要寻找一种方法，并不是回答'没错，你做的事有意义'，而是要判定智慧的力量，作为学术对知识发展的贡献，因为总是有很多新的发明或者发现，我们智力是无法鉴别的"。

教师学术工作和学术内涵的变化让 I 大学教师评价在学校层面出现了几个重大问题：

（1）跨学科学术的发展让学科的疆界逐渐模糊甚至消失，各学科组织会出现因为跨学科学术发展而带来的两种重要变化：教师的研究领域超越本学科现有的知识疆域，在晋升中无法找到与其研究领域相近的评审专家；学科组织之间会联合聘任教师，在教师晋升时没有相应的程序和规则对联合聘任教师进行评价。

（2）学校尚未明确转化研究在教师晋升中的地位，以及在评价转化研究时的准则和要求。

（3）公众对学校参与社会和社区服务要求的压力日益增大，但是在终身制轨道的晋升中依然排斥在参与和扩展服务中表现卓越的教师，尤其是担负着重要赠地学院传统服务任务的农学，以及和社区与公众联系更为紧密的教育学和社会学。

（4）对教学重视明显不足，教学档案袋中评价证据不完善，教学卓越的教师在终身制轨道的晋升中依然无法得到应有的地位。

意识到教师评价的缺陷，加之外部力量的冲击，I 大学于 2006 年完成了教师评价的改革。

第二节　I 大学教师评价改革的要点

为了适应新出现和发展迅速的研究模式，I 大学将注重传统的学科内

---

① Judith M. Gappa, Ann E. Austin, Andrea G. Trice, *Rethinking Faculty Work：Higher Education's Strategic Imperative*, Washington：Jossey-Bass, 2007, p. 4.

研究和发现研究扩展为多元学术，包括跨学科学术和转化研究，将原来的服务扩展为参与和扩展服务，并鼓励服务向着学术方向发展，并增加参与和扩展服务在教师评价中的价值，重申教学的重要性，将标准化的学生评价作为强制性证据，要求所有院系必须提供标准化分数，并扩展教师的晋升模式，增加将参与和扩展服务视为首要工作方式的教师晋升模式。本书将改革的重点分为对"研究"内涵的重塑和晋升模式两方面来论述。

一　"研究"内涵的重塑及相关改革

（一）跨学科学术的评价改革

跨学科学术是研究和学术的一种模式，它通过团队或个人对两个或两个以上学科和特殊知识群的信息、数据、技术、工具、观点、概念或理论的整合，推动基础知识理解以及解决超越单个学科和研究领域所能解决的社会问题。[①] 美国跨学科学术研究专家阿尔奇·巴姆认为，"跨学科研究"可分为两类：第一类是同时运用两门或多门已经成熟的知识于解决一个特殊问题的跨学科研究，第二类是导致新理论知识的跨学科研究。第二类跨学科研究会直接产生新的交叉学科。巴姆将新的交叉学科产生仍分为三个阶段：初级概括阶段，即从跨学科的影像中产生新知识，努力观察和概括关于跨学科研究，比如达尔文运用地质学知识发展出了生物进化论；系统普遍化阶段，即从新知识中寻求更多的裨益，跨学科的研究任务不再是一种随意的行为，而是扩展到整个学科领域，并开始进行系统探索；综合理解阶段，所有科学结论和跨学科结论是否可以形成一致的整体，即形成科学和跨学科研究结论之间的一致性，跨学科的综合就是建构一种贯通的世界观和共同体。[②] 从学科系统形成的角度，学科可以分为两大系统：一是以对象为中心建立起来的对象学科系统，二是以问题为中心建立起来的问题学科系统。前者的主要功能是解释世界，

---

① Julie T. Klein, *Interdisciplinarity*: *History*, *Theory*, *and Practice*, Detroit: Wayne State University Press, 1990, p. 16.

② 金吾伦：《跨学科学：跨学科研究的科学》，《天津师范大学学报》（社会科学版）1994年第 5 期。

后者的主要功能则是改造世界。① 当今世界问题的复杂性和知识的贯通性都催促着学科向着交叉方向发展，I 大学希望跨学科学术可以从教师个人的兴趣和爱好转变为整个学术共同体的信仰和价值观。

　　跨学科学术相对于传统学科学术而言，最大的不同点在于教师在进行跨学科学术工作时会给自己的学术生涯带来更大的不确定性和风险性。跨学科学术的发展因学科不同而差异性很大。在有些学科比如工程学方面，跨学科学术已经成为一种信仰和自觉行为，而在有些学科比如会计学方面，依然会有很多的阻碍和顾虑。有些教师将跨学科学术作为暂时的兴趣或者完成个别项目所必需的合作方式，有些教师则长期致力于跨学科学术的探索。跨学科学术的高风险性和不确定性所带来的是令人羡慕和尊重的创新——新信息的应用、新技术的发展以及新利益的兴起。I 大学鼓励和支持跨学科学术的发展，创造条件和环境保证教师在跨学科学术中自由地转换研究兴趣和需求。对于 I 大学来说，跨学科学术评价存在两个困难：首先，有些跨学科领域的兴起和发展速度惊人，使很多院系无法找到该领域有足够声望和成就的高级学者对候选人的学术进行评价；其次，跨学科学术的灵动性使得学者的研究呈现出多样性和异质性，因此任何试图用一种评价方式来判定跨学科学术的努力都是徒劳的。为了解决以上两种困难，学校给予各院系充分的自主权，问题的解决依赖于院长和系主任等各级管理者对问题的重视以及新评价方式的探索。I 大学建议院系管理者和各级晋升委员会在和候选人充分沟通和交流之后，确定有效的评价方式。

　　从教职聘任上，I 大学关于跨学科学术的教师聘任有两种方式：第一种是学科内聘任，即在独立单位从事跨学科学术；第二种是联合聘任，联合聘任是一种有效地推动跨学科学术发展的聘任方式。对于独立单位所从事跨学科学术工作的教师，学校建议在评价时邀请其他学术单位的高级教师加入晋升委员会，但是很多系由于已经形成了规范的晋升委员会成员选举制度，因此会拒绝使用这种方式，取而代之的是在外审中挑选和候选人相同或相近研究领域的专家，或者由系主任邀请校内其他院系与候选人研究领域相近的专家进行单独评价，但是这种方式并不能保

---

　　① 马克思·普朗克：《世界物理图景的一致》，《国外社会科学》1984 年第 6 期。

证在晋升委员会投票时给予候选人公正的评价。对于联合聘任的教师，I 大学要求进行联合评价，晋升委员会成员要由所有聘任单位的代表组成，聘任单位的系主任和院长都要对候选人的工作进行评述。对于跨学科学术评价，学校要求从事跨学科学术工作的教师必须提供详尽的晋升资料，院系要保证对跨学科学术评价的公正性和严谨性，同时评价方式和方法要为学者转化研究方向和创造新的研究领域留有足够的空间和自由。对跨学科学术评价成功与否，不仅取决于候选人，还取决于院系管理者对其他院系学科哲学和实践的理解能力，以及院系管理者之间对学科哲学和实践的沟通能力。

（二）转化研究的改革

"转化研究"最早出现在 1993 年与癌症相关的文献研究中，意为不同类型研究之间的跨越（比如免疫学研究需要跨越基础和临床两种研究类型），或者一个特定研究类型聚合了不同学科的研究（比如涉及分子遗传学和免疫学研究的板凳科学研究）。[1] 转化研究主要发生在医学领域，尤其是在生物医学研究上。"转化研究是将基础科学研究的观点、概念和发现应用于诊断、治疗和防止人类疾病上。"[2] 转化研究已经成为医学领域重要的研究模式，基础研究的科学家为临床工作者提供新的技术和工具用于病人的治疗，临床工作者对技术和工具的应用也为基础研究的科学家们提供了新的观测点。美国国立卫生研究院认为，转化研究有两种形式：一是将实验室研究和临床研究的发现成果转化为人类应用的过程；二是致力于将最好的实践性成果推广到社区的研究，包括成本效益的预防和治疗策略等都属于转化科学的一个重要部分。[3] 转化研究是一个连续的过程，是研究成果从实验室到病人的临床和社区的过程。这种研究包括两个转化阶段：第一阶段是转移知识从基础研究到临床研究，第二阶段是转移结果从临床研究或临床实验练习到社区，并改善健康状况。转

---

[1] Steven H. Woolf, "The Meaning of Translational Research and Why It Matters," *Jama*, Vol. 299, No. 2, 2008, pp. 211 –213.

[2] E A. Zerhouni, "Translational Research: Moving Discovery to Practice," *Clinical Pharmacology & Therapeutics*, Vol. 81, No. 1, 2007, pp. 126 –128.

[3] National Institutes of Health, Institutional Clinical and Translational Science Award (U54), March 22, 2007, RFA – RM – 07 –007.

化研究是生命医学的一个分支，试图在基础研究与临床医疗之间建立更直接的联系。转化研究的典型含义是将基础研究的成果转化成为患者提供的真正的治疗手段，强调的是从实验室到病床旁的连接，这通常被称为"从实验台到病床旁"（Bench to Bedside，简称 B2b）。转化研究是双向循环过程，从临床问题到实验室研究，再从实验室研究到临床改进。国家健康机构（NIH）就转化研究的重要性写道："为了改善人类健康，科学发现必须转化成可应用的成果。这种发现通常发生在基础研究领域——包括对分子和细胞引起的疾病的研究，然后扩展到整个临床治疗上的应用。"①

　　转化研究的内涵并不仅仅限于生物医学领域，一切将基础研究的成果转化成现实的应用，并造福人类，都应该包含在转化研究中。I 大学从事转化研究的教师应该得到学校和大部分院系同行的认可，他们相信从事转化研究的教师在晋升和终身制评价中可以获得成功。对转化研究的评价不仅局限在生命医学领域，由于跨学科的发展，很多学科包括机械工程和其他学科都开始涉及转化研究领域。为了能够保证转化研究成为学校的使命，学校需要采取更多的措施和方式促进转化研究文化和学术氛围的形成，使转化研究能够得到更多的支持、认可和奖励。对转化研究的评价尤为困难，从基础研究到临床，从临床到应用，再从应用到推广，这期间所经历的程序和潜在的利益相关者都超出了一般研究类型的范围。② 美国很多拥有强大医学院的高校比如哈佛大学、西北大学、MIT 等，将从事转化研究的教师单独作为临床轨道，而并非终身制教轨，评价方式和终身制教轨也有很大区别。为了促进转化研究的发展和学术氛围的形成，I 大学认为，由于各单位学科和文化的差异，不能要求所有基层学术单位的教师都从事转化研究，并将其作为本单位学术贡献的重要组成部分，所以有转化研究传统的单位应该根据学科性质，发展独特的转化研究的内涵和定义；在晋升政策中要特别强调转化研究和基础性研究拥有同等重要的地位和价值，因此更加推崇将从事转化研究的教师同

---

　　① Brian C. Drolet, Nancy M. Lorenzi, "Translational Research: Understanding the Continuum from Bench to Bedside," *Translational Research*, Vol. 157, No. 1, 2011, pp. 1–5.

　　② William Trochim et al., "Evaluating Translational Research: A Process Marker Model," *Clinical and Translational Science*, Vol. 4, No. 3, 2011, pp. 153–162.

样纳入终身制轨道中；① 在拣选外审专家时，应该放宽对转化研究外审专家的要求，可以允许外审专家来自较低级别的高校，但必须保证外审专家在转化研究方面具有足够的影响力和学术成就；同时，外审专家也可以是来自本系以外但在本校内工作的具有影响力的学者。I 大学由于缺少医学传统和强大的医学院，所以在转化研究的评价上还需要更多的经验和向其他学校学习的机会。

（三）从"服务"到"参与和扩展服务"的改革

I 大学是一所赠地学院，从建立之初就担负着繁重的公共服务职能，公共服务也是其重要的使命之一。随着研究在教师工作中所占比重日益增加，服务的职能越来越被忽略，尤其是在教师晋升中，服务的地位微不足道。公共服务的概念非常模糊，经常被引申为非教学活动外延的地区性结构的扩张，如合作扩展服务、大规模的医学中心、终身学习计划为专门满足公共需要而设计的特殊活动，这些活动与学术活动的关系并不紧密，因此教师将这种公共服务只看作对社会的回报，只是为了适应社会的需要而存在，它并不是大学主要的学术研究出发点。但是，现实中一些学科的教师仍然承担着大量的公共服务任务，却并未得到与教学和研究同样的待遇，在评价中也未给予同等的比重。为了尊重这一类教师的工作，I 大学在 2004 年就对公共服务评价进行了改革，改革分为两部分：第一，论述了公共服务的性质和特点；第二，出台了公共服务评价指南。2006 年晋升改革委员会决定将"公共服务"更名为"公共参与和扩展服务"，公共参与和扩展服务是为了强调知识作为公共福利的应用以及教师专业经验在解决社会问题上的重要性。这类活动更要求教师在学校内外与他人的精诚合作，并有利于研究和教学的发展。公共参与和扩展服务是多样化的，它是教师根据自己的教职性质、训练、经验等服务于社区、顾客、工业、团体、政府以及其他组织。公共参与和扩展服务有以下三个特点：对公共福利做出贡献；对教师的学术和职业技能的应用；它直接解决或回应现实中的问题、利益或顾虑。第一个特点区别

① I 大学在 2015 年刚刚成立医学院，在此之前与生命医学相关的研究都分散在工程学院和公共卫生学院等部门，因此从事转化研究的教师人数没有拥有强大医学院的大学的教师人数多，所以并没有专门设立临床轨道。

了公共参与和扩展服务强调的是对社会贡献而非私人利益；第二个特点强调了公共参与和扩展服务的社会职责，而非志愿团体的志愿活动；第三个特点强调了公共参与和扩展服务的应用性而非理论性，社会服务强调的是具体的工作而非抽象的理论。改革委员会根据各学科的情况，总结出 18 种具体的社会服务形式，这些服务活动要求教师具备卓越的学术背景、充分的诊断技术、较强的方法应用能力、卓越的信息组织和媒体技术，以及口头和撰写能力。① Ｉ大学认为，公共参与和扩展服务的定义和活动相比较教学和研究而言更加模糊，有很多容易混淆和迷惑的地方，尤其是学科和基层单位文化的差异导致了教师对公共参与和扩展服务性质的理解不尽相同，这种差异性在各院系推进公共参与和扩展服务的改革中表现得尤为突出。

为了充分尊重各院系的特点和学科属性，在所形成的改革方案中只给出了对公共参与和扩展服务评价的准则、可用于评价的证据以及何种公共参与和扩展服务可以被看作"学术"的活动。公众是否愿意支持高等教育，并不完全取决于教学和科研的价值传统，而是更取决于他们是否可以通过公共服务活动获得直接而迅速的利益。为了让教师能够更加重视参与和扩展服务，学术界提出了让服务向着学术方向发展的口号，创造了参与型学术的概念："为了公众利益的学术，它来自于学科知识的经验，联系着校园外的受众，联系着教师和社区。"② 博耶认为，参与型学术应该具备两个层面的意义：首先，参与型学术意为联结大学丰富的资源与亟待解决的社会、公民和道德问题的桥梁，涉及儿童、学校、教师、社区和城市；更深层次的参与型学术意为在更大目标和更高使命层面上，

---

① Ｉ大学给出的 18 种具体活动包括：帮助学校的医院或实验室向公众提供服务；在特殊职业和应用环境中向公众传递研究成果和知识，使之更为易懂和有用；为社区、州、国家和国际政府和非政府组织提供政策分析；在现实环境中测试概念和过程；以专家身份参与社会活动；参与公共演讲或表演；提供扩展教育；为各种机构提供的评估项目、政策或者个人业务服务；为商业组织提供的信息性服务，比如参加研讨会等；参加政府或联邦会议；参与经济和社区发展活动；参加学校、工业或者市政机构的合作活动；参与立法机构的听证会；为包括地方、城市、学校、博物馆、公园或者其他公共组织以及公司、团体或个人提供咨询；帮助其他兄弟学校；受个人、机构或者商业组织委托进行的针对某一问题的行动研究；为出版或其他媒体提供专家服务；为包括报纸、杂志等非学术和流行刊物撰写文章。

② Ernest A. Lynton, *Making the Case for Professional Service*, *Forum on Faculty Roles & Rewards*, Washington, DC: American Association for Higher Education, 1995, p. 57.

让国家向 21 世纪的美好生活迈进，增加大学在学术和公民文化上的联结和交通，提高公民的生活质量。在评价公共参与和扩展服务时，I 大学要求评价者应该着眼于以下几个方面：公共参与和扩展服务工作的质量；公共参与和扩展服务工作的影响力；公共参与和扩展服务贡献作为学术的传播；与共同体内其他学者的互动；研究、教学、公共参与和扩展服务的整合。由于学科的差异，学校无法给出具体的高质量公共参与和扩展服务标准，但是如果候选人给出以下几种证据则可视为是高质量服务：利用相关知识为社会问题的决策做出了开创性的贡献，比如，对公共政策的出台或者农业和商业实践产生了积极的影响；在公共政策领域被授予荣誉、奖励或者其他的认可形式；通过选举所担任的专业行会或者学术团体的重要职务，包括在国内或国际组织中的编辑和同行评议工作；共同体内被邀请参加的演讲或者通过特殊选举所承担的服务任务；参加专业或者科学行会会议并作主题发言。学校鼓励教师将公共参与和扩展服务向学术化发展，通过公共参与和扩展服务有所创新、推动知识发展、对所在学科和专业做出贡献。

与研究相关的公共参与和扩展服务可以成为学术活动的一部分，创造性的公共参与和扩展服务不仅可以为学科知识的创新做出贡献，而且可以吸引外部支持。公共参与和扩展服务通过以下几种形式表现出来的，都可视为学术活动：发表、视频、计算机程序、再版的教学大纲、项目材料的发展、权威报刊文章、展览、表演、为企业和贸易等团体撰写技术报告等；对质量或者影响力的评价报告；通过竞争或者同行评议所获得的用于公共参与和扩展服务创新和发展的基金；公共参与和扩展服务的成果被他人学习和借鉴；工具或者服务过程被他人用于解决社会问题。

二 晋升标准的改革

I 大学教师评价改革最大的不同就在于扩展了终身制教职的晋升路径，提高了晋升要求。在之前的晋升模式中，在发现学术上做出突出贡献的教师，无论其教学、参与和扩展服务质量如何，都可以得到晋升，这就像一个充要条件流行在教师评价活动中。但改革后的晋升模式大大扩展了教师的晋升途径，并且提高了晋升要求，仅仅拥有卓越的研究已经无法满足晋升条件，如果教学工作低于平均水平，对教师来说将是一个致命伤，而这种观念得到了大部分教师的赞同。因此，为了增加教学在教师评价中的价值和重要性，新的晋升标准要求教师必须达到教学"强劲"以上，才有资格晋升。为了重新强调赠地学院在公共服务上的使命和职责，改革方案为以参与和扩展服务为主要晋升目标的教师设立了终身制晋升轨道和准则，意为同样尊重把主要精力放在参与和扩展服务的教师之上。由于教师的时间、精力和工作兴趣差异，在研究、教学、参与和扩展服务三方面都卓越的教师是非常少见的。I 大学为教师的晋升和终身制获得提供了多种标准：（1）卓越研究＋强劲教学，这是教师最理想的晋升方式，也是多数教师的选择；（2）卓越研究＋强劲参与和扩展服务，当教师的工作目标并不偏好教学，而是倾向于对外活动时，此种晋升方式会起到作用；（3）卓越教学＋强劲研究，这是对优质教学质量教师工作的鼓励，在教学任务较重的学术单位，会出现这种晋升方式；（4）卓越参与和扩展服务＋强劲研究，这是为以参与和扩展服务为首要晋升目标的教师提供的晋升方式，用以鼓励教师在社会服务上做出贡献。从以上四种晋升标准可以看出，教师获得晋升拥有两条路径：传统的以研究和教学为主的晋升路径，以及新增的以参与和扩展服务为主的晋升路径。无论教师选择哪种路径，达到"强劲"以上的学术水平都是充要条件。作为公立研究型大学的教师，高质量的学术是任何教师都必须具备的晋升条件，但是任何只在其中一项表现优秀但在其他两方面表现平平的教师同样无法得到晋升。学校允许教师在三个领域的时间和精力分配不同，但如果教师在教学或研究中的任何一项表现较弱，都不符合 I 大学的利益。

I 大学对终身制轨道教师的晋升设定了准则。从助理教授晋升至终身制副教授要求候选人显示出在未来能够成为优秀的学者、教师、艺术创造者或者公共参与和扩展服务的提供者。换句话说，候选人在评价过程中被认为做出了与该职位相符的贡献和质量，并且能够显示出未来将在此领域有极大的发展潜力和更大的贡献。从副教授晋升至教授要求候选人在所在研究领域拥有崇高的国内国际地位，拥有出色的研究生学位完成率，已经成为优秀的学者、教师、艺术创造者或者公共参与和扩展服务的提供者。在此"研究"的定义并不是传统意义上的研究和学术，还包括创造性的艺术和跨学科、转化研究，这里"研究""学术""学术性成果"和"创造性工作"可以共用，以表示研究活动的宽泛性。在评价中，各级晋升委员会和执行官员必须对教师的教学、研究、参与和扩展服务进行认真负责的评价。在传统的以研究和教学为主的晋升路径中，学校要求对学术和教学进行严格的评价。在研究评价上，校内评价包括候选人对研究目标、成果的论述，对候选人研究成果的系内评价——至少两篇代表作或者创新性工作，以及系内对候选人未来发展潜力的评价；同时每一位候选人至少需要四个校外专家评审。在教学评价上，所有学科组织都必须使用教学和课程评价系统（The Instructor & Course Evaluation System，ICES）数据和候选人的自我评价。各单位鼓励使用其他教学评价方法，每一个单位都需要清楚地了解评价方法的程序和作用，其方法包括同行观察、其他非在读学生或者毕业生评价、学生学业成就等。在新增以参与和扩展服务为主的晋升路径中，I大学设立了新的晋升准则和程序。对这类教师晋升的评价，在之前的教师评价政策中是不存在的。为了增加对参与和扩展活动评价的准则和程序，I大学设立了专门委员会进行调研和考察。首先，候选人对公共参与服务目标和成就的论述；其次，要进行系内和校外评价。系内需要对这类候选人成立专门委员会，评价需要同行观察、客户的标准化评价、客户访谈；同时需要至少三位外审专家，外审可以不是同行，而是候选人所服务的客户；评价资料需要包括独立的、有效的、具体的证据，用于证明服务的卓越性和影响力。这些证据包括：客户组织或者个人实践的变革记录、人类生活条件或者组织实践中的行为变革、具体经济利益变化、具体改进，以及对环境改进的贡献等。

第三节　I大学教师评价改革的效能

一　学术工作价值调节效能

通过对I大学31位（3位通过邮件回答访谈问题）来自理学、工学、文学、社会学和农学等学科教师的访谈，笔者将通过学术工作价值调节，以及评价方式和标准等阐述教师评价改革的效能。在I大学，教师评价改革的主要目标就是提高教学、跨学科学术、转化研究、参与和扩展服务在教师评价中的价值，鼓励教师更加多样化工作的趋势。在价值越高的学术工作上获得成功的教师，在声望和自我实现上也会越高。作为学校次组织的院系等单位，各自分担着学校不同功能以及外部给予高校的需求压力。因此我们会发现，即使学校对教师工作给出了基本的期望价值，但是各院系所承担的功能不同、发展重点不同、学科性质不同，这就导致各院系对学术工作的理解及其价值判断也会不同。学科组织对教师工作角色的规制，根据学科组织的传统、工作重点和外部需求，突出部分学术工作的重要性，或对教师学术工作和职责进行赋权，教师在重点突出领域或者赋权高的领域所做工作的贡献和影响越大，其获得晋升的机会就越大。从某种程度上说，学术工作的价值依然是对教师的一种外部规制，看教师工作是否满足了利益相关者的要求，利益相关者既包括教师和学生等内部成员，也包括政府、社区、企业等外部成员。当内外部利益相关者的需求发生改变时，学术工作的价值也会相应发生转变，这种转变有可能来自院系单位所面临的外部环境的改变，也有可能来自学校内部期望价值的改变。因此，当分析学术工作的价值时，我们需要把更多的精力放在学科组织的结构、任务、目标和服务群等局部语境上。美国的评价模式越来越反映出这个国家多元价值结构，同样的事物在不同的情景或者人群中得到不同的价值反应，所以某个教师学术工作在一个系的地位和在另外一个系的地位是不同的，最极端的现象是同样的工作在一个系被认为是具有至高的价值而在另外一个系被认为是毫无用处的。学术工作的价值在不同院系的排序和比重，会引导教师在精力、时间和注意力上的投入和分配比例。

　　经过十年的改革，从访谈所涉及的诸多学科来看，教学的价值已经得到了大幅度提升，就像一位工程学教授所提到的那样："没有哪一个教师会像十几年前那样，敢在晋升中直接忽略教学，对教学的蔑视会直接导致他们在晋升中的不利境地。"在一些承担了大量本科生教学、对学费依赖较重、拥有标准化的市场就业评估和专业认证的学科，教学的价值并不低于研究，这主要得益于资源依赖和教学声望竞争性的建立。随着学校整体教学价值的提升，即使原来对教学不重视的学科组织，也会因为在学院和学校层次上晋升委员会对教学更加严苛的要求而不得不提升教学价值。

　　跨学科学术的价值在诸多学科已经得到广泛的认可，但跨学科学术的发展在学科间的差异依然很大。工程类学科和人文学科类的跨学科学术萌芽早且发展快，甚至在二三十年前就已经开始了跨学科研究，社会需求和知识发展的内部融合让这两类学科的跨学科学术达成了共识；社会学科和管理学科类则出现了两种不同的态度，学科独立性较强且成熟度比较高的社会科学容易在跨学科学术上表现出更为开放的态度，它们并没有学科身份模糊和归属感不强的顾虑，而刚刚形成的学科，且这种学科并非建立在交叉研究领域上，则更担心跨学科学术会影响学科的独立性，会更加谨慎。

由于 I 大学将转化研究的概念扩展到了所有从基础研究到应用的转化上，工学院的技术转化等都被列为转化研究。从生命医学的转化研究来看，在 2015 年之前没有医学院，I 大学进行转化研究没有充分的条件和平台，很多教师并没有把转化研究作为自己主要的工作任务，但是随着整个生命医学对于转化研究的需求和重视度的增加，以及医学院的成立，转化研究在未来的前景十分明朗；工程学的转化研究一直具有最高价值，工程学的学科性质决定了外向型的应用价值，但是在工程学领域教师将科技转化视为创新的自然结果，而非刻意追求的目标，也并非所有教师的研究都涉及成果转化。

参与和扩展服务的价值依然比较低，有些系甚至并不要求年轻教师进行服务工作，更不用期望参与和扩展服务向着学术方向发展了。但是以参与和扩展服务为主的晋升路径的确给一些教师提供了获得终身制的机遇，在教育学、心理学和农学等可以直接参与社会问题解决的学科里，已经出现了通过提供高质量的公共服务而获得终身制职位的教师，教育心理学的一位女教师在谈到这个问题时说道：

　　通过提供公共服务而获得晋升可能并不比做研究和教学容易，除非你真的有信心做得非常好，好到足够有说服力才可以，就像我们系的一位老师，他经常参加社会活动，尤其是参加电视台和广播台的节目，并且经常成为很多中小学的心理咨询专家。他取得了非常大的成功，在对教育心理学知识的传播和应用上有效地与社区和媒体相结合。他的工作得到了很多受众和观众的喜爱，并具有了相当知名度。在晋升中，他就通过以参与和扩展服务为主的路径获得了终身教职。但能够提供这样高质量的公共服务的教师毕竟是少数，大部分教师还是愿意选择传统的教学和研究之路。

二　教师评价方式改进和标准提升的效能

对教师评价方式和标准的改革分为两个层次——学校层次和学科组织层次。在分权制体系中，教师评价的方式和具体标准制定都被授权于基层学术单位，而能够上升到学校层次进行改革的一般都具有强制性。在此次改革中，学校对两种评价方式进行了强制性要求。首先，在教学评价上，为了保证对教学评价的规范性和可比性，明确提出了教学档案袋所必需的几项内容——ICES 分数、同行听课记录、系主任对候选人的教学评述和候选人对教学的自我评述，其余证据可自行提供，但必须在评价方式和过程上给出详细的记录以证明证据的可靠性和公正性。在2006 年之前，对教学档案袋所需要的内容并没有严格的规定，尤其是在学生评价上，有些系并没有使用 ICES 进行标准化评价，而是采用自己设计的学生评价方式，但新的政策要求所有学科组织必须提供 ICES 分数。其次，教师晋升档案袋中不仅需要提供终结性评价证据，还要提供发展性评价证据，比如候选人参加各种培训的记录，督导对候选人在教学、学术、参与和扩展服务上的发展记录，系主任对候选人的发展性评价论述等，具体所需要提供的证据由各院系自行决定。对于具体评价方式和标准的提升，学校并不会做出强制性要求，而是让各基层学术单位根据学科差异进行自我调整。

各基层学术单位对教师评价方式的改革主要集中在以下几个方面：(1) 教学评价方式更加多元化，学生评价在教师晋升中的地位得到明显提升。在教学评价中，仅对学生评价权，基层学术单位就可以创造出多种衍化形式：学生标准化问卷（ICES）、座谈、毕业生问卷、学生报告等。同行听课也被作为教学评价的一种有效手段，包括教学委员会和督导听课两种方式，听课的人数和次数也是由各系自行决定的。(2) 在学术评价上，各院系都增加了对联合聘任教师和系内跨学科教师晋升的具体实施程序，通过改变晋升委员会选举方式和系外咨询等方式，提高跨学科学术评价的公正性和严谨性；在转化研究上，由于医学院的建立，专门从事转化研究的教师有可能会随之增加，并且从终身制轨道中分离出来，单独形成临床教职轨道，而在工程学的转化研究上，转化并不是教师追求的直接目标，以专利许可作为转化研究评价的直接证据，但这种方法受到了质疑，因为它无法反映出转化成果的现实适用性和推广性，新的评价方法正在探索之中。（3）在参与和扩展服务上，教育学院和农学院的一些教师开始尝试通过提供高质量的公共服务获得晋升机会，而在传统晋升路径中，虽然参与和扩展服务的价值并没有得到显著提高，但从教师提供的证据来看，越来越多的教师突破了专业服务的局限，开始寻求与社会更广泛的接触，并且开始相信教学、学术和公共服务可以相互促进。

　　I 大学是一所典型的巨型大学。当克拉克·科尔提出"巨型大学"的概念时，他就认为现代美国大学已经从单一的学术共同体转化为多种兴趣和利益的集合体，甚至相互之间还出现了冲突；大学传统的学科疆界被社会权势集团的需求所打破；各单位之间的联系是程序上的而非实质上的。① 美国学者卡尔·维克早在 20 世纪 70 年代就提出了大学是松散的耦合系统，学校组织成员之间相互联系却又彼此保持独立。这种松散的联合可以使组织具有更大的灵活性和适应性。巨型大学的各单位可以应对各种微观和中观的环境变化，使各单位具有更好的环境适应力和反应力。② 巨型大学各学科组织的学科性质和所承担的社会需求并不完全受学校的控制和指引，不同学科知识的发展和学术共同体的价值取向、文化生活和内在精神变化也影响着各单位的学术工作和教师行为准则。一方面，依照美国大学传统，没有经过协商而下达的强硬命令并不被各院系所接受；另一方面，以行政决策代替学术决策会忽略学科和各院系的文化差异，不利于知识发展和教师学术生涯发展。但是，这种事业部管理模式所存在的缺陷就是学校无法准确而及时地发现各院系在文化和工作上的变化。教师工作和价值的变化是长期演变的过程，作为巨型大学的学校领导层很难在短时间内捕捉到这种微观变化。当教师的工作和研究模式发生改变后，教师评价的学术工作和手段在巨型大学的底端就会发

---

　　① ［美］克拉克·克尔：《大学的功用》，陈学飞等译，江西教育出版社 1933 年版，第 86 页。

　　② Karl E. Weick, "Educational Organizations as Loosely Coupled Systems," *Administrative Science Quarterly*, Vol. 21, No. 1, 1976, pp. 1 – 19.

生转变，尤其是由于学科知识发展和研究模式创新等所导致的这种转变。当各学科组织的学术工作和手段得不到学校在政策上的支持时，就会导致两个结果：第一，教师工作的合法性会受到质疑。由于教师评价的最后一关是学校晋升委员会和教务长，当晋升材料被送到学校一级，教师的工作贡献可能由于没有得到学校政策的明确支持而受到除本学科以外晋升委员会成员的质疑。第二，教师工作因为没有公正细致的评价手段而无法得到学校认可，优秀的教师有可能自愿或被迫离开。无论出现哪一种结果，对学校和教师而言都是巨大的损失。

　　塞尔兹尼克认为，政策的制定更多的是妥协、协商和冲突之后的结果，而不是经过理性决策或者技术决策的结果；更多的是社会和政治过程而不是认真规划和持续改进的过程。[①] Ｉ大学对教师晋升和终身制评价的改革也是在多元参与者参与的情况下妥协和协商的过程，以彰显改革的合法性和保证新政策出台的合法性。作为一个巨型大学，考虑到各学科组织学术工作的差异，其改革方案必须兼顾所有单位教师的工作价值，此次改革的目的之一就是根据各院系教师工作的多样性和差异性，了解教师在研究、教学和公共服务上的变化，聚集各单位教师评价的学术工作并将其在学校政策层面予以合法化，共同形成新的期望价值。新的期望价值的形成对外可以回应政府和公众对学校与日俱增的需求，对内不仅对以前教师晋升和终身制评价没有涉及的学术形式加以确认，确保在学校层面尊重和认可多样性的学术贡献，而且为这些新的学术形式在各院系的扩散奠定了基础。

第四节　小结

　　在美国高等教育对教师学术奖励系统进行反思的背景下，2006 年，Ｉ大学对教师晋升和终身制评价进行了改革。Ｉ大学教师评价由执行官员和晋升委员会的职责，教学评价，服务评价，对研究的内部评价，对教学、研究和服务的外部评价等要素组成。Ｉ大学在教师评价上形成了一套以指

---

① Philip Selznick, " Jurisprudence and Social Policy: Aspirations and Perspectives," *Cal. L. Rev.*, 1980.

南为主的评价政策，规定了学校和学科组织的评价纲领。

I 大学教师评价的改革遵循着内在发展逻辑和外部需求的平衡原则，外部环境的冲击让 I 大学不得不面对来自市场和政府的压力，使命的内在性逐渐被利益性所取代，而多年渐进的学术工作变化也让原来的教师评价方法出现了很多漏洞和不足。两者促成了教师评价改革的起因。

为了适应新出现和发展迅速的研究模式，I 大学将注重传统的学科内研究和发现研究扩展为多元学术，包括跨学科学术和转化研究，将原来的服务扩展为参与和扩展服务，并鼓励服务向着学术方向发展，增加参与和扩展服务在教师评价中的价值，重申教学的重要性，将标准化的学生评价作为强制性证据，要求所有院系必须提供标准化分数，并扩展教师的晋升模式，增加将参与和扩展服务视为首要工作方式的教师晋升模式。

经过十年的改革，从访谈所涉及的诸多学科来看，教学的价值得到了大幅度提升。跨学科学术的价值也得到了广泛的认可，但跨学科学术的发展在学科间的差异依然很大。由于 I 大学将转化研究的概念扩展到了所有从基础研究到应用的转化上，工学院的技术转化等都被列为转化研究。工程学的转化研究一直都具有较高的价值，工程学的学科性质决定了外向型的应用价值，但是在工程学领域，教师将科技转化视为创新的自然结果，而非刻意追求的目标，也并非所有教师的研究都涉及成果转化。

I 大学对教师晋升和终身制评价的改革也是在多元参与者参与的情况下妥协和协商的过程，以彰显改革的合法性和保证新政策出台的合法性。作为一个巨型大学，考虑到各学科组织学术工作的差异，其改革方案必须兼顾单位所有教师的工作价值，此次改革的目的之一就是根据各院系教师工作的多样性和差异性，了解教师在研究、教学和公共服务上的变化，聚集各单位教师评价的学术工作并将其在学校政策层面予以合法化，共同形成新的期望价值。新的期望价值的形成对外可以回应政府和公众对学校与日俱增的需求，对内不仅对以前教师晋升和终身制评价中没有涉及的学术形式予以确认，确保在学校层面尊重和认可多样的工作贡献，而且为这些新的学术形式在各院系的扩散奠定了基础。

第四章 理：数学系教师评价的"功用外显"

数学是科学的女皇，是一切科学发现背后的主要推动力。数学系是 I 大学十分古老的系之一，拥有深厚而悠久的历史。I 大学的数学系成立至今已经有 120 多年的历史，数学系已发展形成了包括精算学、代数、代数几何、解析、组合数学、微分数学和应用数学、几何与拓扑学、逻辑学、数论、概率、生物数学、应用数学等研究领域极为多样的综合性数学研究和教学机构。I 大学的数学系是全美最大最综合的数学机构，拥有庞大的研究生和博士后队伍，其研究实力居全美前 20 名，是在数学科学研究领域颇负盛名的学系之一。本章以数学系为案例，分析数学学科在全校教师评价改革中的应对行动。

第一节 "数学"的学科文化

数学是利用符号和语法规则去塑造系统性结构和关联，进而用于解决各种实践性问题的学科，数学被认为是硬—纯学科中十分古老的学科之一，硬—纯学科强调关注普遍性、数量和简化，以发现和说明为目标。[1]数学是探索模式和关系的科学，作为一个具有高理论性倾向的学科，数学所探索的是抽象概念之间可能存在的关系，而不关心这些抽象概念在现实世界中是否真实地存在。这些抽象概念可以是字符串的数字或者是数据的方程集合。数学在学科范式的统一性上高度集中，数学家无论在"概念图示"还是"范例"上都具有库恩所认为的科学范式特征，数

---

① John A. Dossey, "The Nature of Mathematics: Its Role and Its Influence," *Handbook of Research on Mathematics Teaching and Learning*, 1992, pp. 39 – 48.

学被称为"世界性语言",是以数字为基础的高度抽象的逻辑语言为特征的研究范式,它具有极高的统一性。数学家的工作涉及发展新的数学规则、理论和概念,运用公式和模型解决其他领域和学科的社会问题,分析和解释数据。常规科学范式会被学者群体长时间地接受和运用。因此,在相当长的时间内,学者都以相同或者相似的理论和思维模式进行交流和研究。随着数学学科的发展,数学被分裂为纯粹数学研究和应用数学研究。作为纯理论研究的数学(纯粹数学),其主要的研究范围和兴趣在于从现象和想法中逻辑地推理出基本概念和规则的集合,甚至发现数学中以前其他不相关的部分可以相互派生甚至形成一般理论。随着纯粹数学的发展,现象和事物之间的关系被越来越多地以符号表现为代数或者几何空间的形式。数学也是一门应用性学科,很多数学家毕生致力于解决起源于现实经验的问题,但在探索的过程中,他们依然使用类似于纯理论数学的范式,即寻找事物之间的模式和联系,所不同的是与纯粹数学相反,应用数学的目的是运用某种模式去开发一个新的编码系统,而不是作为一个抽象问题。纯粹数学和应用数学的分裂在后现代数学范式的兴起下逐渐走向融合,纯粹数学和应用数学之间的相互转化则是当今数学学科的重要活力之一,所产生的价值也是不可估量的。

数学发展到今天,发生了两个重要的转变。第一个是研究内容和范式的转变。数学作为人类十分古老的学科之一,经历了数百年的发展,已经形成了后现代数学模式,当代数学家所研究的知识和范围与 20 世纪初相比有了很大的变化。当代数学学科所涉及的领域极为庞大,在后现代早期,数学表现出的是彻底的重修工作,以反映已经被发现的更深层次的结构如何渗透进数学。后现代数学具有分析和设置数学实践的理论语言,以及现代代数的特点,包括拓扑结构和现代几何以及各种各样现代抽象体在内,其性质和过程都是公理化的。[①]第二个是数学学科定义的扩展。随着数学在基础研究领域和应用领域的扩展,数学学科的范围也不断扩大。爱德华·大卫 1990 年在其著名的《爱德华报告》中提出:"数学科学包括纯理论型和应用型数学,加之统计和运筹学研究,并扩展

---

① Mirja Hartimo, *Phenomenology and Mathematics*, Berlin: Springer Science & Business Media, 2010, p. 75.

到其他学科的数学研究领域，比如理论计算机科学。其他多样的理论分支——比如生物学、生态学、工程学和经济学——与数学已经实现了无缝链接。"①数学学科的发展表明，数学的社会价值越发彰显出来，无论是其他以数学为语言基础的学科，还是社会本身对数学知识的需求，都让数学从本体价值向社会价值转变。纯粹数学所凸显的本体价值也被要求与应用数学所凸显的社会价值相融合，但数学的社会价值具有理论性和隐蔽性，它不可能直接转化为现实产品而被社会应用，它就像一个桥梁和跳板，支撑着其他应用性学科的创造和发明。21世纪的科学研究对数学的依赖越来越大，这就意味着数学成为科技发展的基础。

作为一门极为成熟的学科，数学家相互之间会交流和参加专业会议，但倾向于以独立的工作方式为主。数学家一方面专注于自己的独立思考，另一方面，在博士生培养上也鼓励学生的独立思考和工作。"数学是特别注重独立研究的，我们会和同行们进行合作，但是在重要的研究和发现中，都是独立完成。我们在培养博士生的时候，也鼓励他们独立思考，他们发的文章我可以给他们意见和建议，但是很少会加上自己的名字，因为加上我的名字就会降低学生在这篇文章或这项研究上的重要性，我们都以培养出独立的数学家和比我们卓越的数学家为荣。"数学学科发展到今日，已经形成了纷繁复杂的研究分支，它们在研究领域和内容上都有巨大差别，各自也拥有分支内知识传播和交流的学术期刊。数学作为硬—纯学科，其研究成果的周期性相比较其他应用学科也更漫长，尤其是从事纯粹数学的研究者，但随着应用数学在其他学科的应用及与之联合，很多从事应用数学研究的学者在发表速度上快于从事纯粹数学研究的研究者。尽管从历史上看，从事数学研究的教师具有独立性，在发表上也不像工程学科那样争分夺秒，但在整个数学学科，随着跨学科研究的深入，合作和竞争的趋势在近十几年里呈现出不断增长的趋势。由于数学在研究模式、内容和学科疆界上的扩展，包括大学教授在内的数学家在工作形式和工作领域上都有了很大的改变，数学联合政策委员会根据数学学科的发展和美国各类型高校的教师工作，总结出了七种数学学

① E. David, G. Debreu, G. Dinneen, et. al. , *Renewing US Mathematics*: *Critical Resource for the Future*, Washington: Critical Resource for the Future, 1984, p. 96.

术形式：在基础和应用领域发展新的概念、发现、结构、理论和猜想的研究；发展数学技术，或者对已有的数学技术发展出新的用途去解决包括科学、社会科学、医学和工程问题；为数学知识和技能的教学和学习提供新的视角和认知；对现有学术进行综合，比如调查、书评和对问题的公开；通过对数学知识包括通过文章、书和讲座等的阐述发展新的读者，向科学家、工程师和其他数学家，以及其他非学术界的读者如中小学教师、政府官员和大众传播数学知识；通过开发新课程或者教学资料教授 K - 12 和大学数学；通过开发软件支持和改进数学研究或应用、传播数学知识或者提高数学教学。①这些数学科学的学术形式不会在一个数学院系同时出现，而是由各种类型学校根据自己的使命和工作重点确定各自主要的学术形式。

第二节　"功用外显"的行动意向

一　社会需求变化

早在 19 世纪，数学家所指的数学"Mathematics"是指纯粹数学，是科学的重要知识结构，纯粹数学又被称为核心数学。德国著名数学家卡尔·雅可比（Carl Gustav Jacob Jacobi，1804—1851）认为，"科学最大的光荣就是无用"，纯粹数学不应该包括其应用，发展也不应该依靠应用，最理想的数学应该来自于最原始的想法，而不是外部世界的事物、数字、空间或者力量。②纯粹数学研究倾向于理论和完全抽象的概念，是自 19 世纪开始数学家一直推崇和认可的数学研究类别，它并不关心现实世界的情况。随着科技的发展，很多纯数学研究成果被应用到了其他学科和社会领域，应用数学开始崭露头角。I 大学的数学系建立于 19 世纪末，有着悠久的纯数学研究传统。在 20 多年前，应用数学并未成为数学系学术

①　Robert M. Diamond, Bronwyn E. Adam, *The Disciplines Speak: Rewarding the Scholarly, Professional, and Creative Work of Faculty. Forum on Faculty Roles & Rewards*, Washington: American Association for Higher Education, 1995, p. 96.

②　Judith V. Grabiner, "Conflicts between Generalization, Rigor, and Intuition: Number Concepts Underlying the Development of Analysis in 17 - 19th Century France and Germany," *Society for Industrial and Applied Mathematics*, Vol. 48, No. 2, 2006, pp. 413 - 416.

的重要组成部分。因此在过去 100 年的发展中，数学系发现学术大多等同于纯数学研究，即必须是解决了重大数学定理的研究成果，"数学定理的科学价值和解决问题的构思是否严谨清晰将决定成果的价值"。这种保守的发现学术主要体现在三个方面：首先，数学系从事纯数学研究的教师很少涉猎应用数学领域；其次，纯数学研究的教师很少进行跨学科交流；最后，真正的发现学术必须在全数学领域最顶尖的期刊上发表。一位数学教授在谈到数学系的发展历史时说："I 大学的数学系在历史上和传统上还是做纯数学的多一些，如果做纯数学，做跨学科研究就会少很多。"

但随着大科学和大数据时代的到来，数学学科的地位逐步上升，学科疆界也不断扩大。美国科学学家德里克·普赖斯在其发表于 1962 年 6 月的著名"小科学、大科学"的演讲中指出：从第二次世界大战时期起，人类就进入了大科学时代。大科学同时需要大科学工程和跨学科合作，需要对大型设施投入巨额资金，并始终保持和维护，需要跨学科合作的前沿性科学研究项目，通常围绕一个总体研究目标或重大问题，由众多科学家有组织、有分工、有协作、相对分散地开展研究。[1]大数据时代伴随着大科学时代，正在改变人类社会。维克托·舍恩伯格在《大数据时代：生活、工作与思维的大变革》中前瞻性地指出，大数据带来的信息风暴正在变革我们的生活、工作和思维，大数据开启了一次重大的时代转型。维克托最具洞见之处在于，大数据时代最大的转变就是放弃对因果关系的渴求，取而代之关注相关关系。这颠覆了千百年来人类的思维惯例，对人类的认知和与世界交流的方式提出了全新的挑战。大数据是人们获得新的认知，创造新的价值的源泉；大数据还是改变市场、组织机构，以及政府与公民关系的方法。[2] 无论是大科学的发展还是大数据的发展，数学作为科学的标准语言，都将成为不可或缺的一部分，而且随着科学社会化和社会科学化的日益深入，"科学价值中立"的纯科学理想基础已不复存在，使"为科学而科学"的"纯"科学研究只不过成为一种神话或幻想。同样，数学学科的社会价值日益彰显，以本体价值为核

---

[1] Derek D. Price, Derek John De Solla Price, *Little Science*, *Big Science-and Beyond*, New York: Columbia University Press, 1986, p. 126.

[2] 维克托·迈尔·舍恩伯格：《大数据时代：生活、工作与思维的大变革》，周涛译，《人力资源管理》2013 年第 3 期。

心的纯粹数学也开始寻求与应用数学合作。"科学家由于他们具有专门的知识，因而相当早地知道了由于科学发现所带来的危险和约束，从而他们对我们这个时代最迫切的问题也具有一种特殊的能力和一种责任。"①

数学学科发展之快不仅体现在纯数学各研究领域之间的融合和交叉上，而且体现在数学对其他学科的影响和应用领域的扩展上，这种趋势已经持续了几十年，但在近二十年里发展极为迅猛。这种扩展一方面来自数学作为科学通用语言的天然优势，科学和工程研究在计算和模拟上都必须通过数学来实现；另一方面数据收集功能得到极大扩展，数据的提炼和分析无不涉及数学，由此催生了数学家在应用研究与其他学科上更加紧密地合作。数学科学研究可以在很多领域迅速传播，很多新的见解和研究可以迅速通过软件转化成现实的应用，它不像化学从基础研究成果到药品生产过程需要烦琐的步骤。当数学科学研究产生一种新的方式来压缩或分析数据、计算理财产品、发展一个医疗设计和军事设施的信号，或者解决一个工程背后的方程模拟，其利益就可以马上兑现。②一位研究应用数学的教授在谈及应用数学和其他学科之间的关系时这样说道：

> 现在做应用数学最好是有一个应用的范围，要跟其他学科有交叉研究，这样容易出成果。数学在现代通信、交通、科学、工程、医学甚至社会科学上都有广泛应用。我举一个与你生活息息相关的例子吧，压缩传感，你可能对这个词语并不熟悉，但它却渗透到你生活的方方面面。年轻人都喜欢看电影，在过去的 20 年里，有两个独立的革命带来了数字媒体时代，这两个革命都与数学紧密相关。其中一个已是非常成熟的技术了，就是由计算机生成的动画，你去电影院看到的那些高清生动的动画就是来自于这个技术；另外一个你可能不太熟悉，才刚刚开始，但是已经被证明在生物成像、通信、

---

① 陈恒六：《从科学家对待原子弹的态度看知识分子的社会责任》，《政治学研究》1987 年第 6 期。

② National Research Council, Division on Engineering and Physical Sciences, Board on Mathematical Sciences and Their Applications, Committee on the Mathematical Sciences in 2025, *The Mathematical Science in 2025*, Washington：National Research Council, 2013, pp. 58－59.

遥感和其他领域有可行性。这都是由数学在后面做着支撑，信号的编码和重构等等，可以说没有数学就不会有这些造福人类的科技出现。

大科学和大数据时代将数学推向了新的繁荣，引起了学科文化的重大转变，同样也对数学教育产生了重大影响。近些年来，选修数学的学生越来越多。美国国家学术研究委员会认为，美国数学科学的发展受到了两大动力的推动：（1）计算能力的广泛应用和科技对数学模型模拟的依赖；（2）数据和信息的爆炸性增长必须借助数学和统计技术去处理。①现代科技的发展让数学的用途更为广泛，很多学生在现实中已经感受到数学对于学习和就业的帮助，系主任说："选修数学的学生越来越多，尤其是应用数学类，不仅是工程学的产生，其他文理类的学生也越来越多，拥有数学专业背景和知识可以让他们在就业中更具竞争力。很多学生已经意识到自己的数学特长可能在就业中会成为重要的优势。"面对数学课程受众群体的不断扩大，以及计算能力和大数据的发展，数学教育一直在积极寻求创新和突破，以适应计算机模拟和大数据的需求。一方面，在课程设计上，数学系不断增加现代数学课程，尤其是与计算机和大数据相关的课程，比如电脑动画、集群代数、模曲线等；另一方面，基础数学课程也在逐渐改变课堂教学模式，提高大课的教学效率。一位在 I 大学数学系工作 30 多年的教授在提及数学教学的变化时说道：

现在学生的思维非常活跃，他们可以在课堂上向你提出很多特别难的问题。我们也在不断反思教学的问题，我们数学系的教学任务是非常重的。这么多年来，我们关于教学的观念也在改变。第一个改变来自于对教学本质的认识。以前我们对教学的认识就是数学就像脑力商品，可以通过教师的教学打包塞进学生的脑袋里，现在我们更多地借助讲座、写作尤其是计算机等多种媒介让学生去构建

① National Research Council, Division on Engineering and Physical Sciences, Board on Mathematical Sciences and Their Applications, Committee on the Mathematical Sciences in 2025, *The Mathematical Science in 2025*, Washington: National Research Council, 2013, p. 71.

数学知识，而不是让他们接受通过我们的嘴解释的数学；第二个改变来自于计算机的发展，现在很多教师都认为计算机可以有效地帮助学生构建数学知识，尤其是通过计算机编程去执行数学过程和任务；第三个改变是合作学习，我们鼓励学生组成小组学习数学，他们可以相互提问题，相互帮助，当然有助教会帮助他们，进行课后答疑。

二　数学系的回应

社会对数学的需求之大让数学系不可能紧守传统，继续以本体价值为导向的纯粹数学为主体，而是抓住机遇，对共同体的学科结构进行改造，积极发展数学学科的社会价值，从一个以纯粹数学为主的学术组织转变为纯粹数学和应用数学并重，并鼓励二者成为相互融合的学术组织。在顺应时代需求的过程中，数学系做出了两个重要转变：积极发展应用数学和以不同学生群体需求为导向的教学。

（一）积极发展应用数学

随着应用数学的快速发展，数学系并没有死守老的传统，一方面积极鼓励纯数学研究领域的教师从事应用数学研究和与其他学科的交流，另一方面在招聘时着重挑选具有跨学科和应用数学研究背景的教师进入数学系。由于应用数学无论在发展潜力还是在获得国家竞争性基金的支持上都有明显的优势，所以数学系在招聘时会将应用数学作为主要的方向。一位老教授经历了这种变化："I 大学在积极地鼓励教师去做应用数学，现在，在招聘的时候我们还是有意识地招聘一些在应用数学上比较有潜力的年轻人。"在发现学术上不仅重视传统纯数学的创新，也逐渐接受和认可应用数学领域的突破。数学系积极鼓励纯数学领域的教师和其他学科进行跨学科交流，但是，由于研究领域的限制，纯学科研究的跨学科合作主要集中在物理学科领域，通过十年来对应用数学的大力扶植，很多应用数学的学者已经和工程、经济、生物学领域的学者开展了有效的合作。系主任在谈到跨学科应用数学在数学系里的地位时说道：

在 10 年甚至 15 年前，我们出现了很多跨学科的数学家，这在以前是不可想象的。我想，我们的跨学科研究能有今天的规模是因为我们的应用性数学已经发展到非常开放的程度了，比起 20 年前，简直就是一个非常大的进步。我们的数学共同体和其他学科比如生物、计算机科学、大数据等开创了很多新的合作方式，这直接催生了很多令人激动的合作机会，而且我们整个数学共同体都意识到了这将在以后的几十年里有着更大的发展空间，是我们数学学科发展的一个趋势，在我们系虽然跨学科应用数学相对弱一点，但是已经有了很大的进步。应用数学的发展不仅可以创造和其他学科更多的合作机会，而且可以获得更多的资金支持，无论是来自联邦政府的还是私人基金的。

尽管数学科学在科技和经济发展中做出了突出贡献，但是这种贡献并不是显性的，而是隐藏在诸多可视化成果的背后，人们会将这些可视化成果归结到与其最近的学科上，而作为基础的数学则只能成为隐形功臣。这种隐蔽性最主要的表现就是联邦政府对数学的资助明显少于其他应用性学科。在 1984 年的大卫报告中，数学资助的问题首次被联邦政府所重视，该报告指出：为了保证学生的研究能力持续不断提高，联邦政府需要对数学科学研究进行双倍的资助。在大卫报告的推动下，联邦政府实现了双倍资助的允诺，但范围只限制在 2600 多名数学家中。[①] 尽管在随后的资助中，联邦政府持续加大了对数学学科的资助倾斜，但相比较近二十年数学研究领域的扩展和对其他学科的帮助和贡献而言，这种资助依然是不成比例的。除了 NSF 外，联邦政府其他部门对数学的资助依然没有显著增加，但它们对数学的需求却呈几何倍数增长，尤其是国防和能源部门。从 1998 年到 2012 年，美国国防部每年对数学学科的资助仅从 11.1 亿美元增加到 12.1 亿美元，而能源部对数学的资助则从 1998 年的 19.4 亿美元减少到了 9 亿美元。[②] 这让数学学科的发展面临着巨大

---

① Ad Hoc Committee on Resources for the Mathematical Sciences; Commission on Physical Sciences, Mathematics, and Resources; National Research Council, *Renewing US Mathematics*: *Critical Resource for the Future*, Washington: National Academies, 1984, pp. 153 – 156.

② National Research Council, Division on Engineering and Physical Sciences, Board on Mathematical Sciences and Their Applications, Committee on the Mathematical Sciences in 2025, *The Mathematical Science in 2025*, Washington: National Research Council, 2013, p. 109.

的压力，一方面各学科对数学需求不断增加，另一方面科研资金严重匮乏。所以，数学的发现学术和跨学科学术既为科技发展提供了动力，同时又将自己的贡献隐藏在这些显性学科之后。

（二）教学更加注重学生需求

作为 I 大学唯一一个向全校提供数学教学的单位，数学系面临着重大的教学压力。I 大学拥有众多科学和技术院系，一个拥有 75 人教师队伍的数学系不仅要担负研究任务，而且要为其他院系提供数学教学支持。随着学生的增多，学生群体的多样性和需求的多样性也随之显现，这些都给数学教学带来了新的改变。数学系主要面临三类学生群体：第一类学生是需要补修数学的学生，这一类学生在进入大学前或者在大学学习过程中，数学基础较弱，数学能力无法支撑其他学科学习，需要对基础数学进行补习。但这一类学生的课程主要由讲师或者博士后负责。第二类学生是本学科的学生，包括数学系的本科生和研究生。他们大部分基础课程和全部高级课程由终身轨教师教授。第三类学生是其他院系，包括 I 大学的工学院、农学院、商学院和其他与数学有着密切联系院系的学生，他们的数学教学也由数学系教师承担。面对如此强大的数学需求，数学系每年都要开设大量的课程，系主任说道："数学是一个十分依靠教学的学科，所以教学很重要，我们每年都要开至少 24 门课，全校有三万多本科生，其中 40% 以上的学生会学习至少一门数学课。再加上我们有强大的工学院、农学院和其他学院，它们和数学的联系非常密切，我们在开设基础课程的时候不得不考虑他们的需求。"

这三类学生对数学教学的要求截然不同。数学系终身职教轨的教师主要负责后两类学生的教学。本学科本科生和研究生的教学更加注重教学的系统性，尤其是纵向系统性：应用系列、代数系列、分析系列、几何拓扑系列等。这些课程由浅入深，具有极强的贯穿性，每个系列的基础课程学不好，就很难深入下去。课程的贯穿性在人文社科类学科上表现得不是特别明显，但在科学和工程类学科上会很明显，在数学课程中则更为严格。数学系教师对本学科教学，尤其是研究生教学具有更大的自主权，他们可以根据自己的专业知识和意愿进行教学。相比较本学科的教学，为其他院系开设数学课的教师则会更加谨慎和有规划性。其他院系学生对数学课程的要求相差很大，在通常情况下各院系会提出具体要求，由数学系制定教学大纲，并与工程学、生命科学和商科等学科进行沟通，不同院系的数学教学大纲都会有所不同。在给这些院系的学生开课之前，数学系都要对教师的课程大纲进行审查，教师已经失去了对教学内容的控制权。最重要的是，这些学生的教育背景和水平有着明显差异，教师必须兼顾各种类型和层次的学生，否则就会招致来自学生的投诉。一位教授说道："没有招致投诉的教师不是很多，学生会直接在课堂上或者发邮件表示不满，或者直接向系主任投诉。理由五花八门，口音、语速、内容、教学方法等都会成为投诉的理由。"

第三节　学术工作内涵和价值调节

在教学和跨学科学术日益重要的情况下，数学系扩展了发现学术的内涵，在教师评价中显著提升了教学和跨学科学术的价值和地位，以此达到扩展数学应用价值的目的。

一　教学价值的提升

教学价值的提升主要体现在数学系已经允许教学卓越的教师拥有获得终身教职的资格，一些教师开始通过提供高质量的教学而获得晋升；其他教师在学术上如果没有达到明星级别，就必须通过强劲教学来获得晋升资格，教学已经成为教师不可懈怠的工作。教学价值的提升主要来自两方面的动力：首先是对资源的依赖，数学系因为缺少研究经费的支持，所以教师不得不依靠开设可观的数学课程来弥补经费的匮乏。在这种情况下，如果缺乏对课程质量的监督，就会导致注册人数下降，数学系教师的收入就会相应减少。"我们数学系的教学任务是非常重的，其实真正的原因是因为我们没钱，数学要获得经费是很难的，所以我们只能通过多上课来增加收入，我们必须提供高质量的教学。"即使在数学系这样大量依赖教学的机构，提升教学在评价中的地位也经历了漫长的演变过程，并不是所有的教师尤其是具有优秀研究能力和一些年长的教授都能够接受教学在重要性上应该和研究平等，或者可以弥补研究上的不足的观念。教学系教师在教学和研究上博弈是常见的事情，随着教学在教师工作中重要性的增加，很多没有获得科研资金或者在研究上表现不出色的教师，就会通过提供高质量的教学来完成职称晋升，尤其是从助理教授向副教授的晋升。系主任说：

> 当我刚来到这个学校的时候，教学在晋升中是个可有可无的东西，但事情在改变，改变的原因就是以前我们的资金大部分来自于科研经费，那现在大部分来自于学费。现在学校的经费大概18%来自于学生的学费，随着学费的增加，教学在教师评价中的地位也随之增加。政府对学校的财政拨款很早以前就开始下降了，尤其是我们数学系，你知道现在要拿到外面的科研经费有多难吗？如果我们还不提高教学的地位和教学的质量，就会处于生源不足的尴尬境地。这样的境地使我们在评价中承认和尊重一些教学十分卓越的教师。

其次，由于数学系较为灵活的平衡政策，教师在教学和研究之间可以相互转换。如果教师的研究任务加重，那相应的教学任务就会减轻，反之亦然。对那些研究成就不是特别突出的教师，获得晋升的唯一途径必然是提供卓越的教学。在资源压力和转化机制的鼓励下，有一些教师会选择通过卓越的教学和强劲的研究来实现晋升，即用高质量的教学弥补研究的不足。由于教师在教学和研究上的时间分配有很大的差异，因此在评价中教学的权重会根据教师在教学和研究上所分配的时间和精力而定，并没有统一的权重分配，这让很多教师在晋升中可以有更多的选择余地和为自己辩护的机会。由于数学系在教学中独特的地位和作用，以及缺乏资源的现实，为数学系保留在教学上极为卓越的教师也逐渐得到更多教师的赞同。每年，系主任都会针对教师前一年的教学和研究情况对教师下一年的工作进行调整，这已经成为数学系的惯例。一位在数学系和文理学院都担任过晋升委员会委员的老教授这样描述他在工作上的转换以及数学系在转换教师工作任务上的机制：

> 每一年教师一般需要教授三门课，但新教师在第一年和第二年所教的课是可以商量的。年轻教师在第一年教两门课，第二年教两门课也可以商量。两年后，一般每位教师最多可以教四门课，如果有研究项目则可以带三门课。如果有人在研究上停止了，不再有研

究产出，我们就会让他多教课。每年总有5—10个人我们会给他们增加课时量，有的可能要上5门课。如果有人在一年内发了两三篇文章，我们就可以断定他在做研究，可以相对减轻其教课的负担。我每年给自己定的研究目标是三篇论文，但如果是长论文，我就会减少这个数量；如果是短而精的论文，我就会增加发表的数量。一般在夏季我会花更多的时间来做研究。我在研究和教学上的分配主要还是看我的研究工作量。有时，我会花整个学期来部署我的研究计划，有时在这个学期我会花大量的时间在教学上，当然还包括一些教学研究。我记得有一年我的课程增加到了四门，这是最高限了，只有那些没有任何研究产出的教师才会被安排5门课。最近我一直试图每周至少做一些有关数学教学的研究，虽然它并不是系里面要求的或者我必须做的。总之，教学任务量的增加或者减少，实际上还是由研究决定的，没有人在研究型大学会真正放弃研究而依靠教学获得晋升，一旦研究任务增加，他们自然会减少在教学上所耗费的时间，但每年我们总有很多教师的研究产出不是很高，他们可以有多余的时间来从事教学。当他们发现他们没有信心让自己的研究成果获得所有教师的认可时，他们就会通过高质量的教学来弥补这方面的差距。

二　"研究"的内涵扩展和价值

发现学术依然是数学系最重要的使命和职责，尤其是对于纯粹数学领域的教师来说，他们只能通过发现学术来体现研究的价值。但是数学系存在一个比较复杂的情况，传统的纯粹数学研究领域和新兴的应用数学领域还是存在隔膜的，没有达到完全的融合。从整个数学学科发展来看，从事纯数学和应用数学研究的教师并没有地位上的差别，尤其是在近二十年里，数学在其他学科的应用已经解决了很多重大难题，应用数学的地位已经今非昔比。但由于历史和其他原因，纯粹数学和应用数学在各个系的地位还是存在差别的，一位研究纯数学的教授说："不能一概说做纯数学的比做应用数学的地位要高，还是要看具体的系，比如说你在搞应用数学比较多的系，那他们的话语权可能就比较大一些，那在搞纯数学比较多的院系，那可能搞纯数学教师的话语权就大一些，有的时候两方还是很好相处的。"由于 I 大学的数学系在传统上一直致力于纯粹数学研究，教师在接受纯粹数学创新，尤其是重大理论创新上，没有任何困难，现在处在教授一级的教师大部分还是从事纯数学研究的。应用数学研究相对较弱，因此在晋升中难免会出现更倾向于重大数学理论的发现学术，为了体现评价上的公平，数学系已经通过对晋升委员会选举制度的改革来解决这个问题。

数学系经过十几年在应用数学上的建设，跨学科学术还是得到了教师的认可。在应用数学研究领域的教师中，跨学科学术已经成为他们将研究和发现学术融为一体的学术形式，教师都会在相应的学科领域研究数学的应用，但是因为传统的转变是需要几代人努力的，一百多年的纯粹数学传统并不会在十几年里就消逝。那些从事纯粹数学研究的老一辈教授在应用数学和跨学科学术上涉及都较少，所以对跨学科学术的认知和重视并没有年轻教师那样开放，他们依然崇尚数学的本体价值，就像其中一位年龄较大的教授所说的："数学是一门绝对理性的科学，抽象的科学，它是自由的。"在晋升中还会出现纯数学领域的教授对以跨学科为主要研究路径的应用数学提出质疑的现象，尤其是当应用数学提供的证据并非独立发表的文章，而是以其他新型方式呈现的时候，就更会引起晋升委员会中偏向纯粹数学研究领域教师的质疑。其中一位在数学系工作了二十多年的老教授表达了他的观点："我们系现在正在积极地推动教师与其他学科进行跨学科合作，但是做跨学科研究还是有一定风险的，我们要看每一个案例的具体情况，并不是所有跨学科研究成果都能够被接受。"

整个数学学科的发现学术已经给予纯粹数学和应用数学创新成果同等地位。美国数学联合政策委员会在论及纯数学和应用数学在教师奖励系统上的地位时写道：

> 教师奖励系统在纯数学和应用数学上不应该有地位上的区别。很多计算和应用数学的研究在本质上和传统数学研究一样，都是致力于新理论的建构。但是，这些非传统领域不同寻常的特点是他们活动的领域并不在传统期刊上，而是比如需要花费数年时间在大型计算机编码上，主要用于模拟研究和涉及决策，其传播途径也并非

传统性的期刊，所以教师奖励系统必须注意这些非传统学术形式的兴起。①

这种趋势也在 I 大学数学系得到了体现，但对于老一辈教师来说，在研究行动上的转变和定式思维的扭转是比较困难的。在评价中，他们往往对跨学科的研究成果采取更为审慎和严格的态度，而对于中青年教师来说，不管他们是否进行跨学科研究，对这种学术形式都抱有极大的鼓励和赞赏态度。跨学科学术正在通过教师的代际更替和具有跨学科研究能力与知识的新教师补充而达到更高的水平。跨学科学术已经成为数学学科未来生存和发展的趋势，这种观点在整个数学共同体中已经达成共识。I 大学数学系也正在改变传统，一方面鼓励纯粹数学和物理等学科领域的合作，并将研究成果向应用性转化；另一方面通过应用数学实力的增强与其他学科共同开辟新的合作渠道。系主任这样描述道：

现代数学已经发展到不再被动地解决科技进步中的难题，而是直接以工具性品质参与到人类各个知识领域中，帮助社会解决发展中的难题。当近二十年来大力发展应用数学后，我们惊奇地发现，很多跨学科研究成果已然超越了原来和物理、化学等学科的合作。其他很多学科比如经济学、语言学、心理学的学者也在积极寻求和我们的合作，甚至我听说前几年还有一位历史系研究考古的专家想要我们的一位老师帮助他们解决一些与几何相关的问题。我们所有的教师都清楚，数学的应用性以及与其他学科合作是未来数学发展的必然趋势，即使是纯粹数学领域，原来几乎毫无用处的数论、拓扑学这样极为抽象的分支也在密码学、卫星信号传输、计算机科学和物理学中得到广泛的应用。尽管我们还需要时间去探索如何让纯粹数学和应用数学两个领域更加融合和相互理解，但这种趋势和信念在我们这里已经得到了广泛认同，教师们也正在向着这个方向

①　Robert M. Diamond, Bronwyn E. Adam, *The Disciplines Speak: Rewarding the Scholarly, Professional, and Creative Work of Faculty. Forum on Faculty Roles & Rewards*, Washington: American Association for Higher Education, 1995, p. 56.

努力。

三　社会服务的内涵和价值

　　参与和扩展服务的概念在数学系并没有得到认可，教师们始终认为他们所参与的对外服务主要指专业服务，即教师在学校和院系以及专业行会的服务工作，除了对系里还有学校的服务外，教师们也会主动组织共同体内的专业会议，担任杂志的编委或委员会的相关职务。对于公共和大众数学教育服务，即公共通识教育的服务，教师则很少参与，但也没有将这一部分工作排除在参与和扩展活动之外。在教师的潜意识中这并不是他们服务工作的一部分。在谈到为何数学系并不注重公共和大众数学教育服务的原因时，受访者提到了一个共同的原因，即他们的研究太高深，不适合做公共数学教育，而且对于如何推广公共数学教育应该是非研究型大学教师所做的事情，或者应该由专门进行 STEM 教育的学者来做，这些并不在研究型大学数学系教师的工作职责之内。作为研究高深数学的单位，他们从来都不认为 K－12 数学教育和研究 K－12 数学教育的教师是共同体中的一分子。一位四十多岁的男教师这样描述数学系教师为何很少涉及公共和大众数学教育：

　　　　我们系的教师大多从事的是高级数学研究，如果你让他们去中小学或者其他学校讲授基础数学知识，我想，他们未必会比其他人讲得好。这有一个很有趣的例子，这个例子并不是发生在中小学，而是发生在大学，这是我们在探讨教学的时候有位教师讲的。这位教师被教育学院邀请去上回归分析的课程，有一次有位学生直接向他指出：Xx 博士，您好像讲错了。的确，是我们的老师讲错了，但不是因为教师的水平低，而是对这种基础的课程，他已经疏离了，所以他开玩笑地跟学生说："哦，对不起，我已经很长时间没有讲过这么简单的课程了。"大学课程尚且如此，又何况中小学数学呢！说实话，我们对公共和 K－12 数学教育知之甚少，当然其他一些学校的数学系专门有培养中小学数学教师的课程设置，但我们系哪怕是本科教育，也不会专门培养中小学数学教师，这只是学生的就业兴趣，而不能作为课程设置的标准。我们有我们应该服务的领域，我们需要把我们的专业知识用到最合适的地方，难道不是吗？

数学系较为传统的参与和扩展服务一直处在较低的价值链条上。除了在政策上会有一些关于专业服务的要求外，在资源、时间等方面都没有相应的支持措施。对于从助理教授向副教授晋升的教师，即获得终身职位过程的教师，数学系并不要求教师提供服务的相关信息，甚至为了让年轻教师能够在学术生涯中得到很好的发展，教学系会尽量减少教师的服务活动，让他们专心致力于教学和研究；而从副教授向正教授晋升的过程，则必须提供足够的服务证明。数学系比较特殊的地方是对研究生的指导被当作院系服务的一部分，虽然它介于学术和服务之间，但数学系因为缺少研究经费，助理教授这一级的教师可以不带研究生，进行独立研究。研究生尤其是博士生的培养费大部分由系里负担，所以研究生并不是导师独有的人才资源，而是数学系共同的资源，导师只是代表数学系对其进行培养。所以对研究生的指导也被看成是专业服务的一部分。一位华裔男教师准确地描述了数学系服务的情况：

> 数学系的服务就是这个样子的，从助理教授到副教授，我们对服务是不要求的，甚至是要减少青年教师的服务活动，让他们有更多的时间发展他们的生涯，让他们更专注于做出好的研究结果，这些比服务重要得多。但是，如果你是从副教授晋升正教授的话，那我们就要看你是不是有一些对系里和学校的服务贡献了，这时候，我们就要看你是不是有博士生，但是，从助理教授到副教授，我们是不看你有没有博士生的，而有的系从助理教授到副教授还是要看有没有博士生的。指导博士生在数学系应该属于服务的范畴，因为带学生是在为系里做贡献，但是对博士生的具体指导，我们又会将其视为学术的范畴，更偏向于教育。

第四节　数学系的教师评价方式与晋升

一　教学评价：学生权力与同行权力

在教学评价中，数学系的学生评价和同行评价都扮演着重要的角色。

尽管学生对数学的需求在增加，但是数学系一直保持着对学生评价的清醒认识，严格执行以同行评价制约学生评价的传统，尤其是在本系本科生和研究生教学上，对学生评价结果的使用更为谨慎。学生评价的效度和信度一直饱受质疑，但因其直接性、便捷性和经济性等特点，而被众多高校所接受。数学系教师对标准化的学生评价采取了既应用又警惕的态度，对标准化的学生评价的分数不能一概论之，教师背景（职称、个性、表达能力）、学生背景（选课动机、预期成绩、期望、性别）、课程背景（班级规模、课程水平、课程难度和学业负担）等都有密切关系。[①]面对如此复杂的学生群体，数学系对这些因素所导致的不公平性进行了最大程度的控制。根据学生背景和课程背景，数学系对学生评价的分数进行严格区分。数学系在对待学生评价上，极具"数学"特色。当学生评价的数据收回之后，数学系学生的教学评价负责人就会根据数据进行分析。数学系会对教师所教的课程——研究生课程、本科生课程、其他院系的数学课程和更为高级的讨论课进行统计。数学系对教学的评价是"基于课程"模式。负责学生评价数据统计的管理人员会将同类课程形成一个参数，这个参数就是历年来这门课程的平均值，然后再把教师在此类课程上的学生评价分数和这个平均分做比较，在对比各门课程之后，每位教师会自然形成一个学生评价的课程参数表。比如研究生的课程平均分是 4 分，教师得了 3 分可能就算低分，但是，如果 3 分在微积分的课程上，就会算高分。因此，在数学系，尽管学生的评价权力得到了最大程度的履行，但是并不盲目地以绝对分数作为评价教师课堂表现的准则，而是更加科学地以课程类型作为判断的依据。

在一般情况下，研究生课程的分数普遍比较高，大部分研究生在学习高级数学课程时，更追求课堂的教学内容、教师的学术成就和研究经验的传授，而对教学形式上的东西要求较低。大部分研究生比本科生和其他专业的学生更为理智，同时"教师对研究生的课程更为认真，学生可以明显感觉到"。本科生的课程分数差别较大，高年级学生的评价会稍高。数学系对高年级实行小班教学，小班教学可以使学生和教师之间有足够的时间进行交流和互动，从而达到相互理解和知识有效传递的目的。

---

① 饶燕婷：《美国大学学生评教的影响因素研究述评》，《比较教育研究》2009 年第 8 期。

低年级的课程或者大课，比如说微积分，一个大班200多个人，教师本身和学生接触和交流有限，加之低年级学生相对比较年轻，思维和想法更为活跃，这些都会导致他们在进行教学评价时给教师相对比较低的分数，只要学生在学习中没有达到预想的效果，教师的课程评价分数就会受到影响。学生群体的多样性导致的标准化评价分数相比较以前更为复杂。所以，面对学生评价，不仅要区分学生背景和课程背景，而且要加强同行评价在教学评价中的作用，以减少学生评价所带来的不公平和偏颇。

在数学系，教学同行评价的主要方式是基于督导的听课制度。督导一般是由和新进教师研究领域比较接近的高级教师担任。督导听课制度是希望通过高级教师与新进教师的长期交流、对他们的观察和辅导，既能够在日常教学中对新进教师提供教学帮助，又能够为新进教师晋升提供充足的教学证据。建立在日常细致观察上的证据会弥补学生评价对教师教学情况认知的不足。在教师进入学校的前三年，督导会经常到新进教师的课堂上听课，然后形成听课记录报告，交给系主任，一方面将之作为新进教师教学改进的建议直接反馈给教师，另一方面作为新进教师晋升的证据。尤其是在中期考核中，系主任和督导会根据学生评价分数和听课报告，分析教师在教学上的问题，防止出现在晋升中因为教学问题而被停止晋升资格的情况发生。督导不仅要对教师的课堂情况进行指导和观察，还负责教学材料的考核和课程设计等问题。督导听课制度是一种集培训和评价于一体的制度，督导要对新进教师课程内容的选择和掌握、课程组织结构、课程目标的适切性、教学材料、考试方式等进行全面的指导和评价。① 它弥补了在学生评价中只见结果不见过程的评价缺陷，为教学档案袋的完善提供了重要而充足的证据。在学生群体多样化和数学学科发展的大背景下，同行评价又多了一个重要功能，就是探索对教学创新的评价。以前，在教学评级中极少对教学创新提出更多的要求，但是随着教学学术的发展，教学创新对满足学生群体的多样需求具有重要的作用，教学创新是衡量教师教学水平非常重要的方面，但是在这方面很难收集数据或者用标准的方式衡量。从目前发展来看，同行评

---

① 陈瑜：《美国大学教师评价中的同行观察初探——以得克萨斯大学为例》，《教育与考试》2011年第4期。

价是能够发现和客观评价教学创新的适当方式。一位晋升委员会委员说：
"我们知道发展一门新的课程和创造新的教学方法有多重要，所以在评价
中数学系正在努力把这些东西都加进来，并且在探索好的方式去评价这
种教学创新。"当学生评价和同行评价出现矛盾时，晋升委员会通过对同
行评价提供日常教学记录以及重新召集学生进行听证等方式来判断两方
结果的客观性和公平性。

二 研究评价："文章天大事"

在对应用数学进行扩展之后，数学系教师的研究领域非常广泛，基
本上涵盖了数学学科的所有分支，这让评价变得更加复杂。数学学科各
研究分支之间的差别很大，所以在同行评议上，外审专家的选择范围非
常广泛，"获得晋升的人应该是他所在的研究领域中有潜力的学者之一"，
教师们通常会这么认为。数学是一个非常国际化的学科，一位在数学系
颇具声望的教授说道："只要出现了新的成果，全世界都会知道，你不必
让所有的数学家知道你是谁，但是在你这个领域你需要让其他人都了解
你的研究。"数学系的候选人需要有5—6封同行评议的信件作为晋升依
据，外审专家必须是候选人研究领域的专家，与候选人研究领域相近。
由于数学系在研究领域上比较广泛，因此在选择外审专家的时候，学校
并不作为主要考虑的因素。在很多研究领域，一些顶尖的专家并不在知
名大学之列。候选人的学术档案袋内包括发表的文章、所获得的基金项
目、重要的会议演讲等。外审专家主要通过候选人的同行评议文章判断
候选人的学术是否达到了该研究领域同辈教师中的先进水平。

在数学学科的学术评价中，文章的发表依然是最受重视的证据。
2008—2013年，数学系教师在数学顶级同行评议上发表论文1000多篇。
在数学系，重要的期刊分为两类：一类是得到了整个数学共同体认可的
顶级期刊，在上面刊登的论文必须是解决了数学领域重大问题的研究成
果；另一类是各个研究分支的期刊，在上面能够发文说明教师的研究成
果在所在研究领域处于最前沿的地位。数学系在认可期刊的范围上也随
着教师研究领域的扩大而更加多样化。从一开始只认可整个学科领域的
顶级期刊到对各个研究分支权威期刊的认可，都体现了数学系在评价教
师学术水平上更加科学和多样化的标准。数学学科并不重视所谓的 A + 期

刊或者 A 类期刊，也不会用 SCI 和影响因子，或者引用率去评价一个学者的学术水平高低，只要在教师所在研究领域里面被同行认可的权威期刊，都会得到同行和委员会的认可。数学系主任指出了为何期刊等级和影响因子不作为教师晋升的依据：

> 在四五年前看了他们关于数学期刊的排名，有一些非常优秀的顶级期刊的影响因子只在 2 以上，但它们依然可以排在 A 的等级，有一些 A + 的期刊，影响因子也在 2 左右，很多期刊在 A 或者 B 的等级，它们的影响因子都在 0.7 或者 0.8。当然，还有一些期刊的影响因子在 5，所以用影响因子去比较所有数学家的成就是非常糟糕的，影响因子对我们数学学科来说没有任何帮助。即使在数学这个学科内，也是有很大区别的。我们系的两名教授，我可以非常容易地比较这两名教授的谷歌学者信息，我也可以很容易地在数学科学中比较他们的数据，你可以很清楚地看到这个教授发表的文章是另一个的四倍甚至五倍，引用率是另外一个的三倍，但这两名教授在他们所在的领域都被认为是顶级教授，即使在数学学科内，我也不能用发表的数量和引用率来决定教师的晋升，所以发表和引用率要看不同的领域，他们的发表是不是在所在领域是出色的。在有的领域他们的发表和引用就是比其他领域要高很多，所以在不同的研究领域，发表和引用相差非常大。这两名教授虽然在发表和引用率上相差很多，但是在我们系都是顶尖的教授，只是他们研究的领域不同而已，我不能根据他们的发文数量和引用率来说这个教授就比那个教授好，这是不公平的。

在数学学科，基金并不是教师晋升的主要依据。尽管数学在科技和数据上的应用和贡献比任何时期都大，但就像前文所提到的，数学是一个隐形功臣，在基金的资助上并没有很大改观，对数学系的基金支持还是主要来自 NSF，但资助量并没有随着数学功能的增加而增加，近十五年来一直保持在每年 2.5 亿美元左右，而其他企业或者工业资助更少。① 数学系不会以基金的多少来衡量教师的学术质量，但是，如果获得 NSF 基金则是一个重要的表现，说明教师研究的主题得到了同行的重视。数学学科非常注重在国际顶级会议上的发言，有一些教授没有获得晋升就是因为他们没有在重要会议上发言。世界上非常有声望的会议，比如国际数学家大会，每四年只有 200 多个数学家会受到邀请，能够受邀在这种等级会议上做主题报告，则被认为是研究成果得到了世界数学共同体的认可。随着应用数学在数学系的扩展，以及跨学科学术的发展，与其他学科的合作所产生的创新性成果和专利也进入了评价档案袋，但是对非论文成果的判断和认可，数学系依然处在探索阶段，并没有达成共识。一位较年轻的数学教授这样说道：

> 我想，可能对于大部分学科来说，文章是原创性研究最重要的表现方式，数学学科也不例外，尤其是做纯数学研究的教师们；但我们也逐渐将其他好的形式纳入进来，这需要时间，而且这些表现形式还需要考证，比如在会议上提交的论文，如果是非常严格的同行评议，而且提出了创新性的观点，我们当然乐意接受，但是在一般情况下，是不能作为原创研究的有力证据的；随着数学在其他学科领域的应用，也会有数学系的教师在科技上有所创新，但是你知道的，现在数学和其他学科的合作还有一个重要的问题，就是我们的工作很容易被忽略，当产品和成果出来时，数学的贡献是根本看不到的，它融入过程中，但结果却不显现，所以我们也一直希望在这方面有所突破。为了发展跨学科学术，我们还会和其他系联合聘任教师，会根据他的研究领域确定在两个系的工作量，一般情况下是 50∶50。对于联合聘任的教师，聘任两方单位会单独成立委员会进行讨论。

---

① Scott Freeman et al. , "Active Learning Increases Student Performance in Science, Engineering, and Mathematics," *Proceedings of the National Academy of Sciences*, Vol. 111, No. 23, 2014, pp. 8410 - 8415.

三　服务评价：以专业服务为主

在数学系并没有专业人员对服务进行评价。教师服务的专业行会或者院系也不会提供相应的质量证明，只有靠晋升委员会成员根据候选人提供的服务清单来判断其服务是否合格。数学系以专业服务证据为主的评价方式主要取决于两种原因：首先，数学学科的知识特性决定了教师更多地参与学校、院系和专业行会，而非公众，数学知识并不像工程学科或者农业学科那样，可以直接帮助工商业团体和农民去解决现实中的问题，所以与公众的接触机会相对较少；其次，被全国学术委员会视为数学共同体职责之一的中小学数学教育在 I 大学的数学系并不被认可，一所研究型大学的数学教师无论在知识结构还是在教学方式上都不适合公共数学教育。所以在参与和推广服务上，数学系并没有很大的发展。在这种认知和价值观指导下，无论是教师本人还是晋升委员会都不会将参与和推广服务作为改革的主要方向，增加参与和扩展活动在教师评价中的价值以及评价方式既不能给数学系带来任何声望，也不能带来任何利益，而公众对数学的直接需求并没有工程学和农学等应用学科那么大。在既没有内部动力又没有外部压力的环境中，对于教师来说，也只是可有可无的学术工作，尤其是对处于早期职业阶段的青年教师来说，他们并不希望将更多的时间耗费在对晋升没有帮助的目标上；对于需要晋升正教授的教师而言，只要提供充足的服务证据就可以了，并不需要对证据做出特殊的说明。所以，专业服务的评价并不注重质量，而只看重数量。

四　数学系教师评价标准和晋升决策

数学系实行的是在 Chair 领导下的委员会制度，执行委员会是运行的核心，由六名成员组成，每两年选举一次，执行委员会主要负责重大决策和政策制定，包括教师聘任政策和根据教师年度绩效评价决定教师薪酬。执行委员会并不直接负责教师的晋升和终身制评价，它的任务是根据数学系内部章程，选举出晋升评价委员会，并监督该委员会的一切行为。晋升委员会一共有 10 人，加上 Chair 是 11 人。晋升委员会由执行委员会任命，任命方式在 7 年前进行了一次改革，由原来两年一次改为每一年轮换掉 5 位成员，轮换的依据是必须保证晋升委员会中至少有 名成员和当年申请晋升的候选人研究领域相同或相近，这样做的目的是保证提供关于候选人的有效评价信息。由于数学研究领域的不断分化和交叉，两年一换的晋升委员会任命方式出现了弊端——晋升委员会所有成员没有一位来自某位候选人的研究领域，这就为晋升评价带来了困难。为了解决这个问题，数学系在其某个研究领域还没有正教授的时候，主要依据外审专家意见或者由系主任邀请校内其他与候选人研究领域相近的正教授参与评价。随着数学系相关研究领域正教授的增加，在晋升委员会中就开始以每年轮换掉 5 位成员的方式，保证委员中拥有每位候选人所在研究领域的成员。

在研究评价上，委员会首先关注的是外审意见中有没有负评价，如果没有任何负评价，候选人在学术上会得到委员会的一致认同；如果外审信中出现负评价，委员会就会针对负评价进行讨论。在通常情况下，如果其中一名外审提出的负评价并没有得到其他外审专家的印证，委员会将判定这个负评价不公正，会忽略这位外审的评价；如果有两个人或者更多的外审专家认为候选人在某个方面比较弱，就会使得委员会的成员在投票中有所顾忌。负评价也分等级，如果只是指出候选人在研究中的细节缺陷，委员会通常会在评价后对候选人提出改进要求；但是如果出现类似这样的语句："工作毫无意义"，即使只有一封这样的外审评价，也会导致委员会在投票中出现分裂。在数学系，如果不是严重的负评价，即使有两封以上对研究细节提出质疑的负评价也不会对候选人的晋升构成威胁，委员会成员并不会以某个细节来断定教师学术的优劣，但严重的负评价则会导致候选人在委员会投票中被直接否决。

教学评价在数学系教师晋升中十分重要，但由于教学评价的模糊性和多样性使委员会成员在评价中发生的分歧和冲突比较多。在学生评价上，按照数学系对各类课程给出的参数评价教师的教学情况。如果教师的大部分课程都处在平均参数之上，那么，其教学就会得到委员会的一致认可，但如果大部分课程都处在平均参数之下，则需要参照督导听课记录来判定这名候选人的教学是否合格，通常，在这种情况下，学生评价和听课所提供的数据并不矛盾，学生认为不好的课程，在听课记录上也不会很出色。如果学生评价和听课记录产生冲突，委员会就必须认真调查是什么原因导致了听课和学生评价的不一致，然后决定是采用学生评价的意见还是督导听课的意见。在数学系也会出现教师为了讨好学生，而在期末考试上给大部分学生 A 成绩的情况，但这种方式会招致很多学生的反感。一位教授认为："学生对于这种收买方式是不买账的，尤其是那些认真学习的学生，他们认为这不公平。"尽管很多数学系的教授并不认为学生评价是决定教学好坏的唯一方式，但是"如果学生给你的评价都很好，也是可以说明事情的，如果给你的评价都不好，同样是可以说明事情的。"因此，参数之上的学生评价分数依然是让委员会达成教学评价共识的关键，如果处在参数之下，委员会成员就会产生冲突，要依靠更详尽的调查来决定候选人的教学是否达到晋升标准。如果候选人在教学评价上的表现十分卓越，被学生、同行和委员会成员一致认定为优秀的教学，即使教师在研究评价上有一些缺憾，依然可以获得终身教职。

当晋升委员会对候选人所有的晋升资料分析完毕之后，包括系主任在内的 11 位委员会成员就要进行投票。虽然数学系实行的也是 Chair 领导下的委员会制，不存在 Chair 的独立评价和委员会成员投票相冲突的情况，但是如果委员会 10 名成员出现了投票分化的情况，则最终将由系主任决定是否将候选人的案例递交给学院。数学系对投票分化是持十分宽容态度的，即使是在出现 6 票不同意 4 票同意的情况下，系主任还是可以将案例送交学院，但被学院否决的概率很大。当出现 6∶4 的情况时，如果出现在从副教授到正教授的晋升上，系主任一般会建议候选人过两年再重新考虑，现在时机还不成熟；如果是获得终身制教职，系主任就会写上送交学院的缘由，因为终身制评价涉及候选人的去留问题，那么就会更加严肃地对待。因此，在委员会对候选人的投票中，系主任会在 6∶4 的情况下决定是否将候选人的案例递交学院，但即使出现 5∶5 的投票分化，数学系委员会也会赞同将案例递交给学院，但这种案例在数学系所在的文理学院属于临界案例，学院委员会将花很长的时间来研究临界案例。如果委员会成员并不了解候选人的研究情况，他们就会要求系主任或者院长来做解释，一般，在这种情况下案例都会被否决，除非系主任或者院长给出了充足的晋升理由。

在数学系，教师对于候选人的晋升形成了四种模式：卓越研究 + 卓越教学，卓越研究 + 强势教学，研究明星 + 一般教学，强势研究 + 卓越教学。由于数学系对教学独特的需求，因此数学系是允许一个在教学上十分卓越但在研究上稍弱的候选人得到晋升的，尤其是从助理教授到副教授级别，这也体现了教学对于数学系的重要性。

第五节　小结

数学被认为是硬—纯学科中十分古老的学科之一，是探索模式和关系的科学，作为一个具有高理论性倾向的学科，数学所探索的是抽象概念之间可能存在的关系，而不关心这些抽象概念是否在现实世界中真实存在。在学科范式的统一性上高度集中，数学家无论在"概念图示"还是"范例"上都具有库恩所认为的科学范式特征。数学被称为"世界性语言"，是以数字为基础的高度抽象的逻辑语言为特征的研究范式。数学学科曾经在很长时间内强调知识的本体价值，随着社会对数学需求的增加，数学知识的社会价值日益彰显。现代数学学科的发展表明，无论是其他以数学为语言基础的学科，还是社会本身对数学知识的需求，都让数学的价值倾向从本体价值向社会价值转变。数学研究成果的周期性相比较其他应用学科也更漫长，尤其是从事纯粹数学的研究者，但随着应用数学在其他学科的应用及与之的联合，很多从事应用数学研究的学者发表速度快于从事纯粹数学的研究者。

数学系功用外显行动意向的生成源自数学系成员对时代需求的回应。大科学和大数据时代将数学推向了新的繁荣，引起了学科文化的重大转变。社会对数学的需求之大让数学系不可能紧守传统，继续以本体价值为导向的纯粹数学为主体，而是抓住机遇，对共同体的学科结构进行改造，积极发展数学学科的社会价值，从一个以纯粹数学为主的学术组织转变为纯粹数学和应用数学并重，并鼓励二者相互融合的学术组织。在顺应时代需求的过程中，数学系做出了两个重要转变：大力发展应用数学和以不同学生群体需求为导向的教学。

数学系在学科文化和功用外显的引导下，教学价值得到了显著提升，学生对数学需求的增加和重视，给数学系带来了更大的问责压力。数学系之所以在教学价值上可以提升，一方面是因为数学系对学生注册人数和学费的依赖；另一方面是因为所承担的教学任务需要更多具有高质量教学水平的教师，对资源的依赖和学生对数学课程的要求共同加强了教学在晋升中的价值，使得一批在教学上拥有卓越水准的教师能够将教学当作晋升的首要奋斗目标，而且能够得到其他教师的赞同和尊重。研究的内涵得以扩展，跨学科学术被更多的教师所认可。以应用数学为代表的跨学科学术正在蓬勃兴起，这种趋势也得到了纯粹数学研究领域教师的认同，但对于老一辈教师来说，在研究行动上的转变和定式思维的扭转是比较困难的，数学系正在通过代际交替来实现跨学科学术价值的进一步提升。数学系的专业服务一直处于较低的位置，对于需要晋升终身教职的助理教授而言，并不要求他们进行服务活动，而是可以将更多的精力放在学术和教学上。

在对教学评价上，数学系以同行权力制衡日益增长的学生权力。学生评价的 ICES 分数被作为教学质量的重要证据，但并不会给评价分数一个基本线，而是根据不同类型课程的平均分参照系给出的参数而定；督导的听课记录作为教师教学评价的另外一个重要证据，并用来和学生评价做对比；在研究评价上，同行评议是最主要的方式，不同研究领域内权威期刊的文章是教师提供高质量学术的有力证据。随着应用数学在数学系的发展，其他非文章类的证据也在增多，数学系还在探索对非文章类证据质量的评价；NSF 基金和国际数学家大会的演讲等具有标志性的事件也被认为是学术影响力的表现，在教师晋升中具有重要作用。在参与和扩展服务评价上，只需要提供足够的服务证据即可，并不对质量进行评价。由于数学研究领域的不断分化和交叉，两年一换的晋升委员会任命方式被以每年轮换掉 5 位成员的方式所替代，以保证委员会中拥有每位候选人所在研究领域的成员。数学系在晋升路径上形成了四种方式：卓越研究＋卓越教学，卓越研究＋强势教学，研究明星＋一般教学，强势研究＋卓越教学，其中以教学为首要晋升标准的选择成为现实。

第五章 工：机械系教师评价的"开放适应"

机械工程是工程学的鼻祖，最早可以追溯到工业革命时期，新的机器制造催生出机械工程学，并成为工程学中较大、较受欢迎的学科之一。机械工程主要涵盖了声学工程、航天工程、声频工程、自动化工程、制造工程、海洋工程、核工程和热能工程等门类。I 大学拥有强大的工学院，仅机械工程学科之下就有机械科学和工程系（简称"机械系"）、航天工程系和核能、等离子体和辐射工程系。本章选取 I 大学工学院最大的和历史最悠久的学科组织机械系为案例，分析机械工程学科在全校教师评价改革中的应对行动。

第一节 "机械"的学科文化

机械工程是利用工程、数学、物理和材料科学的原理去设计、分析、制造和维持机械系统，是工程学中最古老和最宽泛的学科，是一门典型的硬—应用学科，学者们给予专利和论文发表同等重要的地位。机械工程学是一门应用学科，其理念就是通过力学、运动学、热力学、材料科学、结构分析和电力等核心概念，运用计算机辅助设计和产品生命周期管理等设计和分析工业设备和器械、加热和冷却系统、运输系统、飞机、传播、机器人、医疗设备和武器等。作为硬—应用学科的代表，机械工程具有极强的目的性和实用性，特别关心对物理环境的掌控，其学科的最终产出是产品或者技术。比彻在采访机械工程的教授后认为："工程师总是给人一种刻板印象。他们特别强调实用性和实用价值；他们往往因为

'与现实接触'而受到尊重。"①工程学和物理学、生物学一样，其最终的证据是通过实验来完成的，其贡献是事物本身，即现实的呈现，而不是事物被认为是什么或猜测是什么。工程学科在培养人才时，非常强调专业资格和专业实践中的经验，有时对专业资格的认可度高于博士学位。现代机械工程已经突破了传统的学科疆界，形成了和其他学科彼此交叉的局面，工程学各学科之间的界限已经非常模糊，这使得原来统一的研究范式被来自不同学科背景的范式所替代，这也是由于机械工程学已经成为一门更为宽广和全纳性学科的主要原因之一，机械工程学科领地不断扩大，其他诸多学科的研究范式被兼容进来。一个研究热力工程的教师可能并不了解一个研究材料工程教师的研究范式，"我们虽然彼此合作，但我并不知道他们是如何研究的，我们只需要共同分享研究成果，至于中间的过程，我并不关心，而且我也不懂"。

机械工程学的知识逻辑决定了应用性是其归宿，一位从事农业机械类研究的教授说："即使是一篇很短的文章，如果你能够清晰地说明应用的方法，并且能够在整个州得到应用，它的价值要远大于一篇被引用了很多次的学术文章。"由此可见，机械工程学知识具有明显的社会价值倾向，其存在和追求的目标就是社会应用性。但即使在如此强调应用的学科中，其研究方向也有一个标准的二分法——追求"工程科学"和追求"工程应用"，前者倾向于强调基本原则，而不是实际应用程序；后者则以牺牲理论研究为代价，强调技术和应用。机械工程学同样具有本体价值，机械工程学中并不是所有学者都追求社会价值和现实应用性，依然有很多学者从事偏向本体价值的工程科学研究，但不可否认的是社会价值依然是机械工程学的主流价值倾向，是学科得以生存的根本。因此，学术共同体给予文章和专利同样的地位，一个因受到社会应用而造福工业界或者人类的发明，其价值是不可估量的。社会需求是机械工程发展的动力，工程学与企业和工业界的密切合作让其对社会不断增长的需求反应更为灵敏和快速。

机械工程学科的教师具有创业精神和世界主义精神，所以他们重视

---

① Tony Becher, "Towards A Definition of Disciplinary Cultures," *Studies in Higher Education*, Vol. 6, No. 2, 1981, pp. 109 – 122.

职业价值和团队协作，知识和技术创新的速度决定着学科发展和教师地位与声望。机械工程学科的教授需要具备三种品质：创新、冒险和团队合作。创新是这个学科最珍贵的品格，创新涵盖了从轻微的质量改进到"尖端"研究和服务领域。创新是提高生产力和改善人民生活最有效的途径，没有创新，机械工程学就是一潭死水，无法给社会和工业做出贡献。①工程学的教授所做的是不同的事，他们不是将前人或自己做过的事再做一遍。很多企业和工业对经济发展的贡献依赖于工程学的创新和对知识的贡献。冒险精神是工程学教授区别于其他学科教师最显著的特征。每一次对新知识和新技术的探究就是一次冒险，他们就是在不断的失败和重新进行中完成一项项伟大发明的。团队是教师和学生尤其是研究生的身份归属，是研究的基本单位。现代工程学项目不可能通过个体来完成，团队成员之间的分工和合作，以及团队和团队之间的分工和合作是工程学项目的基本活动方式。②机械工程学随着跨学科研究的飞速发展，之前封闭式的团队实验室研究模式逐渐向团队实验室相互之间的合作转化，使教师之间的联系和交流更为紧密。机械工程是当今知识和技术更新最迅速的一门学科，其竞争性也十分激烈，机械系一位讲座教授说道："技术更新的速度相比较几十年前更加迅速，如果我的研究有一点放松，很快就会被别人赶上或者超越。"学者通常通过同行评议的期刊或者同行评议的会议论文来完成成果发布，而不是通过著作，他同样认为："著书的速度很慢，无法在短期内完成将成果公布的任务；著书对于大部分工程学的学者来说是在总结别人的东西，而不是创新。"

第二节　"开放适应"的行动意向

机械系对教师评价改革"开放适应"行动意向的生成主要来自现代工程学在发展过程中逐渐形成的开放品格，以及工程教育的全面性。机

---

① Joshua Gans, Scott Stern, *Assessing Australia's Innovative Capacity in the 21st Century*, Melbourne: Intellectual Property Research Institute of Australia, 2003, pp. 3, 8, 52.

② Anne-Françoise Gilbert, "Disciplinary Cultures in Mechanical Engineering and Materials Science: Gendered/Gendering Practices? " *Equal Opportunities International*, Vol. 28, No. 1, 2009, pp. 24 – 35.

械工程学是一门拥有开放疆界的学科，它跨越了学科疆界、基础和应用疆界以及大学和社会疆界。学科自发形成的开放品格让其更具有适应性，在工程教育上，美国工程学科长期坚持的全面工程教育观也为"开放适应"行动意向的生成提供了更为有利的条件。机械工程学在发展过程中的兼容并包让其可以更为广泛地接受不同类型的学术形式。

一　机械工程的开放边界

机械工程学科是一个开放边界的领域。在第二次世界大战中，美国联邦政府组成的研究团队在雷达、合成橡胶、青霉素、原子能等方面收效甚大，给了这个国家极大的信心：科学可以解决很多问题，联邦政府需要建立专项基金推动这项事业的发展。为了应对战争、危机和国家需求，国家科学基金会、国家卫生研究院等由联邦政府主导的基金会成立，实质上推动了美国大科学和跨学科研究的发展。[1]机械工程学是十分开放的学科之一，这种开放的边界主要体现在三个方面：跨越学科的边界、跨越基础和应用的边界，以及跨越大学和社会的边界。

(一) 跨越学科的边界

跨学科研究已经成为工程学科的一种常态，它打破了长久以来的学科疆界，学者们可以无缝跨越学科边界，探究更为复杂和令人困惑的问题。跨学科研究已经成为整个工程学科的研究传统，成为工程学科引以为傲的信仰。在研究者问到教师们为什么那么积极地投入跨学科研究之中这个问题时，得到了一个共同的答案：这是科技进步的主要推动力。一个学科或者研究领域的方法被应用到其他领域，是非常重要的创新力。没有跨学科研究，任何有价值的研究成果都将缩小它的影响力和应用性，减少研究成果的价值，降低研究成果造福人类的概率。对创新和科技进步的信仰成为美国跨学科研究发展的文化内核，研究成果被运用到多方面，改进人类生活已经成为教师进行跨学科研究的主要助力。工程学院的一位系主任在讲到教师为何要进行跨学科研究时的一段话让人深思：

---

① Norman Metzger, Richard N. Zare, "Interdisciplinary Research: from Belief to Reality," *Science*, Vol. 283, No. 54, 1999, pp. 642–643.

我们期望能够解决更多的超越我们本学科的问题。我们并不强制要求教师必须做跨学科研究，但是如果不进行跨学科研究，就失去了扩展研究的机会，失去了将自己的研究成果和外面其他学科融合的机会。换句话说，研究成果的应用性就会受到局限或者降低。我们已经进入了一个知识解放的时代，知识和技术的融合让越来越多的学者意识到跨学科研究的重要性，甚至超越了传统学科研究的地位。工程学需要联合其他人类科学为人类做贡献。跨学科研究是为人类创造更多福利的唯一途径，这也是我们跨学科研究的来源。举个例子来讲，当这个学院对某种电子工程开始投入巨大的精力和人力的时候，我们的目标就是让它改善人类的生活，那么你就要知道如何实施和运用它。它可以被运用到交通、机械、电子设备等多种地方。这并不是某一个学科就能解决的问题，只有跨学科研究才能实现这个目标，我们与其死守着自己这么一点点的成绩，为什么不和其他人合作，把这项研究成果运用到更广泛的领域去呢！

美国工程学的发展已经让学科的疆界逐渐消弭，学者们更熟悉研究领域的概念。工程学有很多学科，它们都是彼此交织甚至重叠的，有的学科建立就是跨学科的结果，比如材料学就是建立在物理和化学之上，而做材料的可能就会和做电子的相联系，还有可能和做航空的相联系，也有可能和做机械的相联系。教师们可能被不同的系聘任，但是他们会发现在其他系也会有和自己研究领域相同或相似的教授。教师的学科身份已变得非常模糊，他们可以任意穿行在各工程学科的领地，成为一个自由的学者。

（二）跨越基础和应用的边界

科学家和工程师在大众看来其职责有很大的区别。科学家的任务是探索、实验和发现，而工程师的任务是创造、设计和构建。但事实上，这种区别在大科学的背景下已经变得非常模糊了，工程师和工程研究人员通过多种渠道推动着科学发现的发展。大的实验和探索任务通常需要工程技术设计的工具、仪器和系统，以保证获取物理和生物世界的新知识。在现代研究中，工程研究者们全方面地参与了诸多基础研究和重大自然问题的探究，传统的基础研究和应用研究的边界在现代研究和合作模式下已经逐渐消弭，学者们并不关心研究的性质，他们关心的是创新性和影响力。一位华裔男教师这样描述传统的基础研究和应用研究之分：

> 对基础研究和应用研究的分法有时候官方会用，我们已经很少这样分了，我们系是一个研究多样化的系，有机械制造、机械理论等，所以，不管你是做什么的，只要你在你的领域做出了大家公认的成果，有影响力的成果，有着超越基础理解的影响力、超越技术的影响力，我们从来不去纠结你到底是对科学还是对技术做出了有影响力的研究，没人关心这些。我们关心你所做的研究是否对本领域的基础理解发展做出了贡献，可以是科学也可以是技术，当然未来也可以是转化成的商业价值，我们也乐意看到这些的发生。但我们不愿意看到的是你什么都没有。

机械工程学已经将科学和技术完全融入学科之中，很多教师的研究都是游离在基础研究和应用研究之间的。基础研究和应用研究在教师的意识中已经逐渐淡化，它只是在某些方面存在着，比如有些期刊可能只会刊登基础研究的文章，不会刊登应用研究的文章。大科学的迅速发展使学者的工作方式转变为与越来越多的利益相关者比如分包商、评价委员会、军事需求团体和其他社会团体的协调，这种运行更像一个共同体，而非单一的个体工作。①随着研究规模的加大，以学者们自主权的牺牲为代价，换来了大规模的团队合作和类似于"工厂"式的工作作风，研究的规模和复杂性已经超出了个人甚至单个实验室所能承担的范围。所以，在一个研究共同体或者大规模团队内，从事基础研究和应用研究的教师之间相互配合、知识互补是再正常不过的现象了。在这种工作环境中，大的项目成果是很难用基础研究或者应用研究加以界定的。基础研究和应用研究在现代科技背景下很难被分开，发现和创新式的应用是科技进步的两条腿，发现是科技进步的基础，创造性的应用是科技进步的手段，只有二者一体才能实现科技造福人类的终极目标。

---

① Peter Galison, Bruce W. Hevly, *Big Science: The Growth of Large-Scale Research*, Redwood City: Stanford University Press, 1999, p. 2.

（三）跨越大学和社会的边界

知识结构和生产方式始终影响着大学和社会的关系。在第一次工业革命和第二次工业革命的大部分时间内，知识的生产方式往往限制在单个组织之内，极少出现大学和工业界或者政府的合作；在第二次工业革命后期和第三次工业革命前期，大学和工业产生了正式的合作，随着知识和科学在社会发展中的作用越来越大，以实验为主要模式的科学知识及其引发的技术应用催生了线性的知识模式，科学研究—技术开发—创新—产品销售，以大学为中心的科学研究得到了来自政府的大力支持，但公众对长期投资失去了耐心，他们看不到纳税人的钱所产生的直接效果。知识经济时代的到来变革了知识结构和生产方式，美国纽约州立大学教授亨利·埃茨科威兹称之为多价知识，即知识同时是理论的、实践的、可商业化的和公开的，打破了从基础科学到技术创新的线性模式。[1]科学知识生产方式与科学知识生产组织之间衍生为协同演化的关系，大学、产业和政府形成了三螺旋组织形式。大学、产业、政府这三个机构范围里的每一个都表现出另外两个的一些能力，但同时仍保留着自己原有的作用和独特身份。由于联系与作用，代表这些机构范围的每个螺旋线都获得进一步相互作用与合作的更大能力，支持在其他螺旋线里产生的创新，由此形成持续创新流，共同发展。[2]大学、产业、政府三根螺旋线通过互动、交叉、重叠和融合能够演变成各种关联模式和组织结构，形成创新的混成组织（Hybrids），三者根据环境的变化调整自身的作用，从而促进知识生产。仿照美国的赠地法，很多公立研究型大学已经在学校中建立了工业试验站和农业试验站，I大学拥有庞大的工业孵化器，诸多企业将产品的开发和应用直接与大学相联系，从基础科学知识的发现到产品产出一站式完成。在这种知识生产方式和知识结构中，社会和大学的边界被打破。在这种知识生产方式中，大学凭借一批在理论和基础研究中具备超强能力的人才担负着探究和实验的重任，而产业则发挥着

①　Viale Riccardo, Henry Etzkowitz, "Third Academic Revolution: Polyvalent Knowledge; The DNA of the Triple Helix," Fifth Triple Helix Conference, Department of Production Systems & Business Economics, Polytechnic of Turin & Fondazione Rosselli, Turin, Italy, May 18 – 21, 2005.

②　邹波、孙垠：《三螺旋混成组织视阈下的科学知识生产》，《哈尔滨工业大学学报》2012年第5期。

资金和提供市场信息的优势，政府则在政策制定和引导以及支持基础研究上发挥着作用。集成化的知识产出成为大学和社会新的契约方式。作为和工业联系最为紧密的工程学，在三维知识生产模式下，会更多地直接参与到与工商业的合作中。

二　全面的工程教育观

与其他学科相比，工程学在教育上最大的特殊之处在于全面的工程教育观。工程教育需要通过培养训练有素和具有创新能力的工程师为美国工程界和产业界输送源源不断的力量。21世纪美国为了保证生产力水平，将工程教育作为重要的教育战略。工程学科在知识传播、培养学生的使命上超越了教学的范畴，教学是教育的重要组成部分，但工程教育的内涵远远超出了教学的概念。工程教育之所以超出教学的范畴，主要是因为它伴随着整个学科领域的监督培训等专业认证体系。教学只是塑造学生思想和行为的一种特殊方式，教育强调的是多种育人和学生发展的方式。美国工程技术评审委员会提出高校工程教育项目的认证标准需要毕业生不仅具备对知识的应用能力，对数据的分析和解释能力，还应该具备解决现实问题、跨学科工作以及有效的沟通能力。[1]对于这些要求，仅仅依靠教学，尤其是课堂教学是无法满足和达到的。因此，对于机械系的教师来说对学生的教育是一个系统工程，仅仅依靠教学是无法培养出优秀的工程师和学术人员的，教学是教育的基础部分，但不是全部。

工程学教育从服务对象上可分为三类：本科生、研究生和公共服务对象。这三者在教育内容和方法上差别甚大。对学生的教育除了课堂教学形式以外，实验室教育、对本科生的课后咨询、对研究生的指导等都应该属于教育的范畴。在本科生教育上，凸显了三个重要特征：综合性课程设计、互动式课堂教学和本科生工程实践。工程学院的课程对所有院系开放，鼓励学生根据学习兴趣和专业跨系修课，形成大工程的视野和思维模式。课堂教学充满了挑战性，学生在课堂上的主体地位明确，

---

① Barbara M. Olds, Barbara M. Moskal, Ronald L. Miller, "Assessment in Engineering Education: Evolution, Approaches and Future Collaborations," *Journal of Engineering Education*, Vol. 94, No. 1, 2005, p. 13.

学生会随时向教师提出各种"刁钻"的问题，一位教授说："老师不是光看书就行了，你要有教科书十倍的知识才能在课堂上和学生进行互动和交流，在这种相互的交流和互动中，学生有提高，教师也有提高。"除了课堂教学以外，本科生教育对学生的课外咨询也是非常重要的一部分，教师在课堂上会给学生留下开放的答疑时间，尤其是对基础较弱的学生，教师需要格外注意。一位华人教授说："这里不像中国，你是不能歧视基础不好的学生的，他们和其他学生所缴的学费一样多，对这一类学生，只要他有求于你，你必须给他补习，或者通过助教帮助他提高。你如果忽视他们的任何要求，就有可能会遭到投诉。"除课堂教学以外，工程学院还积极采取小组学习、本科生研究和本科生工程实践等方式，克服工程教育长期受到毕业生在交流和团队合作方面技能较差和实践能力较差的诟病，① 以保证本科生在毕业的时候可以拥有重要的大学研究经验。

　　机械系研究生课程为了能够保证学生追求更多的研究兴趣，在设计上拥有更多的灵活性。机械系的研究生不仅可以在流体动力学和热能、固体力学和材料、控制、动力、纳米力学、纳米制造和生物力学等研究领域选择课程，而且被鼓励积极选修其他工程学系和科学系的课程来扩展学科知识。不同于本科生教育，研究生教育要以项目为基础，在导师的指导下，通过实验室和团队合作，选择自己感兴趣的研究领域，培养独立发展和应用创造的能力。作为导师，要关注研究生尤其是博士生与导师的合作度和参与度、如何帮助研究生选择研究项目、如何鼓励研究生进行新的项目实验、如何指导研究生创新并产出优秀的研究成果，甚至帮助新生从课程接受者转变为知识和问题的探究者等。这些日常的指导是不会在教育评价中出现的，但是研究生的毕业率、研究成果以及成果与导师项目之间的相关性则成为研究生教育重要的输出观测点。一位材料工程的教授在谈到如何指导研究生的时候说道：

　　　　学生在研究中的问题是多种多样的，但通常会分为那么几类，第一类是适应问题，这通常出现在新生上，在面对研究领域中无止

---

　　① Julie E. Mills, David F. Treagust, "Engineering Education—Is Problem-Based or Project-Based Learning the Answer," *Australasian Journal of Engineering Education*, Vol. 3, No. 2, 2003, pp. 2 – 16.

境的前沿实验时，通常会表现出一些兴奋或害怕，不知道下一步该怎么做；第二类是正常的实验问题，经常会出现失败或者挫折，你就要帮助他找到失败或者挫折的原因，找到解决问题的方法；第三类通常是研究项目的选择，在他们开始做研究的时候，我就要在与他们的讨论和对话中，一步步促进问题的聚焦，并最终形成论文研究的焦点。

I 大学作为公立大学，同时还担负着公共教育的使命。为了履行公共教育的职责，工程学院会开设工作坊和暑期课程，邀请基础教育的教师和学生参加，旨在提升 K–12 和大学前工程教育水平，帮助学生更多地了解工程知识，更快地融入大学生活。有的教师还会在高中开设预科课程，成绩可直接带入大学。这一部分的公共教育应该属于公共服务，但凡作为正式开设的课程，无论是学校课程还是公共课程，都要严格按照教学评价方式进行。所以，尽管属于公共服务和扩展性服务范畴，但机械系将其视为教育的一部分。必须承认，这一部分并不是工程学教师教育职责的重要组成部分。

第三节　学术工作的内涵和价值调节

机械系的"适应性"包含了两层含义：第一层意指机械工程学的开放品质让机械系能够更乐意向学校改革的方向靠近；第二层意指机械工程学在学术形式上的创新和发展要快于 I 大学的改革政策，具有超前性，因此改革政策在机械系的执行并没有遇到太多阻碍。

一　教学的价值

在一所研究型大学里，机械系对教学的重视程度让人印象深刻，多位受访教师都提到了教学对于机械系和机械工程学发展的重要性。机械系对本科生教学和研究生教学的重视程度主要来自两个方面：问责的内化和教师教育的社会化。机械系从整体上对教育实行严格监控，并通过各种培训和项目增加教师对教学的重视和教学质量的提高。

机械系作为工程学院最大的学术单位，承担着重要的教学工作，而这种工作又并非基础性课程，包括工学院其他系和农学院所涉及的机械工程部分的课程都由机械系负担。机械系所面临的学生群体不仅庞大，而且相当一部分尤其本科生是本州内的学生，他们具有极强的消费者心态。他们不仅在学费上给予 I 大学较大的资源支持，他们及其家长还会对 I 州议会和政府的拨款形成强大的舆论压力。机械工程属于应用型学科，所培养的学生首先要成为工程师和专业人员，全面地掌握数学知识和物理知识，掌握机械工程的原理和方法，拥有可以在现实中熟练应用这些知识的能力；其次还要接受 ABET 的专业认证。机械工程所教授的知识都可以直接在就业市场上转化成生产力和良好的口碑，就业率的下降或者毕业生工作能力不强将会给学校在州议会和政府拨款上带来负面影响。在学生的培养中，机械系专注于让学生能够成功地从事一个涉及工程力学和机械工程技能或者从事研究生和职业教育的职业，在他们所工作的领域能够成为技术领导或团队领导，并且拥有继续学习的能力，鼓励学生参与专业团体和社区服务。资源的依赖和学生消费者意识都对教师的教学质量和提升教学在教师评价中的地位提出了新的要求。教师在教学上也逐渐意识到来自学生和社会的问责。在这种背景下，教育在晋升中所具有的重要性有了大幅度提升。在本科教育上，机械系所提出的要求是"精英教育"；在研究生教育上，它所提出的要求是"培养引领全球工程的创新人才"，"以学生为中心"的教育理念已经深入教师心中。在经过 20 多年的演变之后，教育已经成为教师日常工作的重点，不再是研究的配角。就像一位在机械系工作了 24 年的教授所说："我在这工作了 24 年，学院和系里对教育和研究的改变还是很大的。教育被给予了更多的关注，在评价中的地位也越来越重要。在过去，可能你的教育只要求 Ok，不要太差就可以了，但是现在我们要求在教育和研究上必须同时达到卓越。"

教师教育社会化也是提升教育价值的重要手段。工学院在培养教师教育意识和技能上开设了 A3E（Academy for Excellence in Engineering Education）项目，这是一个帮助教师获取和保持工程教育创新与卓越的项目，是工学院非常成功的教师教育项目。该项目是工学院对教师教育社会化的基础，项目分为常设项目和临时项目。常设项目包括柯林斯学者计划，这个计划是针对新入职教师的培训，帮助他们如何成为高效的教师和学者。柯林斯学者计划设有相关的教学和研究探讨会，参加优秀教师的课堂并学习其经验。临时项目为各种工作坊，A3E 的工作人员会定期邀请工程教育方面的专家讲授课堂和教育方式与技巧，以及当前的教育创新成果。工作坊的主讲者不乏美国科学界和工程界的顶尖学者，甚至还有诺贝尔奖获得者受邀前来讲授教育经验，如何和学生进行有效的交流，如何激发研究生的想象力和创造力。工学院教师如果发现在教学上出现问题，尤其是学生标准评价很低或者连续收到学生的投诉，也会被强制要求参加 A3E 项目，提升教育能力。A3E 项目在教师中间被视为极为有效的教育培训项目。一位四十多岁的男教授在评价 A3E 项目时称赞道：

> 教师会参加这个项目里的讲座，会有录像给他们看，里面会讲到教学的一些关键问题，非常有用。那些被邀请的都是这方面的专家，他们知道最新的教学技术，他们会告诉新教师一些被忽略的问题，告诉他们如何吸引学生的注意力，如何根据学生的需求改变教学风格，等等。因为现在的终身制或者晋升在教学这一块儿给予的重视度越来越大，这些项目有助于教师提升自我教学能力。

除此之外，为了保证本科生也能够得到最细致的指导，除了学系和学院两级设立了学生咨询办公室外，每位本科生还配有一名专属的咨询教师，要求学生每学期至少一次与专属咨询教师会谈，了解课程复习情况、专家对职业发展的建议，并且鼓励学生建立 I 大学的教师交流网络。学生除了享有充分的咨询权利之外，还有向教学委员会投诉或者要求教师改进教学的权利，教学委员会都会予以认真处理，了解遭投诉教师的教学和对学生的辅导情况。

二 "研究"的内涵和价值

在现代工程学发展轨迹中，跨学科学术为工程学的交融、合作和推动科技造福人类做出了巨大的贡献。以跨学科学术为核心的发现学术已经在工程学研究中占据了最主导和最显赫的地位，在工程学科中依然坚守在传统学科教学的教师已经受到了同行的质疑。一位教授说："我们不强制任何教师必须做跨学科研究，但是你会发现，在现实中，如果教师不做跨学科研究会受到来自同行的质疑，他们会怀疑你研究的重要性和可推广性。"跨学科学术和发现学术在工程学科内是根本无法分开的。发现学术在工程学教师评价中的地位不言而喻，没有原创性的研究在 I 大学机械系这种世界顶级研究殿堂则很难生存下去。工程学最大的作用就在于应用，通过技术转化服务于社会，发现学术和跨学科学术的成果转化为现实的产品或者商品推动着人类社会的进步，是工程学社会价值的最终显现。

（一）以创新和影响力为核心的发现学术和跨学科学术

以跨学科学术为核心的发现学术在机械系之所以能够拥有显赫的地位，首先是因为学生尤其是学术型博士培养在跨学科研究上的社会化过程。跨学科学术的社会化和教师教育社会化不同，它起步更早，机械系的教师在进入单位之后，才开始教育社会化进程，但是机械系招收的学生尤其是研究生在进入研究生学习之前，很多都具有跨学科学习经验。根据美国国家教育统计中心统计，从 1992 年到 2002 年，本科生毕业人数中拥有跨学科学位的人数每年平均为 26000 人；2006 年皮特森四年本科院校调查显示，美国全国有 367 个本科生项目的毕业生拥有进行跨学科研究的潜力，大部分学科集中在自然科学领域。①美国的通识教育为跨学科研究的发展提供了坚实而完整的知识基础；在进入研究领域之后，两种现代研究合作方式——大规模团队研究和跨学科实验室会让学生迅速融入跨学科研究氛围之中，这是工程学科进行跨学科研究的基本组织模式。以 I 大学工学院为例，整个工学院拥有九个跨学科研究中心，教师以研究主题被分布在不同的研究中心从事跨学科研究工作。除此之外，在申请 NSF 和 NIH 基金时，教师们会形成合作团队，负责基金申请以及申请后各自的研究分工。一位长期在机械系工作的教授说："我们现在的一个团体起码要五个人，教师相互之间可以吵起来。我们申请大的基金，是需要相互合作的，我们都要有贡献，做一个新的东西，我们两个人或者三个人各自是不能做的，但是合起来可以做。"

---

① Allen F. Repko, *Interdisciplinary Research: Process and Theory*, London: Sage Publications, 2008, p. 78.

　　研究生在这种组织模式的培养下，对跨学科研究的模式了然于心，作为日后从事学术工作的行为准则。但这两种跨学科研究模式也受到了质疑，包括 NSF 所资助的跨学科研究中心在内，很多跨学科的研究行为被认为是对旧研究模式的修补，而不是以一种新型重组式的研究形式出现。大多数跨学科研究中心倾向于松散的学者关系纽带，而不是具有凝聚力的、解决明确问题的团体。① 比如，由机械工程师、大气物理学家和公共政策分析学家组成的"跨学科研究项目"其实只是运用其所拥有的知识进行各自的研究，彼此孤立，而不是彼此合作制定一个新的多目标的综合模型。在谈到工学院诸多跨学科项目和跨学科中心时，很多教师认为，这种纽带性的工作是必要的，在日常的交流中教授会组成各自的研究兴趣团体，他们在相互交流和碰撞中会形成跨学科研究的主题和突破点，也有可能形成团队去申请重大基金项目。但工学院跨学科研究中心不只是纽带，还有研究主题，教师要通过相互合作，完成研究主题，而且会有颇具发展前景的研究成果产出，如果只是孤立的、各做各的是不会产生任何有益成果的。工学院的跨学科研究中心都有着明确的交叉学科研究行动，有着明确的组织法则和在特定技术、方法和主题上的贡献。

　　（二）作为创新自然结果的转化研究

　　从专利到专利许可，再到技术转化并不是教师刻意追寻的目标。在机械系，除了和企业在大学内设立的孵化机构以外，教师的研究不直接为企业和商业服务。关于研究成果转化为商业产品，很多教师并不认为这是教师工作的必然组成部分。有些倾向于工程科学研究的教授可能并不会和企业界或者商业界有过多的接触，有的研究成果转化为成熟的商品则需要非常复杂和漫长的程序，但科研成果转化，造福社会则是每一位教师都乐意看到的。这种科技转化的基础必须是高质量的研究成果和具有说服力的创新。一位华裔男教授说：

　　　　科技转化是一件比较有意思的事情，没有原创的东西是不可能

---

① Diana Rhoten, "Interdisciplinary Research: Trend or Transition," *Items and Issues*, Vol. 5, No. 1 - 2, 2004, pp. 6 - 11.

实现转化的，从原创到转化的东西，这个就比较复杂了。一个想法要变成产品，还是比较困难的。教师的职责是做真正的学问，在学校里，还是要以学术为本，学术成就贡献是最重要的，好的成果如果有转化的价值，在美国这种商业和市场与大学紧密联系的环境下，自然会有人找你洽谈这件事情。我们的确比较重视和企业的合作，但是那些合作所用的成果还是来自于研究。所以我们主要的贡献还是来自于研究、创新，有了这些我们才能和企业合作。

　　另外一种涉及转化研究的方式是和企业的直接合作，多为企业和学院或者学术单位以项目的方式开展的合作。这种合作方式已经在美国盛行了四十多年，特别是在科技领域。美国科技的飞速发展已经证明这种合作为双方都带来了利益。研究的质量和意义都在增加，研究生培养的质量也在加强，新技术正在造福工业合作伙伴，社会和科技也在不断进步。这种合作是为了科技创新和转化，但目标更具体，结果更明显。这种合作项目也是很复杂的，成功的项目需要有科学基础并且要关注应用需求。教师之间、大学和企业之间的人事工作都需要密切合作，有的项目会短一些，有的项目会持续5—10年，这都需要教师和各大企业之间的坚持和沟通。合作的结果就是各种重大创新成果的发布。工业和企业合作伙伴对研究的导向和价值有必然的影响，而且会雇用学校优秀的毕业生，并且拥有新产品推向市场的优先权。虽然企业对研究方向具有影响力，但不能直接干涉教师们的研究过程，也无权指示教师按照企业意图行事，更不允许企业依靠和教师之间良好的合作关系雇用在读学生去企业工作，尤其是从事重复型的工作。如果合作伙伴相互之间不能够为对方着想，大学和企业之间的研究协作几乎是不可能的。工程学院的副院长说道：

　　　　我们的主要工作还是研究，并不是外面公司要你做什么就做什么，我们做的是公司将来用的，不是公司现在马上用的。我们也会和公司或企业进行合作，有的公司现在开发产品，它不知道该怎么走下一步，那它们就会找到我们帮助它们如何走下一步，这个也是研究，我们也接受。但绝对不是让学生给它们做事情。我们希望做的事情也是公司不知道怎么做的，不是说它们也知道怎么做，只是缺少劳动力而已。

转化研究在教师评价中的价值并不是来自每位教师不可缺少的工作职责，很多教师一生也许并未有研究成果转化成商品或者与企业进行研究合作，而是来自对工程学社会价值最终体现的认可，并且认为成果转化是其影响力的重要表现，但教师不会刻意追求成果的转化。一个具有商业价值或者应用价值的专利会自然而然地成为专利许可，受到国家或商业团体的青睐。所以，在教师评价中，如果教师拥有成果转化的记录，就会被认为是研究成果影响力最清晰和有力的证明。这种转化还可以为教师本人、学校和社会带来巨大的利益。文章和专利的质量与影响力往往需要经过同行用各种方法和多次讨论来审慎确定，但一旦形成转化研究成果，其影响力自然而然就呈现出来了。一位研究航天制造的教授认为：

> 有的研究我们不能清楚地确定它未来的影响力，但我们可以根据专业知识推测出它可能产生的影响力，商业价值和财产价值也是一样的。还有一些研究是可以清晰判定它的影响力的，如果只是拥有专利还不能说明有影响力，但如果有专利许可，那就是说明其影响力的一个非常强的证据了。

为了帮助教师和企业在研究和成果转化上进行合作，工学院成立了应用研究院，目的是在研究和市场之间架起桥梁，帮助大学了解企业和客户的需求，利用工学院的创造力和科学能力为商业和政府合作者提供开放、专有和机密的合作项目。工学院在材料、制造、建模和仿真、数据科学、网络安全、自制系统和能源方面都有结构化的解决方案来满足客户的需求。工学院成立至今，已经参与了很多商业实体和政府组织的研究项目和计划，包括与约翰迪尔、波音公司和雷豆公司等世界大型公司，以及美国桑迪亚国家实验室和劳伦斯利弗莫尔国家实验室的合作。除此之外，因为工学院在全球工程研究和教育上的声誉吸引着世界顶级公司的目光，同时工学院也为这些公司提供了独特和富有前景的合作环境。目前，I 大学的工学院有 160 多个企业合作伙伴，其中 90 个公司在校园内拥有 13 座研究大楼，组成了研究园，为工学院提供了每年 400 多个实习机会，每年有 2000 多个研究项目。这些合作为教师和学生在转化研究上的社会化提供了坚实的基础和丰富的转化知识，只要教师拥有可以转化的知识和专利，一切就都有章可循，学院也提供有力的保障条件。

三　扩展服务的内涵和价值

机械系教师的参与和扩展服务主要包括对大学前学生的工程教育、在各委员会的任职、期刊的编审、参加行业内的会议，以及企业的咨询。其中，比较特殊的是大学前学生的工程教育和企业的咨询。前文提到，教师对大学前学生的工程教育，凡按正规课程开课的均按照教学评价程序进行，对一般工程教育讲座等会按照公共服务来看待。企业咨询包括无薪咨询和有薪咨询，在教师评价中这两种咨询都可以作为公共和专业服务活动，但是有薪咨询和担任企业职位的，除在教师晋升档案袋以外，还要向院系上报备案，防止教师工作时间被非学术活动过度占用。参与和扩展服务对于机械系的教师来说是活动力和交流的表现，也是工作的一部分。作为学术共同体中的一员，在接受别人为自己服务的前提下，也需要服务他人。工程学院副院长说："我们会关注教师是否与企业界合作、是否和学术界进行交流、是否和高中生交流，你是否向公众介绍工程学的基本知识，等等。这些都在说明你和你的同行与社会进行着良好的交流。"

机械系在教师评价中对参与和扩展服务依然保持着传统的态度，只是作为教师评价结构存在的一部分，占到 10%—20% 的比例。教师在晋升时，一般被要求提供公共和专业服务的基本情况，但如果教师在教育和研究上表现十分突出，这一部分甚至可以不用提供。在所有受访者中，没有一位教师认为服务是重要的，在评价中，评审也不会注意这个部分，它只是象征性地存在。其中一位华裔男教师明确指出：

工程学院没有多少人把服务当回事，如果你和工程学院的教师聊天的话，你会发现很少有人做这件事情，他们主要把精力放在了研究和教育上。教师认为这是尊重"学术"的表现，他们指出，所有的委员会兼职都是虚职，真正有学问和有能力的教师从来不炫耀这些头衔，他们的名字和他们的学术成果就是名片和头衔。当你自己或者别人报出你姓名的时候，你的同行就会立刻晓知你做了哪些成就和贡献，这才是学者应该达到的境界。只有在学术上不行的，才要积极做服务活动。

第四节　机械系的教师评价方式与晋升

一　教学评价：学生权力的多样表达

在教学上，机械系向本科生和研究生提供近 70 门课程，并为学生绘制了课程地图，帮助学生从课程上形成知识谱系和链条。机械系在对工程教育的评价上十分全面，在课堂教学方面主要采用标准化学生评价、同行听课、系主任和学生座谈；在对研究生教育上主要关注研究生对项目的参与和学术成果；公共工程教育主要关注在校外所开的课程。同时，在晋升时，机械系也要求教师提供教育创新的贡献，完整的教育档案袋必须包括学生评价、同行听课、本科生和研究生学业成就、系主任评价和自我教学陈述，但在教育评价上，学生的评价意见和学业成就是最具说服力的证据。

机械系学生在教育评价中的权力非常大。很多教师都认为学生评价不是一个完美的方式，但是在评价教师教学上也不是一无是处，"尤其是当学生教学评价在相似的环境下以一个连续性的方式出现的时候，你会非常清楚地意识到问题的所在"。在教学评价上，所有学科组织都必须进行标准化评价，ICES 是学校对每一位任课教师在教学上的标准化评价方式，该评价表分为三个部分：教师教学效率评价、教师课程质量评价，以及开放式评价。前两部分均为客观题，每题均为 5 个等级的选项——优秀、良好、一般、合格、不合格，分别对应 5 分、4 分、3 分、2 分、1分。对 ICES 最终结果的应用，机械系采用了比较曲线的方式。[①]纵向轴是

① 访谈中教师们习惯性地称之为"象形曲线"（Elephant Curve），因为在评价中教师 ICES 的分数并非像理想中的那样一直呈上升趋向，而是有最高点和最低点，因曲线形体酷似大象体形而得名。

教师在 ICES 中前两项客观题评价的总平均分，横向轴是教师学生评价的平均分在系里的排名。纵向轴表示课程的质量（以客观题分数为质量标准），横向轴表示教师的质量（以教师在系里的排名为质量标准）。这种比较曲线会清晰地呈现教师在学生评价中的得分趋势，如果教师在刚进来的时候，显示教学很差，但是在第二年、第三年的教学水平呈现出不断增长和改进的趋势，整个比较曲线就会往上走。如果学生评价的分数没有改观或者逐渐减少，曲线就会持平或者向下走，这种科学而形象的应用方式一方面可以让教师每年都能够清晰地了解自己的教学在系里的地位，另一方面，可以让系主任清晰地了解各位教师的教学状况，尤其是在中期考核中对教学较差的教师予以警告和帮助。比较曲线的应用在整个工程学院得到了大部分教师的认可，以定量的方式反映课程和教师在学生评价中的质量，作为硬—应用学科的教师，他们更喜欢这种不需要更多思考和争论的理性分析模式。

除了 ICES 分数外，系主任每年都会定期邀请学生组织的骨干进行座谈，这些学生组织会收集关于课堂教学的一些信息以及其他学生关于教学的要求，提供给系主任。在研究生教育上，由于学术自由传统，机械系不会像本科生教育那样严格，教师在研究生课堂和教育上拥有更大的自主性，但是同样需要提供研究生的研究成果和对项目的参与程度。在教育的评价上，以"学生为中心"的思想得到了很好执行。

相比较 ICES 而言，同行听课并不是最主要的方式。在机械系，教师们认为同行听课的主要作用并不是评价，而是改进。机械系的教学委员会让 3—4 名高级教师到课堂上听课，一个学期会听 3—4 次课，到第六年的时候，在教学上会有足够的信息来判定教师的本科教学情况。这些听课记录和评价会被放入评价档案袋里，同时听课教师要将听课情况写成报告交给系主任，但是听课最重要的作用是所有听课信息都会反馈给教师，教学委员会就听课情况与教师进行讨论，以便教师及时改进自己的教学工作，指导和建议才是教学委员会成员听课的主要目的和动机。同时教师也会被要求提供在教学上创新的证据，这将有利于证明候选人在教学上的创新力。教学创新包括编写教科书、新材料的引进、新课程的开发等，但更多的是希望教师能够做到课堂内部创新，比如及时更新课堂内容、教学方式的与时俱进。对于大部分教师来说，"参与课程创新的活动超越了我们对晋升的要求，是教师在教学上自我追求的体现"。系主任对教师的教学评价和教师对自我教学评价的陈述也是教学评价的一部分，这两种总结性的评价起到了陈述的作用，但系主任的教学评价在候选人的教学出现问题时会起到作用，这将在下面一节论及。

为了不让教学成为教师晋升的阻碍，机械系和工程学院将大量的工作用于教师教学的日常改进上。当教师在教学中的表现不尽如人意的时候，系主任和教学委员会将会提醒教师去参加 A3E 项目，进行教学技巧的提高，尤其是在中期考核中，如果教师的教学没有达到晋升的要求，机械系会采用强制性的方式让教师参加提高教学能力的相关培训。系主任说：

> 如果教师在研究上非常卓越，但是在教学上做得不好，在晋升上一样会有麻烦，所以我们在中期考核的时候会非常严肃地告诉教师，你的 ICES 分数有问题，你还有三年的时间改进。如果在接下来的两年内我们没有看到这种改进，坦白地说，我们是不会给他晋升机会的。其实，学生评价和教师听课出现相反的情况并不多见，但如果我们发现这个教师在学生评价上分数不理想，我们会立即为他提供学习机会，让他了解教学和课堂知识，让他学习采取何种教学模式才能够让学生接受，我们会采取一切措施不让妨碍晋升这种事情发生。在第一年的时候，我们就会给新进教师配备一名督导，在学院方面我们还有 A3E 计划，这是学院帮助教师改进教学的项目，在学校层面，教学促进会可以帮助教师提高教学技能。

二　研究评价：评价证据的系统呈现

同行评议是对研究评价最重要的制度化手段。在研究评价上，校内外同行的评价意见直接决定着教师能否晋升。机械系的每一个候选人都要经过 4—6 位外审的同行评议，外审专家在评价候选人学术成就上具有极其重要的作用，被邀请的专家将对候选人的学术档案袋进行直接评价，并形成书面意见反馈给候选人所在单位。外审专家要来自同等级的学校，麻省理工学院、斯坦福大学、加州理工大学、密歇根大学等，而且必须是候选人研究领域顶尖的教授。外审专家所收到的档案袋中会包括各种学术贡献的证据——同行评议的文章、专利、研究基金、会议论文和演讲等，形成一个完整的证据链。所有学术证据对于同行来说都是展现候选人学术能力和潜力的一个载体，但它们所表现的意义有所不同，有些证据表现了研究的重要性，有些证据表现了影响力，但对于外审专家来说，他们最看重的是学术创新的质量和未来的应用前景。

作为世界上最负盛名的机械工程学学术组织之一，教师们认为，研究应该追求的是具有影响力的创新，不管它来自科学领域还是技术领域。在教师各自研究领域内顶级同行评审期刊发表的文章被视为第一等的原创性研究成果，在晋升中最有说服力。I大学的机械系对发表的数量没有要求，一位讲座教授说："我们从来不计数，不计算你发了多少论文，因为像在这种顶级的工程学院，我们的教授有足够的能力去评价学生，评价教师。"由于机械工程学科的团队合作和跨学科性，所提供的文章并不要求独作，但要体现作者在研究成果中的地位和作用；专利也被认为是创新的表现，联邦政府给予的专利权是有限时的垄断，这并不意味着专利发明人有权利实践自己的发明，而是给予专利发明人阻止他人实践专利的权利。可以获得联邦政府专利的发明一般都必须是新设备或者以前不存在的过程，或者并没有明显表现出的东西，或者是新的应用程序。因此，专利可以代表创新，但并不能代表创新的影响力。同样，顶级期刊发表的论文也是创新，但并不代表论文的影响力。创新是让思想和发现具有影响力的第一步。影响力一直为整个工程学院所重视，但是对影响力的判定却非常困难，能依靠的依然是足够专业的、来自广泛研究领域的学者，有的研究不能清楚地确定它未来的影响力，但可以根据专业知识推测出它可能产生的影响力，商业价值和财产价值也是一样的。专利许可是转化研究在工程学上的表现，和企业的合作也必须有新产品的推出或者发布，这种以专利许可或者产品创新为主的转化型学术在评价中并不十分困难，实物应用和市场反应都比文章和专利的显性特征明确得多。很多学科还会用引用率来表现影响力，但是引用率有这样一个问题，就是在不同的研究领域引用率差异甚大，比较不同研究领域可能就会存在不公平，但是在同一个研究领域用这种方法还是有一定可取之处的。引用率在机械系只能作为一个参考，它并不起实质性的作用，是委员会了解教师研究情况的一个渠道。

研究基金从来不会作为单独的一个指标，在工程学拿到研究经费并不代表研究的好坏，只能代表同行们对研究重要性的认定，或者企业和NGO对研究重要性的认定。来自同行评议的基金比来自企业的基金更有说服力，尤其是从 NIH 和 NSF 获得的基金。但是，对于研究而言，基金的相关性和可持续性是其意义所在。相关性是指基金所产出的学术贡献是否与你当时申请基金时的目的和初衷一致；可持续性是指基金是否能够保证你的研究连续不断。工程学院副院长说道：

> 我们对基金的要求不是越多就表明你的能力比别人越强，基金只要达到足够就可以了，能够维持你的研究持续不断，而且基金的作用是为了培养人才和做出学术贡献，如果你的基金并没有使你达到培养学生的目的，也没有学术成果发布，这样的基金在我们看来是毫无价值的。钱并不重要，钱所产生的教育和学术价值才是重要的。我们绝对不会这么做，你拿了 1000 万美元，他拿了 500 万美元，你就肯定比那拿 500 万美元的强。研究基金只是你做研究的一个手段，你没有基金就可以做出一流的研究，当然没有问题，我们乐观其成，但是这是极少发生的事，因为研究不是慈善，没钱就没有人跟你一起工作，研究人员就会缺乏，这就是为什么要申请基金的原因了。

会议论文和演讲并不重要，但如果是重要会议的主题演讲则被视为声望的象征，只有研究做得好的教授，才会有人邀请你做主题演讲。由于机械工程的知识更新很快，写书和教材被认为是一件非常浪费时间的工作，书上的知识很快会被创新所淘汰，而且在很多教师看来，写书是将别人的旧东西重新编纂，没有任何创新性可言。一位教授开玩笑道："书都是很老的东西，可能你在退休之前写一写是可以的。"

三　服务评价："有足够的学术交流就可以了"

机械系的转化研究同样践行了参与和扩展活动向学术发展的思想，但是当它具有学术的性质之后，就会自然而然地被教师从活动中剥离出来，形成一种独特的学术形式，而不是继续和服务同属一个阵营。在机械系，专业性服务和企业服务都算在参与和扩展服务之内，如果没有产品和专利的转化，再优秀的服务也都不被重视。晋升委员会在评价的时候只会看教师是否拥有这部分记录，对他们服务的质量并不会加以评价，或者只是粗略地检查一下教师的公共服务是否在数量上达到一定的程度，是否在知名企业和专业行会做出过不错的成绩，是否在学校、学院和系里的委员会担任某些职务。参与和扩展服务是刚性要求，但仅仅只是作为教师晋升中仪式化的一部分。教师在晋升时没有服务记录是不行的，有也不会被晋升委员会和系主任作为主要晋升证据。在参与和扩展服务上，没有人会花费更多的时间和精力予以辨认是否合格。即使教师在这方面做得很好，对晋升也依然不起丝毫作用，所以参与和扩展服务对于教师晋升来说是有或没有的问题，而不是好或坏的问题。系主任说：

> 我们会关注教师是否与企业界进行合作，是否和学术界进行交流，是否和高中生交流，你是否向公众介绍工程学的基本知识，等等。对企业的咨询我们还是会看作公共服务，但是涉及教学的服务和企业中有产品发布的服务，我们通常都会用教学和学术的标准来评价它，而不是放在服务中。

对于公共服务，机械系并不会邀请服务对象进行评价，而是由委员会和系主任来决定服务是否合格。

四 机械系的教师评价标准和晋升决策

机械系实行的是由 Head 领导下的委员会咨询制度，Head 被赋予自由决策权，晋升委员会独立行使投票权，所做的投票和结论直接报系主任。系主任独立行使评价权力，不参与晋升委员会的讨论和投票，但要对候选人进行独立评述。系主任名义上拥有推翻晋升委员会讨论结果的权力，但全系拥有 50 多名终身轨教师，获得捐赠讲席的教授就高达近 40%。在这样一个由顶尖学者汇聚的学术组织中，尽管系主任被赋予了最终决策权，但是依然要尊重委员会的决议，系主任说："我有否决晋升委员会投票结果的权力，但我从来没有使用过，他们都是各个研究领域的精英，我没有理由否决他们的决议，尊重是我们系管理的一个基本哲学。"每年执行委员会都会选举出晋升委员会，由 9 名终身制正教授组成。晋升委员会对候选人进行审核，如果晋升委员会认为候选人已经做好了晋升准备，就会由两个委员同时负责一个案例，包括审核候选人的学术贡献、发表、所指导的研究生情况、教学情况，等等；系主任和晋升委员会将候选人学术档案袋发给外审专家，在外审专家的评价意见回来之后，系主任和晋升委员会再开一次会，研究外审专家所给出的晋升意见，然后委员会根据外审专家的评价意见进行投票。所以晋升委员会要进行两次投票，第一次投票是决定是否要给候选人送外审的资格，第二次投票是要决定是否给予候选人晋升资格。一位委员会成员说："第一次投票只能说明我们系里面认可你在晋升上有竞争力，但我们并不确定你真的有能力得到终身职或者正教授职，我们要知道你的同行怎么看你的工作。"在一般情况下，候选人会提供 5 个名单，晋升委员会从中选出 2—3 人，其余的由系主任和晋升委员会主席补足。机械系会对名单进行严格的审核，确定这些人和候选人没有任何利益关系，然后选出最适合的人选。系主任和委员会有权力拒绝候选人提供的名单，如果他们觉得名单上并没有包括候选人所在领域的研究人员或者并不是该领域的顶级学者。外审专家的意见是对学术评价最重要的依据，胜过任何其他证据。如果晋升委员会对候选人的评价达成一致，系主任会全然尊重委员会意见，因此在机械系，晋升委员会的投票在教师晋升上是极为重要的。

对于研究的评价，主要取决于同行评议，外审专家中全部给出正评价，则被认为是卓越学术最有利的证明；如果出现一封负评价，委员会成员则会视负评价的程度和出处而定，如果只有一封外审信里面有某个部分提到候选人的研究缺陷，那委员会还可以勉强忽略，但是如果出现两封这种质疑，就有可能导致委员会投票分化，而如果出现一封非常严重的负评价，且负评价来自候选人推荐的外审名单，委员会在多数情况下会拒绝候选人的晋升；如果负评价来自委员会推荐的外审名单，则委员会要对负评价的外审信进行研究，然后对负评价进行投票，决定是接受负评价还是否决负评价；两封以上严重的负评价则会直接断送候选人晋升的命运。在教育评价上，机械系的晋升标准已经明显提升了，尤其加重了学生评价在教育评价上的作用。委员会并不会给学生评价设定明确的合格线，但是在一般情况下，高于 3 分的教学被认为是强势教学，

2.5—3 分的教学被认为是合格的教学，低于 2.5 分的教学则被认为是不合格的教学。对于一般教师而言，低于 3 分的 ICES 分数会在晋升中带来麻烦，除非候选人在学术上达到了明星水平，或者在教学记录上有明显的改进趋势，否则在晋升中会被委员会直接否定。关于教师听课，其报告并不直接对教师打分，而是起到叙述性评价作用，但听课并没有学生评价在教师晋升中的作用大，如果听课报告显示教师在六年内的教学情况良好，而且和学生评价表现得一致，则教师在教学的评价上会得到委员会的一致认可。学生评价和听课记录出现冲突的情况比较少见，因为机械系对教师的教学实行的是日常监督机制。

当委员会对候选人所有的晋升资料分析完毕之后，成员会对候选人进行投票。在机械系出现投票分化的情况并不多见，但是一旦出现，系主任就会起到重要的作用。如果投票分化是在 6:3 以下，即 6 人以上赞成，3 人以下反对，系主任还是会将案例提交给院里，候选人还有晋升的希望，如果出现投票分化是 5:4 的情况，最后的决定权则在系主任。系主任有两种选择：把案例重新交给晋升委员会，让他们再投一次票，或者邀请该研究领域本校内其他学术单位的教师进行评价，然后由系主任决定是否把案例提交给学院。在这种情况下，即使案例被提交给学院，其晋升的希望也会大大降低。

教育在教师评价中拥有重要地位，教师在工作中会计算教育的质量标准，以保证自己在何种情况下能够达到对晋升的最低教育标准要求。由于现代工程学在发展过程中打破了各种边界，让发现学术、跨学科学术和转化研究形成了一个完整的从知识生产到知识应用的链条，三种学术形式也体现了前所未有的互补。当发现学术的成果可以转化为产品时，教师们就会毫不犹豫地实现其市场和社会价值，但由于转化是不可预测的，而且过程极为复杂，所以教师们更愿意先进行前两种学术研究，而将转化研究视为水到渠成的结果，并不加以刻意追求。在这种学术工作理性的导引下，机械系形成了两种普遍接受的晋升模式：卓越研究 + 卓越教学，卓越研究 + 强劲教学，机械系不会再出现仅仅依靠卓越的研究成果而获得晋升的教师，教育已经成为教师获得晋升不可或缺的努力目标。

第五节　小结

　　机械工程是工程学科的鼻祖，是硬—应用学科中最具代表性的学科之一。机械工程具有极强的目的性和实用性，其学科的最终产出是产品或者技术。现代机械工程已经突破了传统的学科边界，形成了和其他学科彼此交叉的局面，工程学各学科之间的界限已经非常模糊，这使得原来统一的研究范式被来自不同学科背景的范式所替代，机械工程学科领地不断扩大，其他诸多学科的研究范式被兼容进来。机械工程学知识具有明显的社会价值倾向，其存在和追求的目标就是社会应用性。但机械工程学同样具有本体价值，机械工程学中并不是所有学者都追求其社会价值和现实应用性，依然有很多学者从事偏向本体价值的工程科学研究，但不可否认的是社会价值依然是机械工程学的主流价值倾向，是学科得以生存的根本。机械工程学科的教师具有创业精神和世界主义精神，所以他们重视职业价值和团队协作。知识和技术创新的速度决定着学科的发展和教师的地位与声望。

　　机械系开放适应行动意向的生成源自机械工程学在科技发展中逐渐形成的开放性品格和独特的全面性工程教育。机械工程学是十分开放的学科之一，这种开放主要体现在三个方面：跨越学科的边界、跨越基础和应用的边界，以及跨越大学和社会的边界。与其他学科相比，工程学在教育上最大的特殊之处在于全面的工程教育观。教学只是塑造学生思想和行为的一种特殊方式，教育强调的是多种育人和学生发展的方式。因此，对于机械系的教师来说学生教育是一个系统工程，仅仅依靠教学是无法培养出优秀的工程师和学术人员的。对工程教育的全面认知以及整个工程学领域对人才培养的监控，为教学价值的提高奠定了良好的基础。

　　机械系的"适应性"包含了两层含义：第一层意指机械工程学的开放品质让机械系更乐意向学校改革的方向靠近；第二层意指机械工程学在学术形式上的创新和发展快于 I 大学的改革政策，具有超前性。因此改革政策在机械系的执行并没有太大阻碍。机械系提升了教育的价值，以适应不断增长的公共问责压力，机械系作为工程学院规模最大的一个学术单位，承担着大量的本科生和研究生教育。受代表公共利益的第三方教育机构在教育质量上的监督，以及毕业生相对标准化的就业市场，都让机械系的教师普遍接受了更为严格的教育培训和标准，并通过设立系统性的教师培训项目完成对教师在教育上的社会化；机械系在发现学术上早已实现了科学和技术的无缝对接，对创新的重视超越了基础研究和应用研究的界限；随着大科学和大工程时代的到来，跨学科学术被视为科技进步的主要推动力，在研究中，没有进行跨学科学术的教师将会失去更多的创新机会；知识生产类型和结构的变化，使转化研究出现了两种形态：第一种是传统的实验室研究，教师利用专业知识首先进行创新性研究，然后将其推向市场；第二种是产业孵化器，产业和学校共同建立从创新到产品的一站式合作。无论是第一种还是第二种转化研究，教师都用自己的知识在服务社会。在参与和扩展服务上，转化研究的剥离，使得活动依然限制在对专业行会、学校和产业咨询的范围内，与工程学科联系更为紧密的产业界所关注的是能够带来更大利益的产品，因此教师在产业界的服务相比较产品发布来说微不足道。

在教学评价上，学生评价占有重要地位，ICES 分数、系主任和学生座谈、本科生和研究生的学业成就是教师提供教育质量的核心证据，尤其是在处理 ICES 分数上采用了更为科学的比较曲线作为教师教学评价的分析标准。如果教师在学生评价上没有表现出较高的质量，在晋升中就会处于劣势地位；机械系并不歧视任何形式的学术，发现学术和跨学科学术是教师认为十分值得奋斗的目标，已经内化为自我驱动的行为，转化学术虽不是每位教师都追求的目标，但当成果转化成产品后就会被教师认为是对学术的巨大贡献。同行评议是教师学术评价最主要的方式，无论是同行评议的文章、专利和专利许可、研究基金、会议论文和演讲，都无法单独构成学术质量指标，对教师学术质量的评价是一个完整的证据链；在参与和扩展服务的评价上，对学校、专业行会、企业等的服务，都可作为评价的证据，但在企业服务和咨询的有偿服务上需要向单位报备。机械系形成了两种普遍接受的晋升模式：卓越研究 + 卓越教学，卓越研究 + 强劲教学。"开放适应"的行动让机械系成为执行学校教师评价改革十分卓越的学科组织之一。

第六章 文：历史系教师评价的"传统坚守"

历史是十分悠久的学科之一，历史系也是 I 大学成立最早的学科组织，其研究领域涵盖了欧洲史、美国史和全球史。历史是永无止境的过程，它指引着人们寻求理解过去和探寻过去的意义。①本章选取历史系作为研究对象，分析历史学科在全校教师评价改革中的应对行动。

第一节 "历史"的学科文化

历史是挖掘事实真相的事业，是在烦琐无序的材料中建构意义的艺术，是寻求人类启迪的哲学。历史学需要运用逐步进化的规则和工具，清晰、严谨、合理地解释过去。② 它是软—纯学科的代表，强调对事物特殊性、质性和复杂性的研究，强调对事物的理解和解释。对于历史学来说，它的首要任务就是通过证据、信息资料的应用和审慎的立场去解释随着时间推移而产生的变化和事件的连续性。历史是一门以解释和叙述为主的学科，但这种解释和叙述有别于一般小说的叙事方式，它需要历史学家通过对第一手资料创造性的分析和建构，调查人类长期的经验、历史事件发生的客观性和因果关系与当下情境的相关性。历史学研究领域经过长达100多年的变化，从原来传统的外交史、经济史和政治史逐渐扩展到其他新的研究领域，尤其是对社会史和文化史的研究开始成为新的研究潮流和主力军。美国高校的历史学家研究社会和文化史的比例由

---

① Sahlins Marshall, *Islands of History*, Chicago: University of Chicago Press, 2013, p. 9.

② Anne Hyde, "History Discipline Core: American Historical Association Tuning Project," *American Historical Association*, 2012.

原来的31%上升到41%，而传统的政治史学家则从40%下降到30%。①比彻等人认为，历史学具有相对统一的理论范式，而这种相对统一的范式正是来自其研究内容的开放和包罗万象，正所谓没有范式就是历史学唯一的范式。②这种看法显然缺少严谨的态度，从严格意义上说，历史学并不具有库恩所说的科学"范式"特点，因为历史学一开始就不是一门科学，随着科学理念在研究中的盛行，历史学也在搜集资料和分析中逐步采用了部分科学的研究方法，但从根本上说这是一门追求"解释"的学科，学者在思维上对"解释"的认知千变万化。一位历史系被授予讲座教授的教师说："我们不能对其他学者所得出的结论有任何歧视，不同的学者对同一历史实践经常会得出不同的结论，当他以充足的史实作为论据，所得出的结论即使你不同意，也要尊重。"

历史学是一门偏重知识本体价值的学科，解释和叙述是其展现知识价值的主要途径，并通过史实分析和意义建构实现"以史为鉴"的社会价值。解释对于历史学家来说是最重要的，他们需要对原始资料的背景、意义和重要性进行说明，去寻求人类发展的规律和复杂的因果关系；然后需要通过教学、书籍、文章、展览和其他媒介传播最新研究成果，传播历史知识，达到促进历史知识在学术界、公众和社会中的扩散和应用，做到以史为鉴。历史知识传统的传播方式也是深受学者重视的传播方式是书籍和同行评价的文章，其中专著被认为是最有说服力和创造性的传播方式。但随着历史专业的发展，更多的人所从事的工作涉及的是公共历史知识的研究和传播，他们的工作场所涉及博物馆、公园、中小学和其他非营利性组织，设计历史展览、档案监督和教育项目等其他新兴学术形式，而即使在学术界，也仅有48.1%的学者撰写过书籍和专著。③因此，历史学科对公共历史学术的传播形式和评价也开始逐渐受到重视，尤其是在非研究型大学。现代社会对历史学科的需求并不明显，除了某

---

① Stephen H. Haber, David M. Kennedy, Stephen D. Krasner, "Brothers under the Skin: Diplomatic History and International Relations," *International Security*, Vol. 22, No. 1, 1997, pp. 34 –43.

② ［英］托尼·比彻、保罗·特罗勒尔：《学术部落及其领地》，唐跃勤、蒲茂华、陈洪捷等译，北京大学出版社2008年版，第56页。

③ Robert M. Diamond ed. , *The Disciplines Speak: Rewarding the Scholarly, Professional, and Creative Work of Faculty, Forum on Faculty Roles & Rewards*, Washington, DC: American Association for Higher Education, 1995, p. 27.

些特殊的行业外，其应用性不若科学和技术类学科那般明显，也难以产生直接的经济和社会效益，因此社会对历史学所形成的影响力和压力相对较小。至今历史学一直坚持着本体价值倾向，在以知识的本体价值为学科价值观的情况下，扩展与社会的交流渠道和方式。

由于缺乏统一的研究范式，学术共同体内并不会出现对一种理论或者研究结论产生排他性的尊崇和认可。学者们的研究方式和研究论题各不相同，甚至对同一研究论题都会得出不同的结论。历史学的学者们更喜欢独立研究和写作，相比较工程学的教师，他们更喜欢清净舒适的研究环境，喜欢自我思想的叙述。历史学者们很少与其他同行合作，尤其是专著的写作，他们尽量通过自我力量完成。历史系的教师承担着 I 大学的本科生教学，包括历史专业的教学和全校历史通识课的教学。教师根据自己的研究特长开设内容多样、五花八门的课程。作为研究型大学的一分子，历史研究依然是最根深蒂固的使命，作为拥有 100 多年研究传统的学科组织，教师依然遵守着最为传统的学术成就呈现方式：专著。历史系对教师每一本专著的出版都给予最大的关注和支持，在该系的网站上会第一时间刊发教师专著出版的信息。但是一本专著的完成起码要经历 4—5 年的时间，这样一种漫长的写作过程降低了学术网络中教师的竞争性，教师们不必为了抢占研究成果的发布时间而忧虑，即使是对同一历史时期的研究，他们所分析的视角和思路也是截然不同的。一位教授在谈到这个问题时说："我们并不担心其他同行比我先出版专著，即使我们的观点相似，如果我的专著的质量得到了更多学者的认可和赞同，就算比其他人晚两年出版，依然不会影响这本专著在学者中间的影响力。"

第二节　"传统坚守"的行动意向

面对教师评价的改革，历史系选择了对传统的坚守。他们仿佛生活在高于社会的伊甸园中，与社会形成了一道默契的隔离带。他们会用独立的史学理性向社会发出不随波逐流的声音和批判，但社会似乎忘记了他们的存在。历史学对教师评价的改变更多地遵循学科逻辑和知识本体的发展，而社会也给予了历史学更为宽松而自由的环境。

一　不可撼动的"著述"传统

历史学对专著的青睐起源于 19 世纪，当历史作为一门学术性学科在德国的大学成立时，历史学家就开始依附于大学，并接受严格的研究方法培训进行写史工作。史学家以著述为业，历史的本质形式就是一本由个体的历史学家负责撰写的专著或编著。当谈到历史研究的原创性时，历史系的教授都会将原创和专著相联系，在访谈中，教师们表示："历史最独特的部分就是所有的知识发现都必须通过写作尤其是专著来完成，这是不可动摇的，也是不可回避的。""在历史的研究中所传承下来的、能够给包括学者在内所有读者留下深刻印象的都是历史巨著，不会是一篇文章或者是一次演讲。"拥有悠久历史的历史系在原创史学研究上只承认传统的专著和同行评议文章，尤其是专著，教师认为专著是衡量教师在历史研究造诣上最有说服力的证据，如果没有专著就意味着教师在研究上并没有形成强大的思想或者是对历史独特的认知。真正的史学研究必须有新的证据或者第一手资料、以新的视角和观点来述说历史，向人们呈现一段不一样的史实或人物。从教师专著的出版情况来看，历史系教师的研究兴趣已经扩展到人物传记、I 州的地方史、家庭史、婚姻史、生活史等多个领域，研究内容广泛且分散，更多的是以个人研究为主，除了少数几本编著以外，没有多人合作和团队合作的著作。当研究者问到为什么历史学会如此注重专著的时候，一位在历史系工作了 20 多年的女教师讲道：

> 非常简单，就是传统。其实，专著在西方学术文化中有着非常光荣的历史，但是这种传统在很多学科中已经消退，但历史学还在坚持着。当然，我们这种坚持不是无缘无故的，做历史研究最具挑战性的工作就是对我们来说其实过去是不存在的。你听起来很矛盾，但历史学不像科学那样，可以建立一个实验室或从事现场调查，描述现在所存在的世界。过去只存在于存世的碎片之中。研究历史就意味着收集这些碎片，找出它们的关联和意义。历史研究可不是收集文档或者信息，这些都是原材料，但不是历史本身。历史研究的真正目标是构建一个论点，告诉人们一段故事，当时发生了什么？

为什么会是这样？结果是什么？我们为什么要关心它？一个系统性的探究或者主题不可能通过一篇文章来完成，你当然可以通过文章来表述你的部分观点，但是如果你希望探究比如生产力在人类历史中的作用，或者说叙述人类婚姻观的变化，即使这是一个狭窄的主题，但是显然一篇文章是说不清楚的，所以至今我们依然坚守着将专著作为原创性研究的最高载体。

专著在历史学中的地位也正在遭受前所未有的挑战。由于每年都有将近1200多部历史专著出版，而且很多专著的读者除了本学科的学者以外，很少受到其他读者的关注，质量也参差不齐，有的专著只有100多本的销量，历史学专著面临着极为尴尬的局面。面对这种困境和挑战，包括美国历史联合会在内的一些历史学专业行会提出要扩展历史学术的内涵和形式，不能再坚持以专著和同行评议文章为核心的原创性学术，可以增加网络历史叙事等方式，减少专著出版，增加新兴史学传播模式。但这种观点并没有得到I大学历史系教师的赞同，他们认为，历史学术应该得到扩展，但是以专著为核心的原创性学术必须得到尊重和坚守。历史原创研究是史学家们从事学术活动所追求的境界，没有深厚的功力、正确的方法和独特的认知能力是难以做到的。历史原创研究必须要求研究者花大力气掌握第一手史料，利用历史考据法和其他多样的方法和理论将一粒粒散沙变成沙漠，将一颗颗水珠凝聚成海洋。历史的纵向是一个悠长的过程，横向又是各种人事错综交杂的联系，没有扎实的历史考究功力，就会局限于肤浅的史学认知和简单的理论总结上。学术性专著是体现学者严谨的历史考据方法和深厚写史功力的最佳载体，没有专著，史学研究将不复存在。在这种坚守中可以改变或者克服历史专著现在所出现的问题。近几年来出现的流行性历史专著把目光放到了普通民众身上，也体现了历史专著的进步和改观。历史系教师对流行性历史专著表现出了相对宽容的态度：

我们也意识到了这些问题，把历史专著变成可读性很强的流行读物需要改进写作技巧。写作也是一门艺术。现在很多历史学家也加入了流行历史读物的写作中，一些历史学家放弃了专业性和狭窄的主题写作，开始尝试综合一些研究问题的写作，给人们一个全面的叙述。这是一件好事，历史学家可以利用他们广泛而专业的历史知识去增加读物的流行性和接受性，尽管需要降低一些学术性。

二　追求和传承史学理性的传统

历史学本身所包含的两个层次——对史实或史料的认知或认定和对历史的理解或诠释，都不以历史自身以外的环境为考量，历史的思维和体验能力，以及历史理性是历史学的本质和核心。[①] 历史学是一种学术训练，有自己独特的标准、目的和价值观，以完全客观地重建过去作为自己的理想。历史进步的必然性、历史认识和历史语言的客观性等元叙事构成了传统"历史理性"的核心内容。"历史理性"包括历史（作为客观过程）的理性和史学（作为研究过程）的理性。第一种意义上的历史理性可被视为思辨的历史哲学，它探究历史进程的规律、节奏和意义等问题，历史进步论题是其中的焦点问题。第二种意义上的历史理性可被视为批判的和分析的历史哲学，主要探讨历史学不同于其他学科的特点和本质，其核心问题是历史知识的客观性或合理性，其中也隐含着历史语言的透明性。[②] 无论是史学研究还是史学教育，都不以知识的工具性为导向，而是强调史学思维和思想的训练，尤其是在对研究生的培养上更是强调历史理性思维的培养。

在20世纪70年代以后，美国史学教育有了一次重要的扩展——消减基础课程和必修课程，力求少而精，同时大量增加外国史和专题历史课程。这次史学教育扩展的重要目的就是以"历史专题"培养学生系统的史学观和史学思维，减少一些毫无效果和无关紧要的陈述类课程。这次扩展得到了诸多研究型大学的支持。传统的历史教学存在着两种截然不同的方式：以教学方法为导向的促进型教学和以内容为导向的专家型教学。[③]一般四年制本科和公共历史教育多以促进型教学为主，注重通识历史的教育，以促进学生自我学习兴趣和提高历史常识为主。研究型大学

---

① 何兆武：《对历史学的若干反思》，《史学理论研究》1996年第2期。
② 董立河：《后现代主义之后的历史理性与史学实践》，《历史研究》2013年第5期。
③ Peter Seixas, "Beyond 'Content' and 'Pedagogy': in Search of A Way to Talk about History Education," *Journal of Curriculum Studies*, Vol. 31, No. 3, 1999, pp. 317–337.

的史学教育则被认为是专家型教学的典型代表，除了少部分基础课程以外，其余课程的开设都以教师的研究领域为主。在访谈中，受访者关于历史系教学的情况似乎印证了这样的事实。关于历史教学，历史系教师的课程以专题形式为主。一位研究拉丁史的教授说：

> 我们的课程开设比较自由，除了少量的基础和通识历史课程外，其他课程都是根据教师自己的研究领域和兴趣开设，我们很少有那种一门课里面包含了所有历史学知识的课程，这样对学生是不负责任的，即使是低年级学生的历史课，我们除了开设入门课程以外，也会负责任地开设专题性课程，比如我们的美国史部分就会分成不同的时期，甚至那些美国历史上重要的年份我们都可以开成一门课。我们甚至可以为一个历史名人甚至人类的一种行为比如大屠杀开设一门课。

历史系的教师们认为，历史教育不能是史实的堆积和陈述，专题式的教学并不以研究内容的呈现为主要目的，其真正意义在于教会学生如何通过理性思维和研究方法形成对历史独特的或者创新性的解读。历史教学侧重于呈现历史的建构过程，而不是简单的史实罗列。一位历史系的讲座教授说道：

> 好的历史教学是能够呈现对历史记录的建构过程，以便使学生可以通过至关重要的探索过程而达到对过去的自我理解。学生简单地接受一个教师或者教科书的知识是远远不够的，如果学生不知道如何学习历史，而只是轻信教师和教科书，那等到他们了解了他们所学到的历史以外的历史时，他们就会遇到更大的困难。所以，我们在教学中要求教师有好的教学大纲、卓越的交流能力和课程组织能力，通过教学能够让学生知道如何探究历史，而不是知道历史。尽管我们的教师会根据自己的研究领域和兴趣开设课程，但是在课程中依然会讲述他们思考和研究的过程，以及得出这些历史观点的证据。我们希望通过自己的研究经历去培养学生独特的解读历史的能力。

对史学理性的追求和传承既能够让历史学家实现史学的本体价值，同时又实现了史学的社会价值。在历史学家看来，历史学知识最重要的社会价值就在于用历史编纂和历史教育界定国家认同、凝聚社会和塑造社会目标，最终从学者的沉思变成了一种武器，实现过去与现实的对接。但在当今以知识经济为核心的世界上，历史学的社会价值是暗弱的，这种暗弱并非来自史学自身社会价值的缺失，而是来自社会需求和关注的不足。20世纪以来，随着科学技术的新发现、新成果不断涌现，知识经济孕育而生。知识经济是以知识为基础，以现代科学技术为核心，建立在知识和信息的生产、存储、使用和消费之上的经济。知识的经济价值成为衡量其社会价值的标尺。史学以解释和叙述为展现知识价值的主要途径，其经济和市场价值在知识经济时代不甚明显，并没有得到社会的过多关注和问责。社会整体对历史学关注的不足也为历史学坚持史学理性，以相对独立的知识分子身份发出高于舆论和公众的理性声音。

第三节　学术工作的内涵和价值调节

在"传统坚守"行动意向的影响下，历史系并没有对各种学术工作进行调节，而是坚持着自己的传统。传统的坚守并非易事，在保持各种学术工作价值的过程中，历史学面临的压力也越来越大。

一　对提升教学价值的迟疑

教学在历史系教师晋升中的作用是什么呢？每当研究者问到这个问题时，受访者无一例外地都会回答："教学在评价中是很重要的。"但通过受访教师的描述，研究者认为教学的重要性受到了限制，并没有像教师所描述的那样成为所有成员共同追求的目标。在教师晋升的评价政策中，历史系给予教学和研究同样的比重，但在实际执行时，教师们会心照不宣地将教学的重要性降一个档次，晋升委员会主席说："我们在教学上花的时间比较多，所以不能忽略教师在教学上的贡献，但我们毕竟是研究型大学，我们在政策中给出40%的比重是希望教师能够重视教学，这并不代表在实际评价中，我们会给教学和学术同样重要的地位。"历史系的教学多年来一直坚守着同样的价值水平。由于对外部公共问责承担的压力较小，掌握评价权的教师们依然守在自己的学术世界里，一切以学术为出发点，即使是教学，也坚持专题式的课程设计。他们更注重呈现自我研究的内容，注重专题式教学，细致的史学分科让教学趋于纵深化发展。历史系教师的课程大多是以教师独立教学为主，正因为课程的开设在很大程度上取决于教师的研究领域和主题，所以教师在研究上的趋同性非常小，同为研究美国文学史的教师，也会出现一位教师更侧重诗歌史，而另一位教师更侧重小说史的情况。每一位教师对历史的理解和判定都是独一无二的，所以每一位教师在课程中的地位都是主导性的。对教学欠佳的教师，依然保有宽容的态度和给予补偿机制——如果教师教学不好，可以在晋升时给出在教学上持续改进的证据。历史系执行委员会里一位 50 多岁的男教授说得更加直白：

> 教学是不可缺少的，好的教学是有助于研究的。好的教师会让研究促进他的教学，让教学促进他的研究，两者互相联系，这是非常理想的。但是，如果教师是一个很好的学者，写了很多非常优秀的论文，在好的杂志做评审，在好的出版社出版了好的书籍，但他的教学并不是很好，依然能够得到晋升，因为我们是研究型大学。在教学型大学里，可能教学比研究重要。在我们系，你不会听到这样的说法，你可以有好的教学但是研究做得一般般就可以得到晋升。如果你有好的教学，但是研究不好，你可以晋升副教授，但是教授肯定不行，副教授就可以是非常受欢迎的教师，课讲得很好，很多学生选你的课，但没有好的发表，你是无法获得正教授职称的。如果教学不好，我们会帮他。这种情况我们遇到的太多了。你知道吗？我记得很多年前，有一个很好的学者，教学非常差，学生非常不喜欢他。上课非常无聊，只要上过他课的学生都会跟其他学生说千万别选他的课。对我们来说，这就是一个问题，但是他获得终身制还是没有阻力的，我们还是晋升了他。然后我们跟他说你必须提升你的教学水平，你去参加工作坊，去接受教学训练，他自己也特别想成为好的教师。所以教学不好并不能成为获得终身制的阻碍。

尽管历史系的教师希望坚守用学术弥补教学不足的传统，但是身在文理学院的历史系却无法阻碍其他系逐渐提升教学价值。即使糟糕的教学记录和卓越的学术发表可以帮助候选人在系晋升委员会通过，但在学院晋升委员会依然会受到来自其他院系代表的质疑。学院晋升委员会的质疑和院长的决策都会让教学有欠缺的教师难以通过学院晋升考核。历史系在近几年来越来越感受到这种来自学院领导层和学院其他系的压力，其中一位晋升委员会里的中年男性成员在谈到近几年来的变化时说：

> 十年前，教学不好但是学术很棒的教师晋升是一件非常容易的事，但是现在越来越难，为了保证晋升的教师能够顺利通过院里和学校的考核，教学的评价达到平均以上是必需的。即使我们系里通过，到学院还是会被搁置，因为文理学院对本科生教学是非常重视的，院里的晋升委员会成员是来自各个学院的，他们的决定不是我们能够左右的。以前，报到院里的候选人只要学术没有出现问题，基本上都可以晋升，但是现在被院里否决得越来越多，主要问题还是出在教学上，一些教师的教学并没有达到学院的要求。我可以给你透露一个数字，我们每年报到院里被否决的教师有半数之多，其中大部分是因为教学问题。你的教学如果达不到和其他学系候选人一样的水平，很容易被质疑。所以，我们系已经越来越重视这个问题了，甚至在招聘的时候，都要考察一下新人的教学能力，对沟通能力和语言表达能力不好的应聘者，我们不会招进来，因为我们知道这同时也会对学生造成伤害。

二 "研究"内涵及其价值坚守

历史系的发现学术和跨学科学术成为历史系传统的一部分。发现学术在历史学界通常被称为原创研究。发现学术的重要程度在晋升上是不言而喻的，尽管学校的政策对学术和研究的定义给予了最广泛的陈述，但是对于历史系来说，和应用相关的学术形式是不存在的，所以只有发现学术才是晋升的关键。一位历史系的老教授说："你是知道的，让我们历史学去做转化研究或者应用研究是不现实的，所以我们所指的学术或者研究还是指基础的和传统的。"教师的声望只有通过同行共同认可的最高表现形式——专著来完成，所以相对于同行评议的文章和其他表现形式，教师都会以这种形式来完成对发现学术的呈现。历史系教师除了完成教学任务和必要的公共服务之外，会将大部分时间和精力用于以专著为载体的发现学术，这位老教授同时表达了专著的重要性："如果你问问历史系所有的教师，他们在忙什么？我相信十之八九的人会告你他们在构思自己的专著或者正在写他们的专著。"每一位历史系的教师都会把发现学术作为自己的第一奋斗目标，这种奋斗的动力不需要任何外加条件或者逼迫手段，他们一进入学校就会自觉地投入以著述为主的发现学术中，同事和督导也无时无刻地提醒着他们：

> 由于我们学科的文化和性质决定了我们的原创性研究必须以写作的形式呈现，写作在历史学中的地位和作用是非常显著的。教师进来之后，那些资深的教授都会同你讲，在我们系如果没有专著出版，那你就没有理解历史系的学术文化和要求，这里的教师几代人都是通过出版专著和发表高质量的同行评议文章来维持和增加这个机构的声誉的，而且整个历史学的共同体都是这么认为的。学者们最喜欢或者说最认同的原创性研究就是专著。

跨学科学术在历史系同样具有极高的价值。随着知识的发展和融合，历史学与哲学、文学和社会学的联系愈加紧密，历史学家认为，历史与其他三个学科之间有着天然和谐的关系。很多历史学家在其教育生涯中都拥有跨学科教育经验，在本科或研究生期间并非修习历史学，而是其他文科或社科专业。他们将历史视为与哲学、文学和社会学一脉相承的学科。从历史学发展的轨迹来看，历史从来没有脱离其他学科而单独存在过，但历史学跨学科学术的兴起得益于传统史学的解体和现代史学的建立。从传统史学向现代史学的转变体现在两个方面：（1）完全化的全史和总体史成为现代史学的叙述追求，史学家将视线从传统的记叙政治领域扩展到更为广阔的主题上，其他学科已经取得的研究成果和方法成为构建新史学的资源；（2）现代史学从传统史学描述中走出来，开始关注历史何以如此的原因，并关注民众和社会因素在历史发展中的作用和意义。"深层历史"的兴起让历史学的研究更加离不开其他学科的理论、知识和方法。① 现代史学的兴起燃起了教师对历史创新的追求，也加深了历史学和其他学科的知识血缘关系，尤其是历史学和社会科学的关系。美国历史学家一直致力于将历史转化为一门用于检验社会结构及其变化进程的分析型社会科学。历史学家关于社会变迁和转型过程中人的因素对历史进程的影响导致了宏观研究方法的退却和微观历史研究方法，尤其是文化人类学研究方法的兴起，历史研究更加关注普通人的生活和经历。广泛的研究对象、深层的历史刻画以及关注普通人民的生活，成为跨学科学术发展的推动力。一位研究文学史的教授清晰地描述了跨学科学术在发现新历史上的作用和意义：

> 我们很多教师在从事跨学科研究和哲学、人类学文学研究等时也和其他院系合作。这种结合可以更好地进行创新，总结出新的观点或者理论出来。我想，一个好的学者是不愿意做别人已经做过的东西的。我们总想搞点新的东西，那么我们就要找证据，通过借鉴其他学科的方法和视角，寻找获得证据的新渠道和新资源。我有一本书就是关于诗歌的，因为我研究诗歌。历史学的核心就是证据和问题，比如我研究诗歌，我就需要问一个新的问题，有的问题是从哲学和文学中提炼出来的，这是由学科性质决定的，因为我们的目的就是了解人类的经验、人类的行为，寻找还未发现的证据。历史学总是寻找新的问题，然后探究回答新问题的新证据，这就是我认为我们要进行跨学科研究的原因，但不同的学科可能有不同的性质，但我认为历史学是这个样子的。

在 20 世纪 70 年代历史学关注社会因素达到顶峰时，跨学科学术就成为历史系教师工作中不可或缺的一部分，其他社会学科的研究成果和方法都会成为历史学研究的资料和手段。现代历史学的原创研究已经无法离开跨学科学术而单独存在，与发现学术的亲密关系让跨学科学术成为历史学领域新的信仰。历史系在跨学科研究上有着很长的传统，尤其是近二十年来。受访者表示，25 年前接受历史学科培训的教师就已经开始

---

① 汪志斌：《历史学的跨学科研究及其创新意义》，《中华文化论坛》2012 年第 4 期。

接触其他学科的知识，这是一个长期的社会化过程，并通过研究生教育传承下来。当研究生进入历史研究领域后，随着历史学科的发展，他们会在研究领域和研究方法上向其他学科寻求帮助。系主任说："二十多年前的学生现在已经成为学术界的领袖，他们正在把自己的研究经验和方式传授给我们的学生。"在教师的晋升中，历史系并不要求所有的人都做跨学科研究，只是作为教师的个人兴趣而不是强制性要求，但是在现实中，很多教师的研究或多或少都借鉴了其他学科的方法，而且在其他学科方法和理论的推动下，历史学的研究领域和范围在逐渐扩大。这已然被所有教师所接受和赞同，成为他们不自觉的潜意识行动。一位研究俄国政治史的教授说："我们对那些没有做跨学科研究的教师也没有意见，只要能做出高质量的研究都一样，只不过在现代学术和知识发展的背景下，你自然而然地就会想了解其他学科的知识。"跨学科学术在历史系学术工作中的价值是源于学科的发展和教师对未知世界的好奇和兴趣的。如果学者要想向更深的领域钻研，那么与其他学科，比如哲学、文化学、人类学、文学、艺术历史、社会学等都会有交集。

发现学术和跨学科学术是相辅相成的两种学术形式。相对于工程学教师以任务分割式的团队合作模式不同，历史部落学者更倾向于融合式的跨学科研究，他们喜欢了解和学习其他学科的知识和研究方法，将其融合到本学科的教学和研究中去。现在很多人类学家、哲学家、历史学家和社会学家都在广泛阅读其他学科的知识，以及发现更广泛的知识共识。但是，历史学家们也在尝试团队式的跨学科研究方式，一些教授还就职于学校其他研究中心，和其他学科的学者就语言、政治、环境保护等社会问题进行跨学科交流。尽管团队式的跨学科研究取得了积极的进展，但是学科性质和文化会导致来自不同学科教师在叙述和修辞上的交流障碍，这也给跨学科学术的发展带来了不小的困扰。[①] 学科的边界可能会随着学者的交流而逐渐消逝，但是长久以来形成的学科文化则会通过社会化过程对学者产生深远的影响，而这种文化会随着研究生教育继续传承下去。

---

① Hauke Riesch, "Philosophy, History and Sociology of Science: Interdisciplinary Relations and Complex Social Identities," *Studies in History and Philosophy of Science Part A*, Vol. 48, pp. 30 – 37.

三 扩展服务的内涵和价值

1988 年，美国历史学会认为，历史学者和教师的职责是"教学、研究和写作，或者提供和传播历史知识，增进公众对历史的理解"；但随着学术内涵的扩展，从事历史职业的教师和学者们发现，即使在四年制院校中，教师们的学术分工和工作重点也有所区别。因此美国历史学会 1995 年对历史的学术内涵有了重新认识：学术是历史学科所有活动的基础。学术的作用是促进新知识的发展和交流，以及历史解释学的塑造。与学生的学术交流依赖于教科书和课堂；与其他同行和公众的交流依赖于书籍、文章、展览、电影和历史古迹；与政策制定者的交流依赖于备忘录和见证。[1]新的学术定义与传统的历史学术定义相比更加广泛和综合，兼顾到了各类教师的工作重点和兴趣，见证了历史学科的发展进化。历史学关于参与和扩展服务通常包括公共历史、专业服务和社区服务。公共历史服务主要涉及对博物馆展览和巡展等方面的专业咨询和意见、对有关历史政策的制定和咨询以及其他涉及历史方面的报告等；专业服务是对报纸、期刊和专业会议的服务；社区服务包括对中小学教师的历史知识培训和其他涉及社区的服务工作。[2]

历史系社会服务的参与和扩展基本上涵盖了公共历史、专业服务和社区服务的内容，但当研究者问到社会服务是否可以成为学术的一部分时，教师们坦言：非常困难。即使教师的社会服务涉及学术，也极有可能只是教师个人以非正式的方式促进着自己研究的发展，这完全取决于教师的个人意愿，也有可能是研究中顺带的一部分，对其评价非常困难。参与和扩展服务不可能单独成为学术，它必须与教学和研究相结合，才会产生学术的性质。一位老教授清楚地表达了历史系教师对公共和扩展活动的理解：

---

① Robert M. Diamond ed. , *The Disciplines Speak: Rewarding the Scholarly, Professional, and Creative Work of Faculty*, *Forum on Faculty Roles & Rewards*, Washington, DC: American Association for Higher Education, 1995, p. 26.

② Robert M. Diamond ed. , *The Disciplines Speak: Rewarding the Scholarly, Professional, and Creative Work of Faculty*, *Forum on Faculty Roles & Rewards*, Washington, DC: American Association for Higher Education, 1995, p. 30.

它可以是学术的一部分，但通常情况下不是。社会服务是否成为学术活动，要看你自己怎么做。我经常会做一些教师教学的活动，因为我有一个项目是关于这个的，我会想发展教师工作坊，我从学校邀请教师来设计。我会在中学开设工作坊，我和高中教师进行互动活动，探讨教室里的乌托邦，让我对乌托邦有不同的理解，这在智力上极大地挑战了我，我就自然而然地将这些东西组合起来，让其成为学术。我不会让他们帮助我，也不会告诉他们我对乌托邦的理解，但这是学术的一部分，我在进行学术活动，同时我和高中教师的互动和交流，又是服务的一部分，但如何评价这种活动呢？我们很多工作都是这样的，服务成为学术的一部分必须和其他形式如研究和教学相结合。

参与和扩展服务基本上处于较低的价值上。无论是在日常工作还是在晋升评级中，历史系都没有对教师这一部分的工作给予更大的支持，没有发展出促进和保障教师积极参与对外活动的政策、程序和相关支持措施。作为公立大学的一个组成部分，历史系必须履行其对社区的服务职责，它作为形式上的使命而存在。尽管近十年来，教师在公共活动上的压力越来越大，但是这种压力不足以改变现状，教师会利用将服务与教学和学术相联结的方式来转化这种压力。在历史系教师看来，参与和扩展活动是一种不得不履行的责任，教师不会把它当作提升自己晋升竞争力的重要砝码。美国大学教师并不缺少对外活动的机会，教师从事的服务类型对评价并没有多大的影响，而且没有要进一步增加公共和扩展服务价值的打算。就像前系主任所提到的：

公共服务这一块儿的重要性的确在增加，但是真的没有那么重要。我们没有给予在公共服务上做得特别好的教师以特殊的晋升机会，但是如果你没有这一块儿也会引起争议。事实上，在美国，你有很多机会做公共服务，所以你不愁这一块儿是个空白。我们对公共服务的要求是达到足够就可以了，其实，这是非常容易达到的。我们尊重每一位教师在服务上的贡献，对他们在服务上所取得的成就我们都很高兴，但是我们的使命就是一个研究型大学，我们的首要任务就是研究，很幸运我们是其中之一。

第四节　历史系的教师评价方式与晋升

一　教学评价：名不副实的"学生权力"

历史系的使命是通过本科生教育教会学生如何看待过去并塑造美好的生活；通过研究生训练承担历史学家的研究工作；通过著名历史学家的研究提供高质量的史学写作。教学是历史系十分重要的任务之一。由于历史系教师研究领域和主题非常广泛，因此在课程设置上更为多样化，教师根据自己的研究特长开设内容多样、五花八门的课程。从逻辑上说，作为软—纯学科的历史部落，应该更加依赖于教学来培养学生，因为课堂教学几乎是教师教授知识的唯一方式，但是历史系的教师更追求自我学术价值的实现。

在这种教学生态环境下，"学生权力"名不副实。历史系教学评价权掌握在学生和教师选举出来的教学委员会手里。历史系的教学评价方式包括 ICES 和听课，以及对教学大纲和参考文献的评价。历史系对采用这两种评价方式所获得的结果并没有特殊的处理办法，只是依照委员会成员的主观判断来决定教学的质量。学生在教学评价上的权力并没有得到晋升委员会充分的尊重和合理对待。这体现在两个方面：（1）ICES 是标准化评价，在教学评价中并没有像机械系那样给予更科学化的处理和解释，晋升委员会只会通过 ICES 分数对教师教学的学生满意度进行一个大致的估量，这就会降低学生在教学评价上的权力应用。（2）教师听课会被当作重要的证据，用来展现教师在教学上的持续改进，继而忽略教师在 ICES 评价分数上的不足。在听课上，历史系是由专门的高级教师委员会成员到教师的课堂上听课。他们组成 6—7 人的听课团，然后写下定性的评价。这个评价既用于晋升也用于教师教学的改进。历史系还保有让教学不好但学术卓越的教师晋升的希望，它并没有明确学生评价在教师晋升中的实质性作用，"一切都是可以商量的"。当教师的学生评价分数依然不高时，只要听课记录显示了教师在教学上持续改进的努力，或者教学档案袋显示教师参加了种种提高教学的工作坊或者培训项目，这些都可以作为持续改进的证据，"教师对教学的评价有诸多的借口可以应对"。但随着学院和其他学系教学重要性的增加，历史系也增加了对学生评价的重视，同时加大了对教师教学的培训力度，以求降低教师在学院考核时因为教学不合格而晋升失败的概率。系主任说道：

> 在年度评价和中期考核中，系里会让教学较差的教师，去参加培训。历史系有培训委员会，他们会找到这些教学不合格的教师，帮助他们解决问题，告诉这些教师问题出在哪里，然后向教师提供帮助。每一个青年教师在进入历史系后，系里都会安排一名高级教师作为督导，在前三年的教学和学术研究中对其进行指导。这种日常的监督行为会有效察觉出教师教学的不足，尤其是在教师早期的职业生涯中。对 ICES 分数低于 3 分的青年教师，系里会强制他们参加学校和学院的教学培训项目，向他们陈述现在教学在学院晋升考核中的重要性。此外，系里鼓励所有教师参加院里和学校教学工作坊。系里每年都有年审还有中期考核，在年审时会让系主任、候选人和他的督导在一起，看你这一年的研究、教学和服务情况，一起讨论你的问题和你的进步。总之，系里会尽一切努力帮助教师提升教学水平，不至于让教学成为他们晋升的障碍。

二 研究评价："一本专著"是底线

作为研究型大学的一分子，历史研究依然是最根深蒂固的使命。在对研究的评价上，历史系的同行评价要向同级别的学校发出5—6封外审邀请信，历史系晋升委员会倾向于邀请哈佛大学、耶鲁大学、密歇根大学等在历史研究上和 I 大学齐名或高于 I 大学的历史专家。但在历史学中，存在着一些并没有受聘于顶级研究型大学但是依然享有盛誉的历史学者，当邀请这些专家的时候，委员会或者候选人要做出解释，比如"这位学者在某个研究领域出版了 5 部具有高质量和影响力的专著"等。外审专家名单由候选人提出 3—5 人，剩下的由系里补足。外审专家必须拥有正教授职位。历史系会将候选人的全部晋升档案发给外审专家，里面不仅有学术成果，也有教学成果，但外审专家可以根据自己的情况，决定是否对候选人的教学情况予以评价。学术档案袋包括了历史学科认可的学术贡献证据——专著和同行评议的文章。历史系对教师晋升的专著和同行评议文章均有数量限制，从助理教授到副教授要有 1 部专著和 3 篇以上同行评议文章；从副教授到教授也要有 1 部专著和 4 篇同行评议文章，一位晋升委员会的前成员说："一本专著是晋升的底线，文章可以商量。如果教师能够提供一本高质量的专著，即使没有文章，我们依然会认为他（她）在学术上拥有出色的成绩。"

作为拥有 100 多年研究传统的学系，教师依然遵守着最为传统的学术成就呈现方式：专著。这不仅是历史系，而且是美国整个历史学科共同体对学术评价的最高载体。对于历史系来说最重要的发表就是专著，这与其他学科有着非常大的区别，同行评议的文章并没有专著重要，除非教师的文章提出了创造性的和具有影响力的观点。在判断专著的质量时，一般采用两种方式：专著的出版社和同行评议。首先，专著的出版社在质量和影响力上是一个风向标，历史专著的出版社有好有差，基本上能够决定书的水平。声望高的出版社不会出版质量差的专著，"这是行业内的共识"。其次，书的销量也是质量和影响力的一个指标，但是销量只能在相近的研究领域内进行比较。在学术专著销量不佳的今天，销量的指向作用也越来越弱。在晋升时，外审专家会对专著进行详细阅读，对专著的评价基本上决定了对候选人学术能力的评价。但是，历史学研究无论在研究主题还是在研究范式上，学者之间的差异甚大，所以在专著评价上也会出现很多矛盾的意见。系主任说：

> 很多外审专家会提出不同的观点和质疑，这在历史学里面非常常见。学者们在一个问题的研究上可能会从不同的角度解释同一段史料，这就给评价带来了多样性。这种多样性也增加了我们判断一个教师学术成就的难度。但大家都保有相对开放的态度，我们不能对其他学者所得出的结论有任何歧视，不同的学者对同一历史实践经常会得出不同的结论。当他以充足的史实作为论据，所得出的结论即使与你的观点相反，也应该得到尊重。如果外审专家对候选人的专著或者文章的具体意见，诸如"我认为他使用的方法存在问题"等，要看其他外审专家是否表达了同样的意见，如果只是"孤证"，即只有一位专家表达了对某一点的质疑，而其他专家并没有表达类似的忧虑，则不会对著作质量构成威胁。但是如果有两位以上专家

对同一问题表达了质疑，这就会给著作带来较强的负面影响。当然，我们晋升委员会还是要看具体的问题，如果是小问题，并不影响整部专著的架构和最后的结论，一般会忽略它。

相对于专著，其他评价证据都显得可有可无。同行评议的文章在专著面前只能退居次席。期刊的等级暗示了文章的质量，这些期刊的竞争性非常强，且入选率较低，所以基本上不会出现质量差的文章发表在这些期刊上。历史学并不用引用率来衡量教师学术的质量，教师对专著的关注减少了对文章的关注。除了专著和同行评议文章外，基金和会议演讲等其他证据在评价中也可以作为加分项目。在历史学领域要获得基金极为困难，如果教师能获得科研基金，这就表明教师在外部学术竞争中的竞争力，而且得到了外部学术共同体的认可。但是在教师晋升中，基金并不被认为是重要的指标，因为获得基金的概率非常低，尤其是联邦政府的竞争性基金资助。基金可以作为晋升的加分证据，但不是基本证据。晋升委员会主席在谈到其他评价证据时说：

> 社科类的期刊有影响因子，还有引用率，我们不太注重这些东西，因为我们的很多文章尤其是被同行看的文章不是发表在期刊上的，而是在选集或者编集上。因此他们不太看期刊，所以这种引用率对我们来说没有多大的作用，我们在评价的时候只看同行评审，不看引用率。如果有人请你到其他大学、研究组和会议上做演讲，这就是一个信号，即他的学术正在进步。所以我们想要评价的不是他讲了多少，而是要看他讲得有多大影响。历史知识的传播，尤其是传播给同行、同事或者其他人，可以有效地扩展受众群和影响力，也可以听取来自外界的不同声音。但这些与专著相比，都具有各自的缺点。没有专著我们很难判断你在自己所在领域的系统性研究。

三 扩展服务的评价："公共历史服务的证据在增加"

在 I 大学的历史系，参与和扩展服务并没有转换成学术。在评价中必须提供这一部分的信息，但是评价者很少会对这一部分进行评价，也没有发展形成严苛的程序和标准来评价参与和推广服务。在评价中，只需要提供服务的证据即可。尽管学校关于参与和扩展服务的要求及重要性在增加，但是历史系教师们并不觉得应该在晋升中增加这方面的重要性。随着历史学术内涵的扩展，历史系的教师们表示，他们所参加的服务类型更加多样化。相比较以前的专业行会内的服务，在晋升中，越来越多的教师会提供他们在中小学做公共历史教育和调研的证据，这是一种好的趋势，说明即使在研究型大学，教师也越来越注重与公众和社区的交往，将自己的研究领域和服务范围扩展到更为宽广的社会，也说明历史学科所倡导的"公共历史"运动取得了不小的进步。系主任说："我们尊重一切推动历史知识传播的方式和活动，我们鼓励教师把类似于公共历史教育的理念或者方法应用到教学之中，作为培养人才的一种方式。"在历史系，教师多样的服务证据得到了晋升委员会的认可和尊重，一位教授说："最近几年来，教师在晋升中提供的公共历史服务明显在增加，无论是在博物馆还是在中小学历史教育方面。很多青年教师和芝加哥艺术博物馆都有长期的合作。最近，我们学校也积极开展了各个国家的风俗文化展，历史系有些教师也参与其中。"但是，公共服务毕竟没有形成教师认可的"学术"形式。所以，在评价中，晋升委员会成员依然只会考核教师服务的活动清单，并不对质量进行实质上的评价。在从副教授到教授的晋升中，晋升委员会要求教师的公共服务活动必须达到一定的数量。尽管公共服务活动不会对晋升产生实质性的影响，但是教师一般还是会在晋升中提供充足的服务活动证据。

四　历史系的教师评价标准和晋升决策

历史系实施的是由 Chair 负责下的委员会决策制度，Chair 作为委员会一员进行投票，没有独立决策权。晋升委员会最后的投票决定了候选人的案例是否递交给学院。历史系的晋升委员会只有 6 名成员，4 人由全体教师选举产生，必须由正教授担任，系主任和副主任必须是委员会成员。如果候选人经委员会成员投票没有获得通过，则案例直接在系里停止，系主任没有权力推翻委员会的投票并将案例递交给学院。

无论教学是否卓越，如果没有卓越的学术成果在历史系是无法得到晋升的。历史系会为候选人征求 5—6 封外审信，最多会达到 8 封。由于历史研究在范式和研究主题上的趋异性，因此很容易造成外审专家之间的意见分歧，为了保证评价的相对客观性，历史系会为候选人征求更多的外审专家意见。在同行评议上，历史系会将候选人所有的档案包括教学和学术证据全部交给外审专家，在候选人的学术档案中，允许他们把还未发表但是已经提交的论文或者还未出版的专著加入档案袋。在外审专家的意见返回后，晋升委员会成员会对外审专家的意见进行分析。如果外审专家的负评价是来自对候选人专著或者文章的具体意见，比如"我不同意他所使用的方法"等，则要看其他外审专家是否表达了同样的意见。如果只是"孤证"，即只有一位专家表达了对方法的质疑，而其他专家并没有类似的忧虑，则并不会对晋升构成威胁。但是，如果多位专家都表达了对"方法"的质疑，尤其是对专著的质疑，则会被委员会视为"弱案例"，在投票时会出现分歧；但如果外审专家中出现了一边倒的负评价，即使只有一份负评价，也足以对候选人的晋升之路形成威胁。但是历史系会对一封负评价进行更深入的分析，分清是候选人的研究问题还是外审专家对候选人工作不理解的问题，后者则属于个人研究和外审专家研究之间观点上的冲突。在这种情况下，委员会在将案例递交给学院时，会给出候选人得到负评价的原因，而当出现一份以上否决的负评价时，委员会成员在多数情况下会在系里停止候选人的晋升资格，而对没有达成共同质疑的负评价，则选择忽略。

在教学评价上，决策者降低了学生评价和教师听课在晋升中的分量。在一般情况下，高于4.5分以上的教学被认为是卓越的教学，3—4.5分被认为是强劲的教学，低于3分，那就意味着教学出现了问题。在这种情况下，候选人需要拿出证据表明教学正在改进中，否则晋升委员会有可能会否定候选人的晋升资格，除非他的学术表现极为卓越。在听课上，高级教师委员会的5—6名成员每学期至少要到教师课堂听课两次，然后将听课记录交给系主任和候选人。对于历史系，没有一个统一的标准判定一个好的教学，基本上要看教师的交流能力、大纲和与学生的沟通能力。尽管教学在教师晋升中的作用越来越重要，但是历史系还保有让教学不好但学术卓越的教师晋升的希望，它并没有明确学生评价和听课在教师晋升中的实质性作用，这会给委员会成员尤其是比较保守的委员会成员倾向于只重视学术而轻视教学的候选人一个合理的借口，但是这种借口也会让历史系教师在学院一级的决策中处于劣势。一些在研究上十分出色的教师会因为对教学的疏忽而被学院否决：

> 我们的候选人送到学院被否定的情况基本上占一半，主要原因还是在教学上表现不好，因为无论是在院里还是在学校里，教学都被看得很重，以前只要达到起码的期望，不能太低就可以了，现在，如果教学记录不理想，即使通过了系里评价，也很难通过学院这一关，因为学院委员会成员的评价都是按照标杆来的，你的教学如果达不到和其他学系候选人一样的水平，就很容易被质疑。

这种矛盾一直让历史系在提高教学价值上处于踌躇的状态，一方面当教师在专著写作上表现优异时，系晋升委员会不会因为教学不好而否决候选人，但是当案例递交给学院时，又会受到来自学院委员会的质疑。

当晋升委员会对候选人所有的晋升资料分析完毕之后，包括系主任和副主任在内的 6 位委员会成员进行投票。但在相对松散的历史系，教师的思想都比较独立，所以在对候选人进行投票时，经常出现投票分化的情况。在一般情况下，委员会有一到两个人表示反对，如果多于两个，那么候选人的晋升就比较危险；如果反对的人不多，案例也会被交到学院，但是被学院否决的可能性就很大。如果委员会出现了严重的投票分化情况，委员会就会让所有该级别以上的教师进行投票。但在一般情况下，委员会不会让这种情况发生，因为在年终考核和中期考核上，各种委员会都会对教师的工作给出建议。历史系对于候选人的晋升形成了三种认可路径：卓越研究＋卓越教学，卓越研究＋强劲教学，研究明星＋一般教学。如果教师在教学上表现平平，研究就必须达到明星级别，但是在实际执行的时候，委员会成员会使用各种借口帮助在研究上表现卓越但在教学上表现平平的教师晋升，起码不至于让候选人在系里被停止晋升资格。

第五节　小结

历史学是软—纯学科代表之一，它的首要任务就是通过证据、信息资料的应用和采取审慎的立场解释随着时间推移而产生的变化和事件的连续性。历史是一门以解释和叙述为主的学科，它需要历史学家通过对第一手资料进行创造性的分析和建构，调查人类长期的经验、历史事件发生的客观性，以及因果关系和当下情境的相关性。由于缺乏统一的研究范式，学术共同体内并不会出现对一种理论或者研究结论排他性的尊崇和认可，学者们的研究方式和研究论题各不相同，甚至对同一研究论题都会得出不同的结论。现代社会对历史学科的需求并不明显，除了某些特殊的行业外，其应用性不若科学和技术类学科那般明显，也难以产生直接的经济和社会效益，因此社会对历史学所形成的影响力和压力相对较小。历史学至今一直坚持着本体价值倾向，在以知识的本体价值为学科价值观的情况下扩展与社会的交流渠道和方式。历史系的学者们更喜欢独立研究和写作，相比较工程学的教师，他们更喜欢清净舒适的研究环境，喜欢自我思想的叙述。历史学者们很少与其他同行合作，尤其是专著的写作，他们会尽量通过自我力量完成。

面对教师评价的改革，历史系选择了对传统的坚守。他们仿佛生活在超越社会的伊甸园中，与社会形成了一道默契的隔离带。他们会用独立的史学理性向社会发出不随波逐流的声音和批判。历史系对教师评价的改变更多地遵循学科逻辑和知识本体的发展，而社会也给予历史学更为宽松而自由的环境。历史系对传统的坚守主要表现在两个方面：（1）对著述传统的坚守。历史最独特的部分就是所有的知识发现都必须通过写作来完成，教师认为专著是衡量其在历史研究造诣上最有说服力的证据，如果没有专著就意味着教师在研究上并没有形成强大的思想或者是对历史独特的认知。（2）对史学理性的坚守。"历史理性"包括历史（作为客观过程）的理性和史学（作为研究过程）的理性。无论是史学研究还是史学教育，都不以知识的工具性为导向，而是强调史学思维和思想的训练，尤其是在对研究生的培养上更是强调对历史理性思维的培养。史学理性的坚守让历史学者们保持着独立的批判者身份，不以社会需求为导向，不以社会舆论为口舌，而是以史学发现为社会发展提供真知灼见。

历史系的坚守让各种学术工作的价值没有发生太大的变化。尽管软—纯学科更加依赖于教学，但是由于历史系所承担的教学任务并不繁重，课程的多样化很难让教师在教学中树立起共同体的声望，教师依然掌握着教学的主动权，他们更注重呈现自我研究的内容，注重专题式教学。教师对教学的热情和积极性并不是特别强烈，所以教学在评价中的价值并没有得到提高；历史系始终坚持以专著为导向的发现学术，历史学科所强调的解释和分析必须通过写作来完成。传统发现学术的受众范围越来越小，只局限在专业领域内的学者之上，历史学研究与公众始终保持着距离，而且教师从企业和政府所获得的研究资源非常少，并不构成资源依赖，这使得历史系教师在学术上依然保持着极高的独立性和自主性；史学研究主题的宽广性决定了教师与其他学科千丝万缕的联系，这是一种天然的知识谱系的联系，加之教师对创新和原创性研究的追求，使跨学科学术和发现学术一起成为历史系主要的学术形式。尽管参与和扩展服务在历史系依然处于较低的地位，但是教师还是会寻求一些机会去和中小学或者博物馆等公共历史机构合作。一些对参与和扩展服务有兴趣的教师也会将自己的学术与之相联系，但至今为止，还没有一位教师愿意尝试将参与和扩展服务当作晋升的主要目标来完成。

历史系的教师评价组织方式是 Chair 负责下的委员会决策制度，委员会成员由全体教师选举产生，必须由正教授担任，委员会的投票结果作为教师晋升的重要依据。在对教学的评价中，ICES 分数成为教学质量的重要证据，课堂听课最重要的作用是帮助教师改进教学质量。历史系教师将发现学术和跨学科学术视为最主要的奋斗目标。同行评议是对教师研究评价最主要的方式，专著和同行评议文章尤其是专著，是教师提供高质量学术的有力证据，在教师晋升中具有重要的作用，无论是从助理教授向副教授晋升还是从副教授向教授晋升，都必须拥有一部专著才可以申请晋升。教师之间大都保持独立的研究，专著以独作的方式更具有说服力。同行评议的外审专家会对候选人的专著和文章进行评价，评价结果作为教师晋升的决定性依据。在参与和扩展服务中，教师提供公共服务的证据显著增加。晋升委员会最终的投票结果决定着教师是否可以晋升，历史系所处的文理学院是由诸多学科组成的，很多学科彼此完全陌生，学院晋升委员会成员来自相互不同的学科，所以只有在本系投票中获得极高的赞成票才可以保证在学院晋升委员会通过。如果出现投票分化，即使系里通过，学院也会将案例视为弱案例，被学院否决。在此基础上，历史系对于候选人的晋升形成了三种认可的标准：卓越研究 +

卓越教学，卓越研究＋强劲教学，研究明星＋一般教学。当教师的教学只达到合格的标准时，他依然可以通过提供高水平的研究而获得晋升委员会的青睐。当教师的学术能够达到所在领域专家认定的明星级别，即使教学上存在问题，也会得到晋升。

第七章 管：会计系教师评价的"竞值依赖"

　　会计学是美国商学门类重要的组成部分，与其他学科不同的是会计学形成一门成熟学科的时间比较晚。在第二次世界大战前，很多学者还在质疑会计是否是一门学科，但随着战后经济发展和资本膨胀，跨国公司和大集团公司的建立对现代企业管理提出了挑战。在这种背景下，会计学的学者们在理论和实践上改进、发展了会计学科，现代会计体系得以建立。同时，在学者的努力下，会计学期刊系统和高校会计学教育系统逐渐发展成熟，逐步形成了一门学科。① 本章选取 I 大学商学院的会计系为案例，分析会计学科在全校教师评价改革中的应对行动。

第一节 "会计"的学科文化

　　会计学是在研究财务活动和成本资料的收集、分类、综合、分析和解释的基础上形成协助决策的信息系统，从而有效地管理经济的一门应用学科，研究对象是资金的运动。会计学发展和服务的对象来自经济实体的活动和问题，具有软—应用学科的特征。会计学教师的主要工作是发展会计学知识，并通过开发新的会计技术和方法满足不断变化的业务、经济和社会需求；会计学主要探讨如何生成、测量、组织和披露会计信息，探讨利益相关者如何使用会计信息、会计行业运作的监管环境、标准制定、机构的影响以及会计从业人员和其他利益相关者的判断和决

---

① John C. Fellingham, "Is Accounting An Academic Discipline?" *Accounting Horizons*, Vol. 21, No. 2, pp. 159 – 163.

策。① 会计学在第二次世界大战后经历了重大改变，在会计学共同体刚形成时，和其他社会科学一样，更加重视学位资格和研究论文，1970 年后，金融、经济和其他成熟学科方法被引入会计学研究中。② 尽管会计研究是为了用科学的方法解决所有会计职业问题，但是，随着会计专业化的推进，职业会计群体则更加倾向于解决顾客问题的研究。会计研究对会计实践做出了巨大的贡献，但是关于会计的教学和研究也逐渐趋向学术性和实践性的分裂。③会计学科的研究范式也在发生变化，随着科学方法在会计学内的应用，会计学越来越倾向于朝着硬学科发展。但是出于会计研究依然摆脱不了社会科学环境多变的特质，它想发展成为严格意义上的硬学科，依然存在很大困难。会计学的研究范式依然处在一个多变的时期，传统的会计理论研究一般遵循命题＋论证＝结论的范式，随着会计是一门科学这一观念的不断深入，对会计范式选择问题的研究也越来越多。会计范式或理论研究者认为，会计学所建立的范式优于其他范式。虽然这些观点都有些片面，但却表明对会计范式的研究已经呈现出多元化的趋势。④

会计学是软—应用学科的代表，注重学科的功能性和实用性，会计学所处理的资金和财务涉及各种社会组织，它起源于现实应用，也发展于现实应用，服务于现实应用。在培养人才方面注重培养具备管理、经济、法律和会计等方面的知识和能力，可以服务于社会组织从事会计实务以及高校教学和研究的专门人才，在教学中侧重提高学生的专业操作能力。在市场经济的推动下，会计学的社会价值得到了前所未有的提升，不仅商业和产业部门对会计需求与日俱增，包括政府在内的非营利性部门也增加了对会计学科的需求。因此会计学是一门倾向于社会价值的学科，尤其是在服务社会经济发展和管理上，具有非常重要的作用。会计学科领域和研究问题、对象和方法的扩展，与解决社会经济实际问题是

---

① Ahmed Riahi-Belkaoui, *Accounting Theory*, Berlin: Cengage Learning EMEA, 2004, p. 4.

② Derek K. Oler, Mitchell J. Oler, Christopher J. Skousen, "Characterizing Accounting Research," *Accounting Horizons*, Vol. 24, No. 4, 2010, pp. 635 – 670.

③ Lee D. Parker, James Guthrie, Simon Linacre, "The Relationship between Academic Accounting Research and Professional Practice," *Accounting, Auditing & Accountability Journal*, Vol. 24, No. 1, 2011, pp. 5 – 14.

④ 贺琛：《会计研究范式理论探讨》，《财会通讯》2012 年第 21 期。

分不开的；但会计学科知识也有其本体价值，在会计学成为一门独立学科的过程中，以探求学科本质为主的科学和基础研究为会计学者所重视，尤其是在研究型大学，教师对学科基础理论创新更为青睐。教师的学术成就和声望往往是看其在会计基础研究领域的成果，而对曾经以会计实务为主的研究则逐渐处于弱势地位。在会计学成为一门学科的过程中，以统计学、信息学和行为科学为核心的科学研究方法为会计学的基础研究做出了重大贡献。

会计学成为一门被普遍认可的学科的时间并不长，作为一门成熟学科的主要特征之一就是有专业化的期刊，学者们对绝大多数期刊的权威性并没有达成统一的认可。会计学虽然是一门外向型学科，但为了保证会计学发展的非功利化，教师与包括企业在内的社会组织合作，只被看作是一种社会服务，而学术成果的发表以期刊为主，因为在学科形成过程中，美国会计协会为了促进学科发展，创立了三个顶级的学术期刊，得到了学术共同体的一致认可，此传统一直未发生改变。在狭隘的学术发表通道内发表文章的难度非常大，其竞争性也可见一斑。从统计来看，研究型大学全职会计学教师无论在教学还是研究上，其工作量都在加重。从教师的发表来看，四年制本科以上院校人均生涯发表数量为 16.1 篇。在会计学科里，学术成果必须以文章的形式发表，其他形式在这个学科内并不被认可。在教学上，教师要把社会组织所认可的会计知识和技能教给学生，在高级课程中还涉及会计准则和制度、审计和内控等方面的内容。会计学教师长久以来被认为是将研究重点放在社会和组织机构会计从业人员所使用的技术和技术实践上，但软—应用学科和硬—应用学科的不同就在于学术研究和教学转化为现实应用或生产力的时间和程序更为漫长，所以在教学和研究过程中会出现偏离实践和应用的倾向。但是，对于这种偏离应用的学术，很多学者认为他们的工作是能够使决策者"看到更大的图景"并做出更好的决策，而不应该关注更多实际的问题。①在会计学术领域的教师比在其他领域工作的会计从业者更加注重发

① AAA Research Impact Task Force, "The Impact of Academic Accounting Research on Professional Practice: An Analysis by the AAA Research Impact Task Force," *Accounting Horizons*, Vol. 23, No. 4, 2009, pp. 411 – 456.

表和研究，但他们同时也需要拥有各种会计资格证书，包括注册会计师、注册管理会计师和注册内部审计师。[①] 作为学术职业的会计学教师，实务和学术缺一不可。

第二节 "竞值依赖"的行动意向

会计系"竞值依赖"的行动意向是建立在价值分裂的基础之上的：作为学术职业的会计师们既要通过应用实践的知识教学向社会提供服务，又要通过更加学术化、理论化和基础性的研究让其成为一门更加成熟和被广泛认可的学科。在会计学的发展史上，以20世纪70年代为断点，形成了学科发展两种不同取向：（1）70年代之前，是以会计实务为基础的教学和研究；（2）70年代之后，是以科学研究方法为导向的理论研究逐渐和实务分离，并导致了教学尤其是本科生教学以理论为基础，还是以实务为基础的长久争论。I大学的会计系作为全美最顶尖的会计学术组织，从建立之初就引领着美国会计学的发展方向，并通过众多传奇式的学者和提供高质量的本科生与研究生教学博得了至高的学术声望。会计学科的发展同时依赖两种价值理念相互竞争的学术工作：近乎标准化的高质量教学和基础性研究，一个关乎学科能否获取更多的资源支持，并贴近实践，一个关乎学科向着更加成熟的方向发展，并贴近理论。

一 竞值一：教学实践性与重要性的回归

会计作为一个职业形成于19世纪晚期，工业化社会的到来让会计职业迅速壮大，并随着美国专业教育的兴起而成为一门实用性学科进入大学课堂。1903年，CPA正式要求让会计职业成为一种具有从业标准的正规化职业，大学也开始为准备进入公共会计领域的学生提供相关的课程教学，I大学的会计学课程就是在满足经济和法律需求的情况下开设的。会计学进入严格意义上科学研究阶段的时间比较晚，不若其他成熟学科，比如数学、工程学甚至历史学，在第二次世界大战后相继进入以科学研

---

① Ravindra R. Kamath, Heidi H. Meier, Edward G. Thomas, "Characteristics of Accounting Faculty in the US," *American Journal of Business Education*, Vol. 25, No. 3, 2011, pp. 1 – 8.

究为主导的学科发展阶段。以应用性为导向的会计学在 20 世纪 70 年代甚至更晚的时候，才开始了科学研究的进程，在此之前都是以应用性教学和实务研究为主，教学的质量尤其是 CPA 的分数和通过率是学术声望的唯一标尺。在教师评价和晋升中，教学和参与社会各种会计实践活动的重要性远高于发表和研究。在 70 年代尤其是进入 80 年代以后，为了实现会计学科的学术化发展，科学研究逐渐成为学科发展的主流。80 年代和 90 年代对教学的忽略以及课程和实践相脱节的情况屡有发生，各种实践性课程尤其是针对资格考试的课程逐渐受到削减，使整个会计学的学生注册人数不断下降，尤其是本科生，在 I 大学的会计系这种顶级会计教学机构的人数就下降了将近 20%，并且在本科生教学的社会新闻媒体排名上持续下降。① 70 年代和 80 年代，整个会计学都处在动荡期，老一代学者要求会计学发展应该继续追求应用性教学和研究，但新一代的年轻学者则更加追求以科学方法为基础的理论研究和增加教学的理论性课程。② 80 年代和 90 年代，年轻学者们倡导的科学研究占据了主流地位，但随之而来的就是会计学注册人数的下降和学生对教学脱离实践的不满。一位在会计系工作了三十多年的老教授讲述了一次他亲身经历的事情：

> 我们系从教学导向向研究导向的转变并不顺利。早在 70 年代，我们就尝试过在教学中加入一些研究成果，但效果并不好。你要知道，那个时候会计学的国家声望都是建立在博士生教育和教师对会计教育和实践的贡献之上的。当时的教学就两个目标：让学生在会计职业内成为有用的人，另外一个就是让学生了解注册会计师的会计职责。70 年代之前的博士生教育可不是要求学生以严格的科学研究方法进行基础的学术训练，而依然采取以解决实务问题为主的教育模式。所以要改变原来的教育模式让很多教师感到不安，他们怕这种改变会让会计系失去良好的国家声望。所以这种改变经历了很多次激烈的教师会议讨论。年轻的教师要求减少会计教学的实践性

① Norton M. Bedford, "A History of Accountancy at the University of Illinois Urbana-Champaign," *The Accounting Historians Journal*, Vol. 26, No. 1, June 1999, pp. 165 – 172.

② Gary J. Previts, Babara D. Martino, *A History of Accountancy in the U. S. A.：The Cultural Significance of Accounting*, Ohio：Ohio State University Press, 1996, p. 48.

课程，增加他们的研究时间，但是这种要求又得不到学生的支持。其中有一次，学生们闯进了会议室，对减少注册会计师课程表达不满和抗议，但是这样的抗议并没有阻碍学科向着更加学术化的方向发展。

会计系注册人数的不断减少让教师和管理者们感到了压力，尤其是在政府减少对高校拨款、学费成为高校重要收入来源之后，对市场反应敏感的会计学迅速做出了调整，再次提升教学的重要性，并且同时注重理论和实践教学。会计系教学的发展在 20 世纪 80 年代中期有一个重要的转变。1985 年，美国会计学会发表了一份报告，建议在会计教育的结构、内容和范围上要有所转变。会计系根据这个报告开始重新设计会计课程，着眼于研究和扩大学术会计作为一个信息识别、发展和为决策服务的沟通系统，使会计系的教学从学校教学和服务向行业教学和服务转变，这就意味着会计系的教学不再封闭在学校内部，而是受到了来自专业行会的监督和评价，学生所学的知识也必须得到专业行会的认可，这种较为标准化的教育认证让会计系的教学有一个全国比较的视角，通过学生在市场上的竞争力来检验教育成果。

I 大学的会计系在经历因失去教学传统而导致教育声誉和生源下降的过程后，充分认识到教学对会计学生存的重要性，因此又重新恢复了教学的传统地位。近十几年来，随着公众对教学压力的增加，以市场需求为导向的会计系在对教学水平的提高上更是不遗余力，始终坚持会计学对人才培养的三大原则：能力、素质和道德。[1] 首先，会计学的人才不仅要能够在各类专业资格考试中脱颖而出，还要具有独立思考和批判能力；其次会计学的人才不仅要有过硬的专业能力，还要有和企业同事和社会人员沟通和合作的素质，从而应对不断变化的全球市场；最后，作为会计学的人才要谨守职业道德，数据真实，计算正确，并严格保守因工作关系而获取的机密。在课程设计上，会计系以模块化、阶梯化和行动化

---

[1] Albrecht W. Steve, Robert J. Sack, *Accounting Education: Charting the Course through A Perilous Future*, Florida: American Accounting Association, 2000, p.126.

为主要理念。①模块化体现在作为现代会计人才，不仅要掌握会计的专业知识，还要了解其他商科知识，对经济学与数学、领导力和环境、写作能力培养等都形成了块状知识模型；在基础阶段学习之后，学生才会被允许按照课程编号进行高级知识学习，并有专门咨询导师帮助学生整合知识模块，提出生涯发展方向的建议；行动化理念是让学生在课堂上不仅能够学到专业知识，而且能够将知识与专业能力和实践相衔接，帮助学生在走向市场的时候用最短的时间适应现实世界。因此，在课堂上不仅会加入诸多案例研究和项目教学，而且在专业课教学之外，会聘请企业中有经验的从业者作为实践教授或者兼职教授开设实践性课程，而且系里也设立了专门的会计实践项目，为学生提供与企业合作和实习的机会。除此之外，诚信教育是会计系一个特色教育，作为在诚信上有特殊要求的学科，会计系每年都要设立专门的诚信工作坊和专门议题对学生进行教育。在美国安然公司会计造假事发后，美国整个会计学领域对造假案所引发的会计、审计、公司治理、证券交易等问题进行了深刻的反省和探讨，并颁布了《2002 年萨班斯—奥克斯利法案》，不仅从法律和制度上杜绝此类事情再次出现，而且提出了如果会计师不能恪尽职守、客观公正，整个会计行业的职业道德将荡然无存。②

二　竞值二：基础研究重要性的确立

从一个研究领域到一门学科，它需要超越对现象的描述，达到通过提供假设和理论对现象进行解释的境界；需要超越观察，运用严格的方法论使其成为一门科学。作为一门学科，它需要具备本体论（现实本质）、认识论（知识本质、来源和疆域）和方法论（探求的过程）。③ 在20 世纪 70 年代之前，在经济学、行为科学和定量方法还没有引入会计学之前，会计学没有"规范研究"，所有研究都是以解决实践中出现的问题

---

① 何玉润、李晓慧：《中国高校会计人才培养模式研究——基于美国十所高校会计学教育的实地调研》，《会计研究》2013 年第 4 期。

② Paul Sarbanes, "Sarbanes-Oxley Act of 2002," *The Public Company Accounting Reform and Investor Protection Act*, US Congress, 2002.

③ Jagdish N. Sheth, Parvatiyar Atul, "Evolving Relationship Marketing into A Discipline," *Journal of Relationship Marketing*, Vol. 1, No. 1, 2002, pp. 3 – 16.

为主，而且没有得到独立的学科地位，"行为科学、数学和心理学被引入会计领域，让其从复式记账的实践转变成为一门真正的学科"①。20 世纪 70 年代那一批年轻的学者通过对科学研究方法的强调和对 Ph. D 培养方式的转变（要求博士生的博士论文必须运用规范的统计学研究方法）让会计学迅速发展成为一门学科。作为应用性学科，基础研究在会计学经历了从无到有、从弱到强的过程，会计学通过将实践性知识向理论性知识的进化完成了学科的独立，获得了和其他经济类学科同等的学科地位，尽管在转变过程中出现了新老代际在学科发展重点、研究对象和研究方法上的激烈对峙和冲突，甚至一度引起教师们的不安，最终以"规范研究"为代表的基础研究还是以学科独立这一巨大贡献取得了优势地位，而"规范研究"和前"规范研究"之间最大的区别就是会计学科发展不再被现实中的实践问题所左右和控制，而是开启了以基础研究引领实践的时代，基础研究开始超越应用研究，成为学者们获得学术声望的动力和标杆。

基础研究是在 AAA 和福特基金的推动下，经过 Ph. D 项目逐步由商学其他学科扩展到会计教育并培养学生研究能力尤其是基础研究能力而完成的。大学各会计学术组织尤其是研究型大学在 AAA 的推动下，逐步完成了会计学的基础研究，并聘任在基础研究上能力较强的学术教师，而一开始这些机构就将基础研究视为应用研究的对立物，并逐渐将基础研究成果作为教师晋升和加薪的主要依据，应用研究的地位逐渐被基础研究所取代。②会计学基础研究的兴起和支配地位的建立主要是因为商科其他学科知识发展迅速，会计学如果没有知识创新和理论的系统化发展，就很难获得独立的学科地位，并会在和其他学科的交流中处于劣势；而且，很多涉及会计的管理问题，必须通过基础研究来完成，这种原创性的研究是会计学的本质和精华。③会计系无论在教学还是研究的转变上，

① Tom Lee, "The Professionalization of Accountancy: A History of Protecting the Public Interest in A Self-Interested Way," *Accounting, Auditing & Accountability Journal*, Vol. 8, No. 4, 1995, pp. 48 – 69.

② Richard M. S. Wilson, *The Routledge Companion to Accounting Education*, London: Routledge, 2014, p. 95.

③ La Salle, "Basic Research in Accounting," *The Accounting Review*, Vol. 34, No. 4, 1959, pp. 603 – 608.

AAA 对其的影响是不可小觑的。在经历了 AAA 主导的研究内容和研究范式转变之后，会计系形成了唯基础研究为发现学术的观点，无论在教师日常研究还是在晋升中，只有基础研究才被认为是原创性研究。为了推动和壮大基础研究在会计学科中的力量和作用，从 20 世纪 80 年代开始，很多研究型大学开始制定和探讨如何在教师晋升中开展评价研究。I 大学会计系邀请由外部专家组成的蓝带委员会①负责该项事宜，蓝带委员会通过组建贝德福德莫茨会计研究中心制定了有关研究在教师晋升中的评价政策，正式将研究提升至高于教学和公共服务的地位：以同行评议期刊文章为主的评价方式被确立，并对期刊进行了等级分类。在 20 世纪 70 年代以前，应用型研究在研究型大学不被重视，尤其是在 I 大学会计系这种引领全美会计学发展方向和前沿研究的学术组织，应用研究的发展举步维艰。年轻教师在进校之后，高级教师会给他们传授会计系的传统和文化，在发现学术上，高级教师的意见是在未获得终身制教职前不要做与原创性研究无关的事情。一位讲座教授说道：

> 　　我们只重视基础研究，具有开创性的基础研究。我们的教职轨道不一样，有一些教师不是终身制轨道，但是他们把精力放在了应用研究上，但是对于终身制轨道的教师来说，你要想获得晋升就必须在顶级杂志上发表文章，而那些顶级杂志发表的文章只看重具有创造性和新发现的研究。对于年轻教师来说，应用不重要，得到了终身职，你就可以有更大的自由度去选择你想做的事情，尤其是创造性的和有风险性的研究，以及一些合作研究；但是在你获得终身职之前，你最好做具有开创性的和你这个领域比较认可的研究，有一些案例证明，如果你在没有获得终身职之前就做你想做的事情，这无疑是一种很大的冒险。所以，在一般情况下，在获得终身教职之前，最好还是中规中矩地做标准型的基础研究，不要去冒险，否则你在晋升上可能就会有麻烦，这可不是一个好的主意。

---

　　① 蓝带委员会指由一些专业人士组成的、目的在于对某项社会事务进行调查研究的组织。这种组织一般不受政府和其他权力机关的影响，但其自身也没有强制力。其价值在于用专业、客观的分析得出结论和建议，供决策者参考。

作为一门仅仅拥有 40 年规范学科地位的会计学来说，教师对学科身份和学科疆域的敏感度更高，对科学的研究方法要求更严谨，对在权威期刊上发表的文章更重视，更加追求在整个学术共同体内的学术声望，而不止满足于在自己研究领域内的学术声望。学科生存和学科成熟要求会计学必须同时发挥知识的本体价值和社会价值，追求知识的理论性和应用性，但却是以不同的学术工作来实现不同的价值需求，这就使会计学在行动意向上形成了竞值依赖：以应用性为主的教学保证获取充足的外部资源和社会支持，以及通过基础研究让学科走向成熟。

第三节　学术工作的内涵和价值调节

在竞值依赖行动意向的引导下，会计系的教学和以基础研究为核心的发现学术在教师评价中占据了重要的位置，而由于学科身份的敏感性，跨学科学术则被限定在了一定的范围和数量上，原来会计学十分重视的应用研究和各行业的服务则作为参与和扩展服务被降至较低的价值区间。

一　市场导向的教学及其价值

会计系在市场导向下所形成的严格教学观让教学重新回归到了 20 世纪 70 年代之前的轨道上。严格的教学为会计系带来的是在全美会计学科领域人才培养的最高声望。在《美国新闻和世界报道》的会计系本科生排名中，I 大学会计系连续两年排名全美第二，研究生教育排名第三；而在每年发布的会计学科用人调查报告中，I 大学会计系也排在第二名，这项调查的对象是美国整个会计学科的用人市场，即对用人单位进行调查，而非高校，因此具有极强的市场号召力和可信度。会计学的教学受职业力量的影响较大，学生评价和专业排名对"由何人教学、教学内容、如何教学"等问题具有很大的决定权。学术性并不是本科生教学和执行博士项目追求的目标，在教学中学生面向市场的从业技能和能力才是教学的重点。[①] 教师从进校就会接受来自前辈严格的专业教学培训，并被告知

---

① John C. Fellingham, "Is Accounting An Academic Discipline?," *Accounting Horizons*, Vol. 21, No. 2, 2007, p. 159.

教学在晋升中的重要性，尤其是学生评价对于教师晋升的意义。教师的教学不仅仅是要完成自己的职责和知识的传递，作为标准化相对较高，并且拥有相对统一市场的会计行业来说，学生在市场上的竞争力和就业率能够充分体现学科的教学质量和水平。受访的高级教师坦言，从他们进校到现在，教学的重要性在近十几年里得到不断加强。一位两次任教于I大学会计系的教师说：“我在这个学校工作过两次，一次是20世纪80年代，一次是2000年，教学在评价中的重要性越来越大，应该说，我第一次在这个学校任职的时候，教学只占其中的一小部分，但现在则重要得多。如果你达不到教学的标准，一样要走人，这种趋势越来越明显。这种压力主要来自外部，这个学校面临着多种政治和公共压力，学费在上涨，家长希望学费能支付得有价值，学生也很在意他们花了那么多钱能得到什么，所以家长和学生对教学的要求越来越高，而学校对这项使命也越来越重视。”

无论是在教学的监管还是评价上，会计系都极为严格，看起来似乎有点不近人情。这种“不近人情”主要体现在三个方面：首先，教师的教学大纲要按照系里提供的指南进行反复修改，大纲是教学评价重要的一部分，充分体现着教师的教学知识和内容，在很多教师看来，这对教师课堂教学自由是一种侵犯。但是在本科生教学上，相对标准化的课程内容设置有利于学生了解职业信息和技能。对于普通学生来说，获得美国注册会计师和美国注册管理会计师等从业资格证书比积极从事研究工作以获得博士学位更为重要。一位教师说，学生经常把这两种资格认证考试称为“怪物”。尽管会计系是研究型大学的一部分，也将研究作为最重要的使命，但是面对学生的压力和需求，在对本科生和硕士生的教学上，还是会以实践性和行业专业性为主，学术性为辅。其次，会计系和其他系不同的地方是学生评价在教学评价中占有几乎决定性的地位，在市场需求和压力面前，学生的评价意见和学科成绩几乎可以成为判定教师教学质量的唯一标准。最后，新进教师在第一学期不可单独授课，对缺乏授课经验的年轻教师来说，学习和观摩是第一位的。他们要和其他高级教师一起参与团队教学，并从团队教学中得到其他教师的帮助，熟悉和了解课堂内容、教学技巧和学会如何与学生相处等问题。但作为教学团队的一分子，青年教师可以在第一学期经过高级教师的培训和认可后进行试验性授课，并由高级教师在课堂上进行监督。晋升委员会里一位四十多岁的男性教授对年轻教师的要求是：

> 对刚进校的教师，我们是不会让他单独授课的，很多年轻人都没有这个经验。我们的学生都要进行资格考试，他们学的每一门课都是关键，而且现在他们出的学费也比以前高得多，如果教学不好，是会出大乱子的，所以我们必须要求年轻教师教学组织得很好，讲得很清楚。只有他的教学材料能让学生明白，让学生接受，我们才会让他单独开设课程。我们的教师也会充分尊重和重视学生的意见，在课堂上他们可以随便提问，并对教师在课堂上的任何表现提出疑问和投诉。我们的教学口碑、声望和注册率都极其依赖市场，以前是这样，现在更是这样。

严格的培训、以学生为中心的教学观和晋升中教学评价的门槛设限等方式，让教师充分认识到教学在日常工作和晋升中的重要性。尽管这是一个研究型学术组织，但是作为曾经拥有辉煌教学成就的会计系来说，所涌现的教学明星也层出不穷。在访谈中，一位教师能够清楚地说出会计系曾经在教学上的传奇人物，他们获得过很多杰出教学奖。其中，某位教授被誉为传奇中的传奇：

> 他获得过很多杰出的教师奖，包括学校和州的杰出奖励，以及其他在教学上的捐赠奖励。学生对他的教学和辅导赞誉有加，他的教学哲学就是通过和学生的沟通以及对学生提出问题的有效回答，吸引更多的学生参加会计课程和从事会计职业。我们一直将这位教授作为鼓励年轻人积极投身教学的榜样。

二　"研究"内涵的限定及其价值

以基础研究为主的发现学术以及成为会计学科在知识创新和发现上的领袖一直是会计系最重要的目标。会计系教师对发现学术的理解和描述非常狭隘。这种以基础研究为主的发现学术在教师的晋升逻辑中是根深蒂固的，如果说会计系教学价值的回归来自学科生存的压力，那么发现学术的价值则来自学科独立和成熟的压力。在会计学发展成为成熟学科的过程中，基础研究的产生和发展起到了决定性的作用。I 大学会计系在转型过程中，正是依赖了对基础研究的投入和鼓励，成功地保住了会计系的学术声望，而在权威期刊上发表文章则被认为是基础研究创新的主要途径。发现学术在晋升中的重要性不言而喻，因为至今还有很多学者认为会计学并不是一门学术性学科，而是一个狭隘且孤立的职业，会计学的研究在相关性和可靠性上与经济基础研究不相匹配。发现研究大量缺失，在一个以数据为基础的学科上，教师多通过在文献中选取的控制变量和问题塑形来产生数据，这极大地影响了数据的可信度。① 作为具有崇高学术声望的组织，会计系一直致力于推动会计学发现学术的发展，让会计学成为一门更加成熟的学科。因此对于原创性的基础研究成果要求非常严格，会计系只承认本学科六种 A + 和 A 期刊上发表的论文，其中三种 A + 期刊被认为是原创性研究高的学术期刊，这三种期刊是《会计评论》《会计研究》和《会计与经济》，所有要想在终身制晋升中取得成功的教师必须在这六种尤其是三种 A + 期刊上发表高质量的文章，这是他们在基础研究中获得认可的唯一途径。会计系的学术发表无论在质量还是数量上都处于领先地位，从教师的研究领域——分析研究（理论）、行为研究（实验方法）和实证研究（假设检验）中可以看出基础研究的重要性，在规范的科学研究基础上的创新是保持卓越和持续改进的关键。

　　尽管学院和学校都在鼓励教师进行跨学科学术交流，但是在会计系教师看来，这无疑是一种冒险，尤其是在获得终身制教职之前。会计系将跨学科研究分为以经济学知识为基础的跨学科研究，比如对财政、市场、管理等学科的研究，以及以非经济学知识为基础的跨学科研究，比如对物理、生物、历史学等的研究。I 大学会计系在跨学科领域的研究大部分以经济学知识为基础，也有一小部分是在生物和物理等其他较远的领域进行探究。会计系教师对于跨学科学术的理解也与其他学科不太相同，数学、行为科学和经济学学科知识并不被算作跨学科研究，因为会计学正是通过这三种学科知识和方法才得以成为一门真正的学科的。会

---

　　① Joel S. Demski, "Is Accounting An Academic Discipline?" *Accounting Horizons*, Vol. 21, No. 2, 2007, pp. 153 – 157.

计学所认为的跨学科学术通常是在这三个学科之外的合作。作为刚刚成为成熟学科的会计学来说，自我保护意识比较强烈，以非经济学知识为基础的跨学科研究处在十分边缘的地位，极少有教师会在获得正教授职位之前从事这种跨学科研究。美国南加州大学教授肯尼斯·麦钱特认为，以非经济学为基础的跨学科会计学研究之所以在北美高校中没有引起重视，主要是因为这样三个因素：首先，现存的这种跨学科研究成果大部分与会计学的理论、实践和方法不相关或者相关性较小；其次，现存的研究对会计学的发展没有产生明显和清晰的影响和贡献；最后，由于这种跨学科研究成果极少能够在会计学顶尖杂志上发表，因此在整个会计学共同体成员中的交流和传播不够。[①]

会计系教师在没有获得终身职位之前并不强调跨学科研究，受整个学科交叉研究发展缓慢的影响，如果教师进行比较偏门的跨学科研究，在晋升中就找不到相应的同行进行评价，而且不会得到多数教师的支持。在这种学科背景之下，会计系教师将跨学科研究作为一种兴趣，在没有获得终身制教职之前，会有限制地进行以经济学知识为基础的跨学科研究，而在没有获得正教授职位之前，他们基本不会涉及以非经济学知识为基础的跨学科研究。就像一位在三级晋升委员会都当过委员的老教授所描述的那样：

　　如果你在没有获得终身制教职之前就做跨学科研究是在冒险。在很多情况下，人们喜欢你是因为你在他们认定的学科界限内陈述他们认可的研究工作。在你获得终身制之后，你可以做跨学科研究，但这也是在冒险，你的兴趣有可能让你有重大的发现，同样也有可能让你一无所获。毕竟你所在的学科有其自己标准的评价方式和惯性思维，你做的东西有可能他们并不接受。

跨学科学术在评价中依然被限制在一定的范围和数量上。近年来，I

---

　　① Kenneth A. Merchant, "Why Interdisciplinary Accounting Research Tends Not to Impact Most North American Academic Accountants," *Critical Perspectives on Accounting*, Vol. 19, No. 6, 2008, pp. 901 – 908.

大学积极推动学校跨学科学术的发展，并且制定了跨学术研究的评价程序。在学校政策和其他学科发展的推动下，会计系的跨学科研究在世界会计学范围内处于领先地位，但是受到整个学科跨学科研究发展程度的影响，在没有获得终身教职之前，很少有教师会尝试跨学科研究。因此，要提升跨学科学术的价值，还需要"很多有创造性的教师研究出具有实质性的或者颠覆性的成果"。教师在晋升中还是将传统的、被认可的会计基础研究作为晋升的主要方式，甚至在晋升中对跨学科会计研究文章设有一定的比例。会计系的跨学科研究大多在已经获得了终身制或者正教授职称的学者中进行，但这种情况正在发生改变。一位相对年轻的四十多岁男教授对跨学科研究的前景充满了信心：

> 最近几年里，我们聘任的年轻教师好像对跨学科研究更感兴趣，尤其是和其他经济领域学科合作，他们有更加坚实的经济学科基础知识，而且现代会计学和财政、管理、市场、决策等很多方面产生了联系，这种联系是天然的，而且现代经济体的决策更需要多方面信息的汇聚和分析，能够更加促进会计学和其他学科的交流。我相信在未来会有更高质量的跨学科研究成果出来，这是一个趋势，年轻人比我们更加能够适应它。

三　扩展服务的价值退化

参与和扩展服务对于会计系来说包含着两个方面：（1）应用研究。应用研究在会计学历史上曾经占有重要的地位，包括利用现有知识解决当前问题；使用实证性的方法对当前会计方法和经验规律进行测试；使用学科调查和行动研究开发中层理论和产生实证结果，增加经济实体利益或者功能等。①这些研究在会计学领域被视为学术的一部分，但是在 I 大学的会计系却没有得到和基础研究同等的地位。在 70 年代之前，应用研究是研究的主要形式，但在基础研究兴起之后，应用研究在会计系便失去了原有的地位，教师逐渐放弃了对应用研究的追求。（2）公共、专

---

① Alan J. Richardson, "Applied Research in Accounting: A Commentary," *Canadian Accounting Perspectives*, Vol. 3, No. 2, 2004, pp. 149 – 168.

业和学校服务。公共服务包括了协助企业和其他非营利机构开展相关的会计活动，利用教师的学术和专业知识促进公共福利和共同利益，解决和回应现实问题，尤其是现代会计咨询就包括了对企业和政府机构的专业培训、CPA 教学、项目实施，还包括对州政府和联邦政府公共政策的咨询，等等。对企业和政府的咨询工作，大多是在寒暑假期间完成的，不占用正常的教学和研究时间，有些咨询工作的收入是非常可观的。此外，专业服务也是教师需要履行的职责，而在晋升中对专业服务的要求远远大于对企业和政府工作的要求。在很多教师看来，真正的服务不应该包括具有可观收入的咨询工作，服务最重要的是付出，而不是有目的的回报。在学校内的服务主要包括行政服务和委员会服务。在基础研究还没有在会计学占据支配地位之前，教师的各种对外活动在晋升中的作用仅次于教学，甚至高于发表。但现在，这两种参与和扩展服务都已退化，即年轻教师在从助理教授到副教授期间，可以不提供任何关于对外活动的证据，只需要在教学和基础研究上做出令人信服的成绩。这些曾经被视为会计系重要职责的专业和公共服务在评价中逐渐退到了次要地位，教师不再以对社会的直接服务为主要职责。一位晋升委员会成员说："一个学科要想真正向着学术型方向发展，成为完全的学术公民，就必须放弃一些职业关注，而对于我们这个学科来说，对于外部力量的关注不是太少了，而是太多了。"

第四节　会计系的教师评价方式与晋升

一　教学评价：学生评价的绝对权力

会计系的教学受市场和职业的影响较大，学生就业和毕业生的口碑直接反映在各种排名中，对于会计学这种外向型的学科来说，毕业生的市场口碑将决定生源的数量，由于会计学在获取外部科研基金上不像工科和理科那样多，对学费的资源依赖比较重。所以，在对教学的评价上，会计系给予学生评价最大的权力，教师的教学表现几乎取决于学生对教师的评价，甚至颇有些极端化。会计系对 ICES 有明确的分数要求。在 5 分为满分的 ICES 体系中，4 分为晋升的标准，低于 4 分的教师将失去晋升机会。除了学生标准化的课程评价外，会计系还会收集学生对课程的开放性评价，然后由教学委员会整理成报告，作为教师教学评价的一部分，如果教师的 ICES 分数远低于 4 分，就会出现学生不愿意提供开放性评价的情况，这对候选人的晋升将非常不利。学生评价在会计系的教学评价中是基础性的和决定性的。系主任在谈到这个问题时说：

> 我们有一个基本门槛在那了，你只有达到基本线以上才能讨论你的晋升，才能讨论教学和研究的关系如何处理，等等。如果低于基本线，你是没有机会晋升的。我们对教学的要求非常高，教师的 ICES 平均分都在 4.3 分以上，如果低于 4 分，就说明教师的教学不能满足学生的要求。我们还会要求学生提供每一位教师的课堂教学报告，如果教师的 ICES 分数低于 4 分，学生很有可能会拒绝提供报告，这样我们就无法从学生那里知道你到底在什么地方出了错。低于 4 分的 ICES 分数，除非你是学术明星，否则我们不会让你晋升。

标准化学生评价在会计教育中的应用也饱受质疑，尤其是在关于教学效率的两项指标——课程材料和课程设计/课程发展上，学生缺少相应的评价能力。同时，学生的性别、课程的难易程度、低年级和高年级课程的区别、选修和必修课的区别等，都会影响标准化学生评价对课程的评价分数。[1] 但是由于会计系所承担的公共课并不多，大部分课程都是针对本系内的本科生和研究生所设，因此在 ICES 分数上并不会出现诸如数学系那样在公共课和专业课上的差距。在本科生教学上，会计系对学生入门课都进行了严格的标准化设计，会计行业的资格考试、从业规则等一系列的职业准则都在课程设计的控制之内。尽管会计学学生注册数逐年上升，但是传统学术型博士的注册数却逐年下降，而专业博士的注册人数不断上升，市场需求和导向越来越明显，这让以学生为中心的课程设计和评价得到进一步强化。尽管教师对标准化学生评价存在一些质疑，但是面对学费和资源的压力，教师在教学中依然会选择适应学生而不是

---

① Brian P. Green, Thomas G. Calderon, Barbara P. Reider, "A Content Analysis of Teaching E-valuation Instruments Used in Accounting Departments," *Issues in Accounting Education*, Vol. 13, No. 1, 1998, p. 15.

坚持学术的标准：

> 今天对世俗利益的拥护和支持充斥在商学院学术活动的每一个
> 环节。我们已经接受和适应了一个无情的顾客导向，学生和出钱人
> 的需求正在腐蚀着教师的职责。我们正在追求一种世俗的艺术，它
> 假装和今天的技术、词汇和职业身份有关。这些都反映在对学生评
> 价、出版物、同事调查和引用率的计算上。[①]

除了学生评价外，教学委员会负责教师的听课记录。每学期都会有两名高级教师到教师课堂上听课，每次一人，听课教师事先并不通知候选人，而是随意选择时间和课堂。听课在会计系依然被用于改进教师教学技能，同时为系主任对候选人进行教学评价提供依据。学生的学业成就、教学大纲、案例分析资料等，都在晋升委员会审查的范围之内。课堂注册人数也是教师课程受欢迎程度的重要指标。会计系鼓励教师开发新课程，但是仅限于高级教师。在教师从助理教授到副教授的晋升期间，不鼓励教师进行新课程开发，这是一件非常耗费时间的事情，而且不一定能够得到学生的欢迎，但教科书的编写并不在考虑范围之内，因为教科书的评价和奖励可以获得额外的收入，有专门为教科书设立的奖项，而且可以获得报酬。编撰教科书是一种额外的活动，不在教学评价范围之内。对于处在职业生涯早期的教师，晋升委员会更看重他们与学生的交流和学生对其课程的评价。一位委员会的委员这样说道："年轻教师的教学最重要的就是课堂组织能力、讲课的清晰度以及学生的接受程度，换句话说，学生和教师之间的交流是否顺畅。"而从副教授到教授的晋升环节，开设新课程、开发新案例等则成为教师晋升的必备条件，"如果是高级教师，就要看学生是不是认为你的课有价值，他们愿不愿意花时间在你的课上，没有真东西，学生是不买账的"。

二　研究评价："六个权威期刊"的硬性标准

会计系唯一承认的发现学术的表现形式就是论文。教师在提交晋升

---

① Joel S. Demski, "Is Accounting An Academic Discipline?" *Accounting Horizons*, Vol. 21, No. 2, 2007, pp. 153 – 157.

档案袋时，要将文章分为三类：已发表的论文、正在评议的论文和没有发表的工作论文。会计系在蓝带委员会建议下将已发表的论文分为五个等级：最高度认可的期刊，也被称为 A＋期刊；非常高度认可的期刊，也被称为 A 期刊；高度认可的期刊；其他学术期刊和职业期刊。尽管教师在晋升中可以提供这五个等级的期刊论文，但是会计系承认在六个顶级期刊（3 个 A＋，3 个 A）① 上发表的论文是有价值的发现学术的贡献，因为"这些期刊是十分明显的，作为一个研究领域的领袖你就必须在这些顶级期刊上发表论文"，唯有高质量的论文才是会计系最关注的学术贡献。如果教师高质量的学术论文没有在这六种期刊上发表，则被认为是"没有理解系里的评价意图"，是一种不明智的表现，因为只有这六种学术期刊才能够帮助学者在基础研究领域建立起良好的学术声望。它们是符号性的期刊，被会计学科赋予了创新和发现的意义。这种思维推动着教师以极大的热情和动力追求在权威期刊上发表学术论文。由于应用研究在会计系并不受重视，其他与会计实务相关的研究工作，包括解决企业和非营利性机构出现的现实问题等都不会被视为发现学术。一位刚刚获得正教授职位的教师说："尽管我们提供了更多的学术期刊清单，但我们知道要想晋升，还是要在那六种期刊上发表文章，其他期刊则可作为补充，在数量上增加一些东西，如果你只有一两篇权威期刊文章，在晋升中也会被怀疑发表生产力不高。"

对于跨学科学术，会计系依然只承认在其他学科领域发表的高质量论文，但在晋升中有明确的数量限制。在所提交的代表作中，如果有一篇或者两篇是在其他商学类杂志上发表的，这是会计系允许的，但是如果跨学科的论文超过两篇，或者多于纯会计类论文，就会受到晋升委员会的质疑。所以在晋升中，尤其是在晋升终身制的过程中，尽管会计系已经在政策和程序上对跨学科研究予以肯定，但从评价的过程来看，在标准上对跨学科研究做了严格的规定，将跨学科研究限制在一定的范围

---

① 除了上文提到的 3 个 A＋期刊外，A 类期刊为：《会计、组织和社会》（Accounting, Organizations and Society）、《当代会计研究》（Contemporary Accounting Research）和《会计研究评论》（Review of Accounting Studies）。另外还有两个与会计学科相关但不是会计学科的 A 类期刊：《商业和组织行为》（Journal of Business and Organizational Behavior）以及《人类决策过程》（Human Decision Processes）。

内，这使得处在晋升终身制教职过程中的教师并不敢贸然进行跨学科研究，否则可能在晋升中引起不必要的麻烦，但从副教授到教授的过程，教师们还是会尝试或者提供更多兴趣取向的跨学科研究成果的。尽管在晋升中，跨学科学术被限定在一定的数量之内，然而，会计系在全球会计学的跨学科研究中依然处在前列，教师在晋升终身制职位或者正教授之后可以根据自己的兴趣进行跨学科研究，积极寻求和其他学科教师的合作。会计系教师会根据自己的学术生涯规划和兴趣来妥善安排学术工作，他们不是不想在新的领域进行创造性的尝试和突破，只是需要在正确的时间做正确的事情，规避晋升风险。系主任说：

> 你可以打开一个网站，上面统计了全球会计学科高校教师的研究活动，我们系在研究领域的跨度上排第一，教师在研究兴趣和研究方法的多样性上比其他学校都高。有一些是我们教师和其他学科的教师在一些案例上的合作，更多的是和其他学科教师联合写作的，比如有一名教师在研究社会学模式，有两名我们会计系的教授和他进行合作，我们的研究领域非常宽泛。事实上，我也和心理学的教授共同发表过文章，这是一个非常跨学科的研究。但是问题就在这儿，为什么我们的教师在没有获得终身职之前去做这些事情，其实，这是学术生涯发展的风险规避，因为在没有获得职业保障的情况下去做这个大家不熟悉的学科研究很容易出现问题，最大的风险就是同行们不认可或者找不到能够评价你研究成果的专家。

在教师晋升过程中，从副教授向教授晋升的过程则需要提供更加丰富的证据，而且更加重视教师的国内和国际声誉，所以演讲等扩展声誉的活动也被认为是必要的。在获得终身制教职的过程中，除了同行评议论文外，会计学并不重视书籍写作，书籍写作在会计学曾经被认为是学术成就的主要表现方式，在 20 世纪 70 年代很多学者都投身于包括教科书编写的书籍写作中，因为当时很多书的章节都要经过同行评审，但是随着会计学科专业期刊的成熟，同行评议书籍的行为已经不复存在，所以书并不能成为教师晋升的依据。研究经费在会计学科的学术评价中并不重要，很少有教师能够拿到经费。一位老教授见证说："有的教师一辈

子都没有申请到任何的研究基金，但他们依然做出了令人兴奋的研究
成果。"

三　参与和扩展服务评价："保护教学和基础研究"与"保护年轻人"

应用性学术在会计系发展过程中已经被抛弃，更多的教师从事基础
研究。在会计系，青年教师在获得终身制教职的过程中不要求提供各种
服务活动的相关资料，但在从副教授向教授晋升的过程中，需要提供在
专业行会、企业和非营利性机构，以及学校内的服务清单。在访谈中，
教师们都不愿意过多地谈论服务部分，他们认为只需要提供相关的证明
"我真的在做一些服务"就可以了。在一些服务中所获得的奖项也可以作
为质量的象征，但是晋升委员会成员很少关注这一部分。服务活动在会
计系是明显"反现实"的，由原来的主要学术工作下降为可有可无的附
属活动。一些有报酬的咨询服务可以为候选人带来经济利益，但却无法
使他们获得学术声誉，尤其是在晋升中更不被重视。所以，在没有获得
终身制教职之前，很少有教师投入服务中，而会计系的晋升委员会也不
会在晋升中仔细评价候选人的服务情况，只有当教师开始准备晋升教授
的时候，服务活动要求就会明显增多。系主任说道：

> 服务不是我们的主要使命，从助理教授到副教授我们主要是看
> 研究和教学，但是从副教授到正教授我们会看服务，我们会要求教
> 师做一些更广泛的工作。在我们系，青年教师基本不做服务，把精
> 力主要放在研究上，在晋升副教授之后的两到三年内，我们会增加
> 他们对系里面的责任和义务。如果一个教师去做扩展或者参与活动
> 的时候，我们就知道他可能要申请正教授了。也就是说，青年教师
> 将大部分时间花在研究上，将一部分时间花在教学上，但随着教师职
> 位的上升，他们的活动和义务会随之增加。

在谈到为何包括传统的应用研究在内的参与和扩展服务不可作为晋
升的主要依据时，教师们从两个方面给出了答案：保护学术的公正性和
纯洁性，他们并不希望可以获得额外报酬的活动成为教师晋升的主要目

标，这将让本已被其他学术成员诟病的会计学术变得更加世俗化，这并不利于会计学科向着学术型发展；保护年轻人的职业生涯发展，青年教师在职业生涯前期并不具备做出真正优秀服务的水平，服务要以专业知识为基础，而在职业生涯前期，青年教师需要积累更多的专业知识和专业能力，以此为基础才可以做出令人满意的服务成绩。一位中年男性教师的回答充分表明了他们的观点：

> 你说的应用研究其实会占用教师很多的教学和基础研究时间，而且这一类与企业合作的应用研究可能会给教师带来不错的报酬，你想一想，如果这种类型的研究既可以带来收入又会在晋升中得到好处，那教学和基础研究由谁来做？所以为了保持学术的公正性和纯洁性，只能把这类研究作为服务的一部分，甚至是与服务无关的个人自由行为，如果不占用正常的工作时间的话。

另外一位教师则对职业生涯发展做出了详尽的解释：

> 我想，在获得终身职之前人们是不会把时间花在这个上面的。我认为，首先你要成为你那个领域的学术专家，为了达到这个目标，你首先应该学习和了解你所在领域的知识。当然，你还要了解和帮助你所在领域公共政策的制定和其他经济团体的项目，但我不建议年轻教师来做这些事情，你要先在这个领域把学术研究做好，不要先想着做应用型的工作，高级学者可以帮助这些政策的制定，因为他们有了一定的知识和经验积累，而年轻教师不具备这种知识和经验。

四 会计系的教师评价标准和晋升决策

会计系实行的是 Head 领导下的委员会咨询制度，会计系的 Head 权力很大，这是由会计系的传统决定的。在会计系发展的历史上，每一位系主任都是当时会计学科领域极具声望的学者之一，而且对会计系的发展做出了重大贡献。咨询委员会是所有委员会中最重要的，它直接由系主任担任主席，并由其他四位被全体成员选举出来的终身制教师组成，负责除晋升和终身制评价以外的其他一切事务。它拥有三项重要权力：对系主任的评价权、向院长建议系主任的留任和更换权，以及对教师聘任的建议权。咨询委员会的设立是为了平衡系主任的权力，对系主任的权力进行约束和监督。在会计系，晋升委员会成员由咨询委员会任命，每年都会根据候选人晋升的学术背景进行调整，人数根据正教授人数的变化而定，一般保持在4—5人。无论是终身制评价还是从副教授向教授晋升，都必须由正教授组成的晋升委员会先给出咨询意见，系主任不干涉晋升委员会的工作和表决，独立对候选人做出评价。会计系一般会为候选人征求5份外审专家的评价信，这些外审专家大部分来自沃顿商学院、哈佛大学、芝加哥大学、西北大学、康奈尔大学等和I大学会计系齐名的学校，但外审专家的声望最重要。会计系会让候选人提出5位专家和1位规避专家（候选人特别不想让其当评审专家）名单，然后由晋升委员会将选出的专家名单递交给系主任，由系主任向这些专家发出邀请，将候选人的档案袋寄给他们。

　　会计系无论是对学术还是教学所采用的方法相对于其他基层组织来说更加机械和狭隘。在对待外审专家的评价信息上，会计系依然采取极为严格的标准，只要有一份严重负评价，候选人的晋升之路就此中断，晋升委员会将毫不留情地停止案例。会计系之所以以一份负评价作为否定候选人的临界线，是因为其严格的审核标准。系主任说：

　　　　首先，我们已经允许候选人提交一个规避专家的名字；其次，我们系对候选人提交的档案袋进行了非常严格的审查，如果候选人连系里提请晋升的资格都没有得到，我们是不会为他（她）邀请外审专家的，他会直接被晋升委员会拒绝，而能够获得邀请外审专家资格的教师，通常情况下都是在学术上做得相当好的。在我们这个学科，外审专家如果没有充足的理由是绝对不会给出负评价的。

　　会计系在中期考核上也比其他系对待青年教师更为直接。会计系的教师基本上都具有各种专业证书，即使他们在学术职业上表现得不够卓越，也可能会在其他行业找到合适的工作。相比较其他学科的教师而言，会计系的教师拥有更广泛的就业渠道，所以在中期考核时，如果晋升委员会认为候选人在学术职业上没有晋升的希望，会直接告知候选人在晋升上的困难，以便有更多的职位和资源招聘新人。中期考核的作用就是根据三年表现，看候选人有没有晋升的潜质，有没有足够的理由表明可以晋升：

> 我们对那些能够晋升的教师会告诉他在接下来的三年里你要关注什么，才能确保晋升；对表现不是很好，我们认为没有足够的证据或理由晋升的教师，我们会暗示他去其他类型的学校或者在市场上找其他的工作，因为如果等你到第六年还没有通过审核，然后再去找工作，就不一定能找到合适的工作了；而且学校和系里的资源是有限的，在第三年里如果我们告诉他晋升的可能性很小，他就会去找工作，有可能提前离开，我们就会有多余的职位和资源用于新人的聘任。

学生评价在教学上有着"一票否决"的地位，只要低于 4 分，教师的教学将会被视为不合格，晋升委员会就不用讨论其他的教学证据了。因为获取终身制的青年教师在教学上并不要求提供教学创新的活动证明，所以课堂教学是青年教师教学档案袋里最重要的一项，而且青年教师在获取终身制的过程中所教授的课程并不多，教学任务也很轻松，在教学环境相对宽松的条件下，如果课堂教学还不能令学生满意，则会被认为是对教学的忽视，这样的教师在会计系也同样不能晋升。教学在 4 分以上的教师，委员会则通过其他辅助证据，比如听课记录和教学创新等，判定教师的教学情况是否符合晋升标准。因此，学生评价在 4 分以下，委员会将直接对候选人的教学予以否定。对 4 分以上的教学，委员会通过调取学生的开放性评价以及教师的听课记录来分析教师的教学，"如果我们了解到的是学生抱怨课堂的作业太多、书太难，但教师认为他讲得很好，我们会给予支持"。

在会计系，系主任的权力很大，所以晋升委员会的投票结果并不是教师晋升的决定性表决因素。在 4—5 人的投票中，即使出现投票分化，系主任或许也会支持候选人的晋升；即使出现全票通过，系主任也有可能否定候选人的晋升。系主任的评价意见和晋升委员会的投票结果时常会发生冲突。在一般情况下，如果委员会出现投票分化，但系主任认为候选人可以晋升，则候选人的案例还是会被系主任递交给学院，如果系主任否认候选人的晋升，则案例在系里会被直接停止；如果晋升委员会全票通过，但系主任持否定意见，案例也会被送交学院，但是被学院否决的可能性比较大。会计系和商学院在决定教师晋升的过程中，更加关注执行官员的意见，"因为每一级的执行官员都要比普通的教师更加了解这个系或者学院需要什么样的教授，他们的视野是全方位的，是总揽性的"。所以，在会计系晋升委员会和系主任之间的意见冲突经常会发生，系主任往往需要从组织发展的角度来确定候选人是否晋升，而晋升委员会则从学术角度来确定候选人是否应该晋升。在谈到对晋升委员会投票结果的意见时，系主任说：

> 如果表决上都同意，但我认为不好，我还是会投反对票的。有些是因为委员会对教学要求过低，我需要平衡教学和学术之间的关系，如果那样的教学都能够晋升，教师会以此为例，教学的质量就会下降；有些则是因为教师所提供的证据在我看来不能够满足晋升的标准，尤其是从副教授到教授的晋升中，除了教学和学术外，如果没有证据表明你的影响力、你对共同体的服务贡献，我还是会拒绝的，我毕竟比委员会需要考虑得更多。

会计系对于候选人的晋升形成了两种认可方式：卓越研究＋卓越教学，卓越研究＋强劲教学。会计系的教学传统已经回归，并且赋予学生近乎"一票否决"的权力，教师要想顺利晋升就必须在教学上获得学生的认可和青睐。同时，以基础研究为主的发现学术依然是会计系唯一重视的学术形式，应用研究和服务一同退却到了边缘地位。

第五节　小结

会计学属于软—应用学科，是在研究财务活动和成本资料的收集、分类、综合、分析和解释的基础上形成协助决策的信息系统，以有效地管理经济的一门应用学科，研究对象是资金的运动。会计学是一门外向型学科，其发展和服务的对象来自经济实体的活动和问题。会计研究对会计实践做出了巨大的贡献，但是关于会计的教学和研究也逐渐趋向学术性和实践性分裂。会计学是一门倾向于社会价值的学科，尤其是在服务社会经济发展和管理上，具有非常重要的作用。会计学科领域和研究问题、对象和方法的扩展，与解决社会经济实际问题是分不开的；但会计系也有其本体价值，尤其是在会计学成为一个独立学科的过程中，以探求学科本质为主的科学和基础研究为会计学者所重视，尤其是在研究型大学中，教师对学科基础理论创新更为青睐。会计学虽然是一门外向型学科，但为了保证会计学术发展的非功利化，教师与包括企业在内的社会组织的合作只被看作一种社会服务，而学术成果的发表以期刊为主。作为学术职业的会计学教师，实务和学术缺一不可。

会计系"竞值依赖"的行动意向是建立在价值分裂的基石之上的：身在学术职业中的会计师们既要通过应用性实践知识的教学向社会和学生提供服务，又要通过更加学术化、理论化和基础性的研究让其成为一门更加成熟和被广泛认可的学科。I 大学的会计系作为全美最顶尖的会计学术组织，从建立之初就引领着美国会计学的发展方向，并通过众多传奇式的学者和提供高质量的本科生和研究生教学博得了至高的学术声望。会计学的生存来自高质量的以应用为导向的教学，I 大学的会计系在经历了因失去教学传统而导致教育声誉和生源的下降后，充分认识到教学对会计学生存的重要性，因此又重新恢复了教学的传统地位。但在研究上，会计学的学者通过对科学研究方法的强调和对 Ph. D 培养方式的转变，让会计学迅速发展成为一门被广泛认可的学科，会计学通过将实践性知识向理论性知识的转化完成了学科的独立，获得了和其他经济类学科同等的学科地位。

在竞值依赖行动意向的引导下，会计系的教学回归到了传统的重要价值上，会计系在市场导向下形成了严格的教学观。严格的教学为会计系带来的是在全美会计学科人才培养上的最高声望。学术性并不是本科生教学和执行博士项目追求的目标，学生面向市场的从业技能和能力才是教学的重点。以基础研究为主的发现学术和成为会计学科在知识创新和发现上的领袖一直是会计系重要的目标。这种以基础研究为主的发现学术在教师的晋升逻辑中是根深蒂固的。在会计学发展成为成熟和独立的学科过程中，基础研究的产生和发展起到了决定性的作用。I 大学会计系在转型过程中，正是依赖对基础研究的投入和鼓励，成功地保住了会计系的学术声望。近年来，I 大学积极推动学校跨学科学术的发展，在学校政策和其他学科发展的推动下，会计系的跨学科研究在世界会计学范围内处于领先地位，但是受到整个学科跨学科研究发展程度的影响，在没有获得终身教职之前，很少有教师尝试跨学科研究。参与和扩展服务都被降至边缘，年轻教师从助理教授到晋升副教授期间，可以不提供任何关于对外活动的证据，只需要在教学和基础研究上做出令人信服的成绩。

　　会计系的教师评价组织方式是 Head 领导下的委员会咨询制度，晋升委员会成员由咨询委员会选举产生，成员有 4—5 名，每年更换一次。在对教学的评价中，学生评价的 ICES 分数被作为教学质量的重要证据，教师获得低于 4 分的教学分数，一般情况下不予晋升。除了学生标准化的课程评价外，会计系还会收集学生对课程的开放性评价，然后由教学委员会整理成报告，作为教师教学评价的一部分；会计系唯一承认的发现学术的表现形式就是论文，尽管教师在晋升中可以提供五个等级的期刊论文，但是会计系只承认在六个顶级期刊（3 个 A＋，3 个 A）上发表的论文才是有价值的发现学术。在递交的学术档案袋中，跨学科学术的论文不得多于两篇。参与和扩展服务在教师评价中没有什么地位，也没有评价质量的标准，教师从副教授到教授的晋升过程中只要提供足够的服务证据即可。评价委员会最终的投票结果并不能保证候选人一定晋升，会计系主任拥有强大的权力，可以做出独立的评价决定。如果系主任在评价中给予候选人较多的负面判断，学院委员会在大多数情况下也会投票终止其晋升资格。I 大学整个商学院的传统都比较倾向于行政权力和学术权力相对分离，而行政权力在教师晋升中拥有更大的决策权，系主任和院长在决定教师能否晋升上所起到的作用大于晋升委员会。会计系对于候选人的晋升形成了两种认可方式：卓越研究＋卓越教学，卓越研究＋强劲教学。

第八章　教师评价中学科文化对学科 组织行动的影响

　　无论是在韦伯的意向行动理论还是在帕森斯的唯意志论行动理论中，观念在人类社会行动中都起着重要的指导作用。他们都把行动者的行动同人的主观意志、情感、观念以及价值系统联系在一起，并在人的观念价值系统中分析人的行为动机和意义，使人类的行动脱离不开各种内化的无形因素。文化系统作为塑造人们基本价值和规范的系统，对社会系统起到了维持的功能。文化是整个社会运作的核心，从符号的角度来看，文化表达了某种意义和价值观念；这种定义将文化设定在"符号"层面。从隐含价值判断的角度来看，文化的作用是澄清某种生活方式和某种文化中清晰和含蓄的含意与价值。① "文化"在高等教育研究中的广泛应用是因为文化"是唯一可以将众多概念联系在一起，并塑造人们思考方式和集体行为方式"②，"是解决高等教育机构中任何行为、活动和过程的关键"③。在面对教师评价改革的浪潮中，学科组织以学科文化为导向，在学科价值和规范系统的约束下选择行动的方向和模式。罗伯特·马修和珍妮·普利特查德认为，现在任何一个大学都不可能脱离学科而存在，现代西方大学所设立的学院和"系"都是以知识分类和词源理解为基础，

---

① Williams Raymond, *The Sociology of Culture*, Chicago: University of Chicago Press, 1981, p. 26.

② Burton R. Clark, *Perspectives on Higher Education: Eight Disciplinary and Comparative Views*, Oakland: University of California Press, 1984, p. 165.

③ George D. Kuh, Elizabeth J. Whitt, *Culture in American Colleges and Universities*, *ASHE-ERIC Higher Education*, Report No. 1, 1988, Washington, DC: Association for the Study of Higher Education, 1988, p. 73.

我们不可能以其他方式看待现代西方大学的组织结构。① 学科文化并不是孤立和封闭的符号系统，它是开放的系统，与社会环境和条件共同经历历史演化，形成学科共同体成员特定的行为规范。学科文化作为学科组织的共同信念和共同的行动逻辑，在教师评价改革中建构行动的图式。

第一节　学科文化是学科组织行动的依据

一　学科文化的传承与变迁

学科文化并非一成不变，文化在短时期内的确具有相对稳定性，但不可否认的是，当今知识的发展速度超越了以往任何时期。作为以"高深知识"为本原的学科，在知识呈几何增长的今天，其知识特征、社会特征和价值倾向都会发生变化，但变化速率却因学科不同而呈现出差异。学科文化像其他文化类型一样，既有传承性又有渐变性，知识本身以及知识和社会的关系总是处在不断变化之中，这些都将引起学科在知识特征、社会特征以及价值倾向上的改变。

（一）知识特征的变化

学科的知识特征是由认知论决定的，一个学科的研究范式和理论体系标志着学科的软/硬程度，而研究问题的应用性则标志着学科的纯/应用性。比彻在用认知论对学科进行划分时强调这只是对学科知识接近事实的轮廓概括，在对具体学科进行分析时不能忽略三个方面：重视在学科构建中社会因素的作用、关注短暂变化的影响、避免分类过于简单化。② 学科在研究范式和研究对象与问题上的变化都影响着学科文化的内涵和意义。

库恩不仅提出了范式的概念，而且更重要的是他暗示了学科的创新和发展来自对范式的继承和反常的探索。库恩认为，科学发展分为两个时期：常规科学时期和科学革命时期。常规科学的基础根植于过去的科学业绩研究，根据一种或多种已有的科学成就进一步开展活动。常规科

---

① Carolin Kreber ed. , *The University and Its Disciplines*: *Teaching and Learning within and beyond Disciplinary Boundaries*, New York: Taylor & Francis, 2008, pp. 58 – 69.

② Tony Becher, Paul Trowler, *Academic Tribes and Territories*, London: Mcgraw-Hill Education, 2001, pp. 36 – 37.

学的目的是改进、完善范式，而不是改变范式。在常规科学时期，科学是在范式所设定的界限内，朝着把事情精密化和理论精细化的方向发展，但对超出设定界限的事物绝不承认。仅限于常规科学时期的知识是不断增长的。在常规科学时期，如果观察和实验与范式不符，科学家们不是怀疑范式，而是怀疑自己的实验出了误差。由于科学家对范式的信仰，限制了他们的事业，常常压制重大革新。但是常规科学对学科文化发展的贡献是巨大的，靠着对范式的信仰，科学家们会集中精力解决疑难，完善范式的细节，使范式和自然界趋于一致。常规科学时期的学科范式以渐进的方式发展，但科学革命时期的范式则以不可通约的方式发展。当按照当前范式解题得不到应有的答案时，就会出现反常，即出现与范式不相符合的现象。在常规科学时期，因为范式本身具有弹性结构，科学家可以设法同化反常，使之成为预期现象，但当反常无法通化又不能排除时，就会有少数科学家对范式本身产生怀疑，从而进入范式危机，这时，一场创造新范式、更换旧范式的科学革命就会出现，科学革命意味着世界观的改变。在科学革命时期，"科学家们必须转向哲学分析，作为解开他们研究领域中未知之谜的工具"。科学革命同时意味着旧范式中的概念网被重新定义和划定范围，其意义和指称发生了根本性的改变。

库恩认为，范式是为了建立科学发展的动态模式。在他看来，范式是某一学科成熟的标志，某一学科只有确定共同的范式，才能被称为科学。但并非所有学科都是科学，也并非所有学科都具有一种统一的范式。随着学科知识的分裂和融合，即使是科学也会出现多种范式。在发展过程中学科出现了多次分裂和融合，有些学科脱离母学科而逐渐成为一门独立的学科，有些来自不同学科重叠领域的知识也会合并为一个新的学科。学科的生长源于知识的分工和合作，不同知识片段和系统之间存在着分工和互补。无论是分工还是合作，知识生产都要建立在知识之间的交流和沟通基础上。不同知识之间的交流、碰撞和沟通会形成新的知识，知识生产的制度化就会形成新的思维方式、新的方法、新的学科和新的范式。知识生产其实就是不同知识直接交流、沟通和碰撞的结果，这是知识生产的必要条件，也是学科生长的必要条件。学科的演化和生长来自知识生产，尤其是知识大爆炸。查尔斯·斯温认为，随着知识的增长，学科本身也随之增长，知识领域的每一次扩大最终都导致了学科领域的扩大。① 随着知识生产速度的加快，学科范式的转变也在加快，这是学科文化变迁的重要推动力。

（二）社会特征的变化

学科的社会特征体现的是学者生活和交流的方式。比彻在对学科的社会特征进行分析时认为，在范式统一、趋同性较高的学科里，学者的联系和合作更加紧密，因为他们具有相似的思维方式和价值观，具有较为相似的学术判断标准，从而享有高度的认同感和较为一致的研究目标，对于范式不相符的研究和观点一般怀有排斥性。在趋异性的学科里，学者研究领域比较分散，范式不统一或者承认多种范式，学科拥有较为分裂且不稳定、可渗透的边界。学者的思维方式和价值观差异性较大，学术判断标准迥然不同、因人而异，缺乏一致的研究目标和认同感，学者的学科身份感比较模糊。但趋异性学科对不同的研究范式和方法比较宽容，容易与其他学科知识产生融合。同时，比彻根据研究领域的人—问题比率探讨了学者间的群聚度和竞争度。人—问题比率较高的学科被称为城市型学科，较多的学者抢占相对较小的学术研究领域且群集于易于短期解决的可分离的课题上。城市型学科的资源竞争激烈且拥有大量可利用的快速信息网络，学科内专业或者研究领域分工明确，专业内学者彼此之间交流密切、相互争辩碰撞氛围浓厚，容易形成头脑风暴。城市型学科的学术发表竞争激烈，虽然期刊以专业或者研究领域划分为主，不要求整个学科的声望统一性，但是城市型学科的知识更新速度较快，学者为了抢夺成果优先权而关注快速发表。城市型学科的研究问题容易受到环境和社会影响，经常可以获得可观的资源并且通过良好的声望来获得更多的资助。田园型学科的学者交流度不高，尤其是不同研究领域的学者很少出现批判性交流和激烈的争辩。学者们对问题的理解和诠释没有统一的答案，不同的视角会出现不同的解读。学者对某一问题的研究需要耗费更长的时间，且学术发表周期较长，相比较城市型学科而言，竞争压力相对较小。

学者生活和交流方式也处在不断变化之中，知识特征的变化和在具

---

① Charles F. Thwing, *A History of Higher Education in America*, Hew York: Appleton and Company, 1906, p. 16.

体时空中学者们所处的环境变化都会影响他们的生活和交流方式。学科的交流和竞争既会随着知识疆域的扩展而发生改变，又会随着交流空间和载体的扩展或缩小而发生改变。当一些学科融合其他学科知识时，它就有可能从一个趋同型和城市型的学科逐渐向趋异型和田园型的学科转变，研究问题也会更加多样化，比如工程学在发展过程中的开放性让其融合了更多学科的知识——生物学、数学、化学、物理学等。这些学科范式都会改变工程学原来单一的研究范式，并让研究领域更加多元化，学者们对问题研究的群聚度也会下降。当学科被具体放置在一个国家或者更小的空间内，比如一个大学或一个学科组织之中，随着空间的转移和压缩，学者的生活和交流方式也会发生改变，期刊的认可度、学者研究领域的群聚度、对研究范式的统一度等，都会影响学科的社会特征。比如，同属于硬—纯学科的数学，一个以纯粹数学研究为主的数学系和一个以应用数学研究为主的数学系在成员交流方式和竞争程度上都会出现差异。相比较学科的知识特征而言，社会特征更具多样性和多变性。

（三）价值倾向的变化

一个学科的价值倾向在很大程度上取决于知识和社会关系，每个学科研究问题、服务社会方式，以及社会对其需求的不同，决定了学科所追求的价值倾向。知识和社会的关系在人类历史上并非一成不变，米歇尔·福柯（Michel Foucault）认为，每一个历史时期都存在一种思想结构——由一些无名的手所写的法律，统合话语实践的一整套关系就会产生认识论的形象、科学、可能的形式化系统，福柯称之为"知识型"。知识型可以被看作类似于世界观的东西，它为每一个领域提供同样的规则、原理、理性发展的阶段。[①] 也就是说，知识也会经历转型，在每一次转型中知识和社会的关系就会经历一次变革。石中英根据福柯的知识型定义，将人类知识的历史形态分为四种：原始知识型（神话知识型）、古代知识型（形而上学知识型）、现代知识型（科学知识型）和后现代知识型（文化知识型）。当今社会正处在现代知识型和后现代知识型的交汇期，科学知识的社会需求和权力不断攀升。

知识生产的动力来自两方面：一是由于学者本身对于知识发现的兴

---

① 　石中英：《知识转型与教育改革》，教育科学出版社 2001 年版，第 23 页。

趣、好奇心和求知欲；二是人类社会发展的需求、国家利益和优良的社会激励机制。新研究领域和学科的创建必须拥有某种外部刺激，即觉察到服务于特定社会功能的潜在效用，所有这些都涉及技术概念之上对已有知识的重建和新问题的产生。① 当社会发展到一定阶段时，总会对知识生产提出不同的要求。知识具有本体价值和社会价值，尽管各类学科的高深知识都具有各自的价值倾向和行为理性，但是社会需求却能改变学科的价值倾向。在某一时期人们对某种学科的本位价值追求就可能会因为社会发展对其要求的改变而更加倾向于社会价值，随之就会改变学科知识生产的内部逻辑规则。在知识经济时代，知识生产将成为经济增长和社会发展的基础性因素，知识经济时代的知识生产与权力转移具有一致性。在这一时期，知识经济所依赖的市场增值最快的知识则被认为是最有价值的知识。相对于人类社会经历过的农业经济、工业经济而言，知识经济的重要特征，就是知识的有效创新、广泛交流、合理综合和正确运用。知识成为促进经济发展，使生产力获得迅速提高，从而在竞争中取得优势的核心要素。知识经济的生命和源泉就在于创新，其支柱则是高新技术，和一切高新技术相关的知识都成为当今社会最具价值和权力的知识。② 当社会对某种学科知识的需求增加时，其学科权力、资源和地位就会随之增加，而知识本身的某种价值也会随之增加。

二　学科文化成为学术组织的行动框架

著名新制度主义学者 W. 理查德·斯科特提出了制度的三个基本要素：文化—认知、规范和管制要素，其中文化—认知要素在秩序基础上是建构式图式，从管制到文化—认知，"其一端是有意识的要素，另一端是无意识的要素；其一端是合法实施的要素，另一端是被视为理所当然的要素"③。对文化—认知的关注是新制度主义学者最显著的特征。文化—认知构成了对社会实在的共同理解和建构意义的认知框架。文化不

---

① Tony Becher, Paul Trowler, *Academic Tribes and Territories*, London: Mcgraw-Hill Education, 2001, p. 171.

② 袁爱玲：《知识经济呼唤创新教育》，《教育研究》1999 年第 5 期。

③ Andrew J. Hoffman, *From Heresy to Dogma: An Institutional History of Corporate Environmentalism*, New York: Stanford University Press, 2001, p. 36.

仅是语义符号和主观信念，也是被感知为客观的、外在于个体行动者的符号系统。符号塑造了人们赋予客体或活动的意义，意义出现于互动之中，被用来理解持续不断的互动，从而得以维持和转化，所以韦伯认为，只有在行动者赋予行动以意义时，这种行动才被称为社会行动。文化是外在的框架，它塑造着人们内在的理解过程，它就像认知的容器，各种活动以此被界定。吉尔特·霍夫斯特德等人把文化比喻为"大脑思维软件"，它提供了思考、情感和行动的模式。[①] 文化和行动是无法割裂的：

> 把文化分析与其适当的客体即实际生活的非正式逻辑相分离，并孤立和封藏起来。……我们必须注意到行为，并且必须正确地、精确地注意到行为，因为正是通过各种行为——或者更准确地说社会行动——文化形式才可以表达。无论符号系统"就其本身"可能是什么，可能在何地，我们都是通过观察和监测事件，而不是通过把抽象的实体安排到统一的模式中，才能在经验上接近它们。[②]

文化强调了以社会为媒介的共同意义框架，对于组织与行动者的建构具有重大意义。组织行动者之所以会按照文化框架采取行动，是因为文化是"最深层次"的合法性，这种合法性依赖于前意识的、被视为当然的而被接受的各种理解和认知框架。"合法性是一种普遍化理解或假定，即由某个实体所进行的行动，在社会建构的规范、价值、信念和身份系统中，是有价值的、适当的假定。"[③] 组织的生存和发展除了依赖资源和信息技术之外，社会和内部成员对其的认可、接受和信任是十分重要的支撑条件。文化通过认知一致性来寻求合法性。文化的合法性具有相对性，为了获得成员内部承认而以一种文化建构的、以获取特定结果的组织行动模式，并被组织成员视为合法的行动方式，在社会看来有时

---

① Geert Hofstede, Gert J. Hofstede, Michael Minkov, *Cultures and Organizations: Software of the Mind*, New York: Mcgraw-Hill, 2005, p. 4.

② Clifford I. Geertz, *Observed: Religious Development in Morocco and Indonesia*, Chicago: University of Chicago Press, 1971, p. 17.

③ Mark C. Suchman, "Localism and Globalism in Institutional Analysis: The Emergence of Contractual Norms in Venture Finance," *The Institutional Construction of Organizations: International and Longitudinal Studies*, 1995, pp. 39 – 63.

却是一种违背社会规制实体，而不被大多数公民认可的组织或者行动方式。特定组织在行动时总是寻求内部合法性和外部合法性之间的平衡或者融合。默顿对科学发展中科学家寻求社会合法性的过程进行了充分的论述。科学和当时盛行的清教伦理在追求经验和理性上共同构成了二者行动和信仰的基础，"可能正是在这一点上，清教主义和科学最为气味相投，因为在清教伦理中居十分显著位置的理性论和经验论的结合，也构成了近代科学的精神实质"①。清教对功利主义不加掩饰的强调也引导着科学向着更加功利和世俗的方向发展，由此奠定了科学在人类社会发展中的统治地位。

学科作为学科组织建立的核心，学科文化就成为学科组织行动的框架和脚本。学科文化创造了学科组织行动的特定可能性，它规定了学科组织的认知和利益是如何被塑造的，以及决定哪些类型的行动在共同体内被认为是合法的。学科在知识特征、社会特征和价值倾向上的差异为学科组织教师评价在不同学科文化系统内提供了行动的脚本，外在的学科文化通过学科组织的内在认知建构了组织内成员的角色、目标理性和评价规则。在面对社会压力和学校改革时，学科文化脚本会为学科组织提供不同的视角和思维方式，其行动意向、目标理性和行动措施都会被固化于文化规则之中，并成为一种指导方针而输入新的背景和环境中，所以面对教师评价改革，学科组织都会做出不同的行动选择。但学科文化并不是"死"的和"单一"的，而是"鲜活"的，某一学科成员秉持此种学科信念，而另一学科成员则会秉持彼种学科信念，即使生活在同一情景中的学者或教师们，也可能对情景存在不同的感知和不同的理解。学科文化是动态的、多样的，且具有竞争性，特别是在变迁时期更是如此。美国的学科发展同时受到知识发展和社会需求的影响，每一个历史时期的学科文化都蕴含着当时的社会需求和价值。② 学科组织在动态的学科文化影响下，对教师评价改革形成了不同的行动选择。

---

① ［美］罗伯特·金·默顿：《十七世纪英格兰的科学技术与社会》，范岱年译，商务印书馆2000年版，第133页。

② Jane Robbins, "Toward A Theory of the University: Mapping the American Research University in Space and Time," *American Journal of Education*, 2007, Vol. 114, No. 2, pp. 243 – 272.

第二节　学科文化对学科组织行动选择的影响

本书在韦伯的意向行动理论、帕森斯的唯意志论行动理论和科尔曼理性行动理论的基础上构建了分析学科组织面对教师评价改革的行动框架。学科文化作为帕森斯所强调的观念性系统建构着学科组织的行动意向、学术工作理性和具体行动措施。

一　学科文化影响学科组织的行动意向

"意向"是韦伯在确定社会行动时所使用的重要概念。韦伯认为，行动与行为的区别就在于行动是有"意向"的，具有指向他人的"主观意义"和"主观动机"，而不是简单的、被动的刺激—反应。社会行动指的是一种有意图的行动，且期待有意义的结果，把考察个人的主观意图作为研究目的。这里的"意向"是指人在行动中的主观目的。作为行动者，其行动必然带有目的性、能动性以及智慧性，这是行动者区别于其他生物体的根本特征。

在现实社会环境中，大学受到社会中运作的各种现实力量的规范与制约：来自学生和家长对公平和质量的呼吁，来自市场自发形成的竞争和资源压力，来自政府要求变革和追求绩效的要求，这些都需要大学予以回应。美国大多数研究型大学都处于低度整合的社会状态。美国是多元民主政体国家，人们生活在不同的利益团体中，民主的决策"并不是一个许多人在特定的政策上联合起来向政府庄严进军的过程，而是集团之间稳步的妥协过程"。美国的政治生活是以不同的权力中心为基础，权力相对分散。美国高等教育一直处在分散控制和市场体制之中，它在传统上就是一个缺少集权和权威控制的集体。在政府减少对高等教育的资助之后，更多的研究型大学向着克拉克·科尔所描述的多元巨型大学方向发展，集多元化、开放性和互动性于一身，由一个封闭的系统转变成为开放的网络系统，承担着不同的社会职能，具有不同的职能目标。在巨型大学中，真正的权力和利益实体是基层学术单位，这是多元巨型大学的根基。美国高等教育并没有形成欧洲式的以一个人为核心的讲座制，而是形成了自上而下但权力比较分散的学系，它是一个社团式机构，是一个围绕某一学科共同利益而组织起来的相对统一的机构，在垂直结构上也具有不太严格的等级性。① 每一个学科组织在学科的影响下所面对的环境都大不相同，缺少权力中心控制的学科组织会最大限度地接受来自学科文化的塑造。

学科组织的行动意向是汇聚了成员的认知、价值和情感等全部信息后做出的行动决策表现。学科文化作为学科组织最深层次合法性和行动脚本，将对行动选择起着潜隐的引导和规塑作用，在具有不同学科文化的组织中，面对教师评价改革，其行动意向可能完全不同。学科组织具有能动性，在组织结构所提供的"意义框架"内，"在有限的可能性"里寻求最理性的行动意向。通过对数学、机械工程学、历史学和会计学四个案例的分析，我们可以发现不同学科组织行动意向具有明显的差异性。数学系的行动意向是功用外显，机械工程系的行动意向是开放适应，历史系的行动意向是传统坚守，会计系的行动意向是竞值依赖。

表 8 – 1　　　　　　　　　　学科文化与行动意向差异

学科		数学	机械工程	历史	会计
行动意向		功用外显	开放适应	传统坚守	竞值依赖
学科文化	知识特征	硬—纯学科，应用性逐渐增强	硬—应用学科，基础和应用逐渐融合	软—纯学科	软—应用学科，硬性逐渐增强（范式越发规范）
	社会特征	分散、独立，对环境越来越关注，竞争和合作不断增强	群聚、合作，对环境反应迅速，竞争激烈	分散、独立，较少关注环境，研究周期长，竞争缓和	教学上合作，研究上独立；教学上对市场反应迅速，研究上崇尚基础、忽略应用；学科内公认的权威期刊较少，竞争激烈
	价值倾向	社会需求增加，从本体价值向社会价值倾斜	社会价值倾向	本体价值倾向	本体价值和社会价值分裂，且实现手段不同

① ［加］约翰·范德格拉夫：《学术权力——七国高等教育管理体制比较》，王承绪等译，浙江教育出版社 1989 年版，第 114 页。

　　之所以不同学科组织的教师评价行动意向呈现出差异性，主要是因为学科在与社会的交往中逐渐被改造成为学科文化，知识和社会的关系会改变学科的知识特征、社会特征和价值倾向。学科知识特征具有稳定性，知识特征是学科的本原，知识在本体价值上并不存在差异，在知识经济时代，是社会和人类需求赋予知识价值以差异。

　　纯学科比如数学和历史，更追求知识本身的逻辑，也就是知识本体的价值，实用性和工具性并不是这类学科首要的考虑因素，它们以探求知识的本原为己任，以一种"内向"型的知识发现方式，保持与社会的距离。但是，当社会对纯学科知识需求增加时，纯学科知识的社会价值就会凸显，迫使学科向着更加功利性的方向发展。同属于纯学科的数学系和历史系，一个表现出了在社会价值增加后的"外显"，由坚守知识本体价值逐渐开始关注知识的应用，关注应用数学在促进大科学和大数据发展中的作用和贡献，关注从纯粹数学向应用数学的转化和二者的交融。数学知识的基础作用在知识经济时代飞速发展，数学家们参与高新技术开发、经济和国家安全事业的比例越来越大。数学不再沉浸在无用的数字世界里，它已经成为科技和经济发展的支柱学科。另一个则继续保持着知识的本体价值倾向，通过对"写史"和"历史理性"的坚守，寻求历史的本来面貌，以此为基础，行使独立的"以史为鉴"的社会职责。历史在后现代知识型社会中，并没有体现出其经济增值价值，受到的关注和要求也相对较少。历史学的毕业生多以非营利性机构为就业取向，比如学校教师、期刊编辑和博物馆工作人员等。美国历史学会从事2013年完成的对全美历史学博士（1998—2009）就业状况的调查显示，近75%的人从事学术研究职业，其中50.6%的博士生工作在四年制本科院校。[①] 相对封闭的知识发展和需求通道，让历史学科更加专注于知识的本体价值而非应用价值。

　　应用学科比如机械工程和会计学，因受到外部社会需求和实践的驱动而更强调社会价值，知识的实用性和工具性成为学科生存的基础。应用学科是"外向"型知识发展方式，与社会关系密切，对社会需求反应

<hr>

① Wood L. Maren, Robert B. Townsend, "The Many Careers of History Phds: A Study of Job Outcomes, Spring 2013," American Historical Association, Spring 2013.

迅速，它们追求知识的功利性，知识对社会发展的贡献越大，学科的社会价值就越高。但如果没有规范的基础研究和对知识本体价值的追寻，应用学科就很难获得广泛承认的独立学科地位。学科之所以被称为学科，不是因为其对社会的贡献，而是因为其对纯粹学术理想的追求。机械工程学在社会对科技发展的迫切需求下，已经形成了开放的边界，沟通了工程学科间、工程与其他科学学科间的边界，打通了基础和应用的边界，打通了大学和社会的边界，一个全然开放的机械工程学科让其在各种改革中游刃有余，并且能够走在学科文化变革的前沿，引领各种新型学术形式的诞生，以及建立大学和社会新型合作关系；会计学成为独立学科的时间较短，至今还受到其他规范经济类学科学者的质疑，因此作为应用学科的会计学正不遗余力地通过建立规范和成熟的基础研究范式、摒弃原来以现实应用为导向的研究来赢得学科的独立。但对基础研究的强调便会降低会计学赖以生存的应用性，失去社会价值和公众支持。会计学通过对教学应用性的强调保持社会所需要的会计人才的专业技能和人才输出的应用能力，以此获得社会资源和维持学科生存。

学科组织的行动意向是共同体内集体主观意愿和智慧的结晶，学科组织学术工作的理性调节，以及教师评价方式和晋升决策都会以行动意向为主要考量。

二 学科文化影响学科组织的理性调节

每一个学科组织对学术工作的选择、内涵和价值都会受到学科文化的制约。在美国大学中，学科组织学术工作并不是靠学校的行政命令强制其达到一致性的价值，而是组织成员在外在文化框架的限定下由主体认知能力决定的。主体认知能力体现的是主体在适应环境的活动中，对事物的认知和面对问题情境时的思维方式和能力表现，它是主体主观能动性的表现，选择主体的主观因素在决定学术工作制度化程度时表现出主体理性的一面，比如对制度的偏好、对利益的算计和对机会的判断等。但选择主体主观能动性的发挥依然受制于学科文化，作为学科组织中的教师群体和个人选择具有明显的理性意识，尤其是在学术工作制度化的形成上，体现了教师对利益的算计和机会的判断。

经济学家和社会学家对理性的定义有很大的区别。新古典经济学家们认为行动者受稳定偏好的导引，会考虑全部可能的方案及其后果，因此是完全理性的行动者。经济学的新制度分析学家们利用西蒙的有限理性模型假定行动者是"目的理性或有意识理性的行动者，但只是有限理性的行动者"。经济学家们放宽了正统经济学的各种假定，修正了视完全信息与功利最大化为选择标准或规范的假定，同时又坚持认为各种行动者会"尽最大的努力来满足各种各样（不限于经济）的需要"①。社会学家们认为，设计一种过度狭隘的理性框架的局限性之一就是"把行动描述为对各种物质条件的简单适应"，这种理性框架没有考虑到行动者的内在主观参照。社会学家提出了"有机论"的理性框架，认为"任何要素的本质特征都是与其他要素的关系结果"。行动者建构了社会结构，社会结构反过来又建构了各种行动者。行动者以前互动的产物——规范、规则、信念和资源——为个体决策提供了各种背景要素。② 强调文化—认知的理论家们指出，行动远离了先入为主的认知理性、计算性，转而关注行为的惯例性、视其为理所当然的前意识过程和图式。同时也规避了与狭隘的理性视角相关联的各种个人主义的、非社会假定，转而强调个体的各种选择被规范性规则支配的程度，以及嵌置于互惠性社会责任网络的程度。③

学科组织的学术工作在教师评价中的价值表现出行动理性，即学科组织希望形成一种怎样的学术以向全体成员传递价值信息和希望达到的程度。本书通过分析认为，影响学科组织学术工作价值调节的"理性"有两种：追求利益最大化的"经济理性"和追求学术价值与信仰的"学术理性"。对利益最大化的追求是经济学理论中一直坚持的"经济人"假设的基本含义。所谓经济人，就是指进行精密计算、趋利避害，总是寻求自身利益最大化的人。在《国富论》中，亚当·斯密对"经济人"的基本行为特征做了详尽描述："人类几乎随时随地都需要同胞的协助，要想仅仅依赖他人的恩惠，那是一定不行的。他如果能够刺激他们的利己

---

① Peter Abell, "The New Institutionalism and Rational Choice," *The Institutional Construction of Organizations*: *International and Longitudinal Studies*, 1995, p. 7.

② ［美］W. 理查德·斯科特：《制度与组织》，姚伟，王黎芳译，中国人民大学出版社2010年版，第77页。

③ ［美］W. 理查德·斯科特：《制度与组织》，姚伟、王黎芳译，第7页。

心，使有利于他，并告诉他们，给他做事，是对他们自己有利的，他要达到目的就容易得多了。"① 这种以追求个人利益为导向的基本心理动机就成为一切经济活动得以有效展开的内在动力。但学术职业的根本在高深知识，大学在本质上依然是做学问的场所，"追求真理"依然是大学最高尚和最引以为豪的使命，"学者治学，即对于高深学问的探求，是一种生活方式"②。放弃对高深知识的探求，学术职业和大学将会失去存在的意义和价值。作为"学术人"，教师在个人情感、责任观念上将高深知识视为高尚理想的精神和价值追求形成"学术理性"，与"经济理性"共同影响着学术工作价值的调节。学科文化则决定了经济理性和学术理性在不同学科、不同学术工作调节中的关系和彼此之间的博弈。

（一）教学的价值调节

教学的价值主要取决于学生注册和就业对学科组织的影响。一般硬—应用性学科和具有第三方专业认证机构的软—应用性学科在教学上会给予教学更大的价值。有两种因素影响了这两类学科教学价值的提升：首先，这两种学科都具有明显的市场辨识度，教学质量可以通过学生就业和专业认证得到检验，并且能够在全国形成教学声誉，声誉的显性化对于提高教学在评价中的地位具有重要作用。其次，这两类学科也都是美国学生注册率较高的学科，随着政府在高等教育拨款上的减少，以及通过绩效拨款对教学质量要求的提高，迫使大学对学费依赖日益加重，注册率越高的系，其教学的价值就会越高，因为它们来自社会问责的压力要比其他学科组织大。还有一类学科的教学价值也相对较高，即承担了大量基础教学任务的学科，这些学科大多都是硬—纯或者软—纯学科，它们是其他学科的基础比如数学和英语。当受众群体的学习关系到学校教学声誉的时候，通常，在这些系就会有一部分教师通过高质量的教学获得更多的认同和尊重。如果学科组织注册学生数并不多且所教知识并不能形成相对统一的市场声望，教学的价值就显得相对较低。就像历史系，教师既没有繁重的教学任务，也无法从教学中获得资源和声望上的

---

① ［英］亚当·斯密：《国富论》（上、下），郭大力、王亚南译，商务印书馆 2014 年版，第 96 页。

② ［美］约翰·布鲁贝克：《高等教育哲学》，王承绪等译，浙江教育出版社 1998 年版，第 34 页。

支持，就会理性地选择能够给其带来声望的学术作为自己唯一的晋升途径。经济理性是教学价值调节的主要因素。

（二）研究的价值调节

在一所公立研究型大学，发现学术处在价值的最顶端。公立研究型大学伴随着发现学术而兴起，发现学术是其赖以生存的学术形式，它塑造了今天研究型大学的学术地位和声望。博耶也认为所有研究型和博士授予型大学的教师都应该参与到发现学术的发展中来，这是研究型大学教师的根本职责和成功之道。在所有学科组织中，无论教师的教学、参与和扩展服务如何出色，发现学术依然是成就教师声望和获得同行认同的主要方式。在不同的学科文化中教师对发现学术的认知存在差异。任何创造性思想、发现和应用对于硬—应用学科来说都是发现学术，而软—应用学科依然将发现学术理解为以理论创新为主，与软—纯学科不同的是，软—应用学科的理论创新更多地来自实践和对现实问题的调查，而软—纯学科则更多地通过对抽象世界的解释和分析获得创新的源泉，但是硬—纯学科则将发现学术视为通过创新的方法发现人类业已存在但却始终不被认知的现象或者新的理论假设。发现学术在教师评价中的最高价值是任何一个学科组织学术理性的真实写照。在每一位教师的概念图式里，知识发现和创新是大学得以基业常青的根源，这是他们需要为之担负的并且区别于其他职业的职责。不管发现学术是否能够带来经济利益，作为"学术人"的教师最希望通过发现学术提高学术声望并实现自我价值。

跨学科学术的价值受学科发展的开放程度和成熟程度的制约较大。硬—应用学科的跨学科学术已经成为传统的一部分，很多学科都是经过交叉后形成的新兴学科，自身的基因就是多学科交叉的产物，比如航天工程、材料工程等。从事跨学科学术研究的学者已经成为主流研究群体，而局限在本学科内学者的研究成果则会受到来自同行的质疑，因为它可能在应用上具有极大的局限性，不利于研究成果的扩散。在学科的发展中很多硬—纯学科自身也会分裂为偏理论和偏应用的学派，其价值要视学术组织的历史和学者的研究偏好而定，但大科学和大数据时代的来临，已经让诸如数学、物理等硬—纯学科与应用性学科展开了密切合作，知识生产方式的改变促进了基础学科和应用学科的融合。硬—应用学科和硬—纯学科在跨学科学术上的投入可以获得更多的外部资源、社会支持和同行认可，诸多社会问题已经不能通过一个学科的知识范围加以解决，跨学科学术是创新的动力和重要手段，它就像学科发展的血液已经充斥到学者的每一根血管中一样，尤其是在工程学领域，从某种程度上说，没有跨学科学术，创新的概率就会大大降低。软—纯学科的跨学科研究也基本达到较高价值，它们都是学术界中最古老的学科，是很多社会科学的母体，学科成熟度较高、根基深厚长远，不重视研究的范式统一，因而形成了综合性和贯通性较强的特色，所以在文学、艺术、语言、历史和道德等研究主题上相互交叉，形成了研究领域里我中有你、你中有我的局面。软—应用学科的跨学科研究并没有如想象中那么乐观，传统的社会学科比如社会学、教育学、心理学等跨学科研究的价值要高于刚刚获得独立地位的学科比如会计学，而即使是在传统的社会学科里，并非所有学者对跨学科研究都抱有积极的态度，因为学科研究的饱和度还没有足以迫使研究者达到必须将目光扩展到与其他学科交叉的境地，学者的跨学科研究大多是出于兴趣。软—纯学科和软—应用学科在跨学科学术上的价值提升主要来自教师的个人研究兴趣和学科之间的学缘关系。软学科所进行的跨学科学术更多的是为了解释和提出新的观点或者理论，而并不是为了最终的应用。教师在跨学科学术的投入上也不一定能够带来经济和声望上的增长，选择跨学科学术的教师和进行传统学科领域内研究的教师在经济利益和学术地位上并不会有明显差异。教师对跨学科学术的追求更多的还是来自教师的学术理性，以及对知识融合和学科创新的内在驱动力。

转化研究的价值讨论仅限于硬—纯学科和硬—应用学科，从基础研究到应用的转化同时需要这两种学科的合作。传统知识生产模式下的研究并不将转化研究作为学者必须完成的任务，而是发现学术的副产品，它既可以是发现学术的终极表现形式，也可以被视为以产品为社会提供服务。社会对健康和公共福利的关注让基础研究在转化速度和使用范围上得到前所未有的发展，尤其是在生命医学领域，转化研究已经成为造福人类不可或缺的学术形式。对于硬学科而言，对转化研究价值的调节和跨学科学术类似，经济理性和学术理性都发挥着重要的作用，当转化研究的产品或福利投放市场和社会之后，教师获得的不仅仅是丰厚的经济利益和学术声望，同时以知识服务社会的职责也得以践行。

（三）参与和扩展服务的价值

在公立研究型大学，的确存在着少数在参与和扩展服务中做出突出贡献和获得顾客极高评价的学者，这些学者主要集中在赠地学院中与社区和农业相关的学科上，比如 I 大学的农学院和教育学院。为了保障这一部分学者的权利，同时也为了展现学校积极参与社会服务和经济发展的态度，在晋升路径中，学校会为这一部分教师专门开辟新的晋升模式——以参与和扩展服务为主要晋升途径的模式。但对于大部分学者来说，他们不会选择这样一条冒险的晋升途径，除了农学院的部分学科组织以及其他少数软—应用学科的学术组织外，参与和扩展服务并不被认为是学术的一部分，有的学科组织甚至从原来重视参与和扩展服务到最终抛弃了它。参与和扩展服务既无法让教师获得资源也无法使其获得声望，教师对其投入并不能带来任何的物质和精神利益。在这种情况下，多数教师只会将其视为象征性的、可有可无的学术工作，学科组织也不会创造出更好的环境和支持措施来提高其价值。无论从经济理性分析还是从学术理性分析，大多数学科的教师都很难认同参与和扩展服务的价值提升。

三　学科文化影响学科组织的行动过程

学术工作价值调节和行动过程有着密切的关系，一方面，实现学术工作价值的理性调节引导行动者对具体评价方式和晋升决策的调整，另一方面，教师的评价方式和晋升决策变化实现和强化着学术工作的价值。学术工作的价值和行动过程之间需要达到有效的平衡，当学科组织在学术工作的认知上发生改变时，作为实现学术工作价值的手段之一，教师评价标准和晋升过程也会发生改变。但具体行动措施全然植根于学科文化所允许的程序和规则上，超越学科文化框架的手段并不被成员所接受。

（一）评价方式

在教学评价中，学生和同行共同承担着直接评价的权力，但在学生评价和同行听课的运用上，各学科组织存在着巨大差异。仅就学生评价而言，学科组织就创造出多种衍化形式：学生标准化问卷、座谈、毕业生问卷、学生报告等。同行听课也被作为教学评价的一种有效手段，包括教学委员会和督导听课两种方式，听课的人数和次数也是由各系自行决定的。以市场为导向或接受第三方教育认证的学科，学生在传统上拥有较大的话语权，而这种话语权随着公共问责和大学对学费的依赖而不断增强，学生对自身权利的诉求表达强烈。这些学科更愿意进行学生评价的调整和创新以实现让学生评价更加合理和真实地反映教师教学水平的目的。工程学科运用比较曲线为晋升委员会提供更为科学和直观的学生评价情况，数学学科所面临的学生多样性则驱使着数学系利用"基于课程"的分类参数法处理不同课程之间的分数差，而市场反应灵敏的会计系则通过设定晋升"门槛"和向学生征求评价报告深入细致地了解学生对教学的看法和意见。但在注重教学是研究延续的历史系，学生评价权则会受到来自教师的约束，教师在教学评价中依然拥有较大的权力，因此这类学科并不热衷于对学生评价方式进行细化和创新。

在研究评价中，大小同行掌握着评价的权力，在涉及对"高深知识"的评价上，由于知识的深奥性和专业性，所在学科的大小同行则会表现出一种"当仁不让"和"唯我独尊"的态度，他们对候选人学术能力和潜力的评价将决定自己所在研究领域未来的发展前景和走向。外审专家无论在哪个学术组织里都具有近乎绝对的评价权，但外审专家的评价信息会得到晋升委员会的不同解读。在同行评议外审专家的甄选标准、代表作提供、候选人学术评价档案袋等问题上，学科之间还是存在一些明显差异的。对于硬学科而言，学者之间的群聚效应和团队合作是实现重大科技创新和知识突破的关键，对外审专家的甄选几乎限制在学科领域内顶级的少数高校内，崇高声望和拥有顶尖学术水平的同行往往群聚在这些高校里。因此，学校就成为工程、数学和物理等硬学科选择外审专家的首要考量条件。如果外审专家来自这些高校之外，候选人或者晋升委员会就必须提供特殊说明，证明该专家具有评价资格。在软学科，比如文学和部分社会学科里，很多学者喜欢采用田园式的研究方式，群聚和团队并不是获得学术成功的必要条件，很多优秀的学者散落在一些并不知名的高校里，但他们却是这些学科的领军人物或开拓者。因此，学校并不是这类学科选择专家考虑的主要因素，学者自身的学术声望和研究贡献成为选择的关键。在外审专家的数量上，软学科通常比硬学科征求的外审专家人数多，软学科因为学科范式的不统一和多样性，以及研究主题的分散性，会引起外审专家对候选人学术评价的分歧，且态度更为模糊，需要征求更多的专家意见从而进行全面的比对和分析。硬学科由于研究领域分明，研究范式相对规范，目标外审专家一般比较明确，外审专家对候选人学术评价分歧的概率少于软学科，虽然也会出现评价言语模糊的情况，但是晋升委员会成员有足够的经验判断外审专家态度的倾向性和言语的合理性。

在参与和扩展服务评价中，各学科对提供的活动证据有不同的偏向性。应用学科同时接受专业行会内的服务和公共服务，比如工程学和会计学与企业之间的非营利性合作、对政府和其他 NGO 机构的服务，等等；纯学科则更加关注教师在专业行会内的服务，不太重视公共服务。但近几年来，年轻教师在评价中所提供的公共服务证据逐渐增加，说明纯学科教师正在扩展与社会的接触和合作，社会职责不断增加。无论是应用学科还是纯学科，参与和扩展服务虽然在评价中的重要性相比较十年前有了一些提升，但依然处在教学和研究的阴影之下，并不被教师认为可以作为主要的学术工作。本书所研究的四个案例都没有教师打破传统晋升模式，愿意尝试将参与和扩展服务作为首要的晋升条件模式。但在比如与农学相关的学术单位里，一些教师会将参与和扩展服务作为晋升的首要选择，他们活动的工作量占总工作量的 30% 以上。在这种情况下，教师的参与和扩展服务评价权会交给学校或者当地的农业服务机构。

（二）晋升决策

对教师晋升的判断由学科组织的系主任和晋升委员会决定，这是一个群体决策的过程。群体决策包括了决策的组织方式和决策中决策者的协商和博弈。决策的组织方式是由组织的前辈决定的，决策组织方式是传统的一部分，具有传承性，但是当决策方式受到大部分教师的质疑时，学科组织就会召开全体教师会议，对决策方式进行修改。在决策组织方式上，美国高校呈现出极为多样化的特征。科层制比较明显的公立或者私立巨型大学，更愿意实行执行官员负责下的委员会咨询制度，执行官员和同级委员会分别对教师进行独立评价，委员会的作用是"咨询"而不是决策，但在通常情况下，执行官员（院长、系主任等）并不会轻易推翻委员会的意见，除非有特殊或者充足的缘由。但学校领导层没有权力强制要求所有学术组织执行这种咨询制，有些系也会采用 Chair 领导下的"委员会"决策制度，Chair 只是作为委员会中的负责人，是委员会中的一员，并不具备独立做出评价的权力和资格。学者团体生存在分散和相对独立从事研究的学科，如数学、历史、英语等中，大部分拥有高度共治的传统，学者更加追求在平等自由的学术环境中协商解决问题。在晋升决策中他们更愿意采用委员会决策制度，而不是科层制更为明显的委员会咨询制度。在竞争激烈、知识更新快、要求效率的学科，比如工程学和商学中，系主任会和委员会形成权力制衡，目的是保证学科能够对社会需求做出迅速反应，并且跳出普通学者的相似性吸引模式，以长远规划和广阔视野修正学术群体可能发生的决策偏差。[①] 组织具有惰性，尤其是在决策方式上普遍存在着内在地保持既定行为方式和消极应对环境变化的倾向，只有当学科的知识生产方式和学者团体交流方式发生剧烈变化，决策组织方式才会改变。在案例中，数学系改变了两年一次的晋升委员会选举制度，实行每年半数轮换制度，就是因为青年教师知识探索的速度和广度超出了以前传统学科知识更新的速度和范围，尽量保持委员会中有一人与候选人研究领域相同或相近。

协商和博弈是整个群体决策中最不透明的区域，所有的讨论都秘密进行，但是委员会的表决结果会向所有成员公开。协商和博弈的过程是决策者之间就组织利益所达成的非正式心理默识的过程，它并不会反映在政策或者文本之中，而只是反映在群体决策时成员对评价手段及其数据判断的心理界限和区间，比如成员对卓越、强劲、一般等较为模糊的表述在概念图式上形成的判定标准，以及在什么情况下候选人能够通过学科组织的晋升。每一个学科组织在学科文化的影响下，教师对教学、研究、参与和扩展服务晋升标准的心理默识都会截然不同，ICES 分数为3 分，在数学系和会计系所表现的意义有着天壤之别，在历史系意味着卓越的教学，在会计系则被认为是不合格的教学。硬学科在学术评价中更侧重于研究方法和过程的严谨性，不成熟或者有缺陷的研究方法、不透明的研究过程会直接导致外审专家对研究成果的质疑，但在软学科中，同行对方法上的缺陷往往具有一定的宽容度，思想系统而深刻的表达才

---

① Roebken Heinke, "Similarity Attracts: An Analysis of Recruitment Decisions in Academia," *Educational Management Administration & Leadership*, Vol. 38, No. 4, 2010, pp. 472−486.

是同行最关注的地方。在研究范式多样、学者偏好田园式交流网络的学科中，投票容易出现分化，这类学科组织给予分化投票较大的宽容性，即使出现不太严重的投票分化现象，候选人的案例也会被提交给学院；但在研究范式相对严谨的学科，则不易出现投票分化现象，一旦晋升委员会对候选人的评价出现分化，案例就可能被系里直接否决。

第三节　学科文化对学科组织效能的影响

组织效能是组织实现目标的程度。组织效能是所有高等教育机构最关心的问题。

在制定政策和制度时，无论是高校领导层还是利益相关者，都希望自己能够达到促进组织效能的目的，高校教师评价也不例外。多年来，高等教育组织效能评价采用了不同模型和指标。但大多数指标的观点具有相似性，其中人力资源（教师、学生、管理人员）管理和开发、制度的丰富性和稳定性、士气的鼓舞和保持，是测量高等教育组织效能的核心领域。高校教师评价关乎教师专业发展、学术生产力、外部资源获取、良好意愿和活力等高等教育机构组织效能的多维度发展。因此，教师评价的最终目的是通过提高教师绩效以及选择适合组织需求的高水平教师实现高校的战略目标。

组织文化被诸多组织学研究者认为是努力提高管理和组织绩效的基本结构。组织文化在当代组织绩效研究中的中心地位源于两个方面：（1）组织在外部环境中的生存和适应；（2）整合内部过程以确保继续生存和适应能力。[①] 一个组织的文化要想产生更高水平的绩效或者效能，它必须既强大又具有独特的性质：特定的价值观、特定的信念和共同的行为模式。[②] 组织的核心信念和价值观必须与实际的政策和实践密切一致。这种信念和实践之间的一致性是强大文化的核心特征，并有利于提高组织绩效。因为它促进了组织成员共识的发展、信息的交换，以及执行协

---

① Edgar H. Schein, "Culture: The Missing Concept in Organization Studies," *Administrative Science Quarterly*, Vol. 41, No. 2, 1996, pp. 229 – 240.

② Guy S. Saffold III, "Culture Traits, Strength, and Organizational Performance: Moving beyond 'Strong' Culture," *Academy of Management Review*, Vol. 13, No. 4, 1988, p. 546 – 558.

调行动的能力，由此建构一个高度整合和协同的管理系统。

学科文化是高校组织文化的重要组成部分。高校是底层学科组织的松散联合。从某种意义上说，高校组织效能就是指学科组织理解和执行学校意志、政策、制度等的总和。学科文化作为学科组织的观念系统，是其行动的准则。学科组织在面对内外环境冲击时，会根据自身利益和所处的环境发挥最大的能动性，决定如何行动。

数学系"功用外显"的评价行动来源于社会对数学需求的增加，从而加大了应用数学与其他学科合作的力度，扩展了数学服务大科学和大数据的机会。在教师评价中教学和跨学科学术的价值都有了显著的提升。大学以数学学科为主的学科组织积极参与到这种行动中。I大学的数学系是传统的以纯数学为主的学科组织，近年来也无法忽视社会需求和科技发展对其的要求，这说明数学学科已然更加注重功用的彰显和与其他学科的密切合作，以实现数学系在提升I大学教学和跨学科学术的组织目的。

机械系"开放适应"的评价行动源于整个工程学领域日益开放的疆域和社会要求其形成全面的工程教育观。无论是工程学本身的知识发展还是社会需求，都要求机械工程学向着更加开放和适应的方向发展，而当以包括机械工程学在内的所有工程学科在教学、对研究内涵的扩展、认可教师多样的工作才能上做出成效后，就意味着机械系在推动I大学扩展多元学术内涵，提升教师多样学术工作能力上做出了突出贡献。

历史系"坚守传统"的评价行动源于"著述"的传统和对史学理性的坚守，同时社会对史学的需求衰微，让历史可以始终保持原有的学科文化。从历史系的行动中我们可以看出，历史学科始终保持着史学得以建立的根基，但随着更多的教师参与到公共历史教育的行动中，历史学社会服务参与和扩展的内涵也正在发生改变。尽管历史系始终以史学理性保持与社会的距离，但是对学校在扩展社会服务的目的上给予了适当回应。

会计系"竞值依赖"的评价行动源于会计学对学生资源的依赖和基础研究对会计学作为成熟学科的贡献。会计学忽视教学的后果是注册人数的减少，这就迫使会计学不得不重新重视教学的作用，提升教学的价值，对基础研究的重视在专业行会的推动下成为获得学术声望的关键。当以实务为主的教学重新回到教师工作的中心，在基础研究继续发挥引领理论创新和学科创新的作用时，建立在分裂基础上的学科文化使得会计系推动教学和原创研究的组织目标好于跨学科学术和参与及扩展服务。

第九章 结论

通过对I大学教师评价改革中四个学科组织的行动选择以及学科文化和学科组织之间关系的分析，本章将给出对中国学科组织在教师评价改革中的建议，并总结本书的主要结论、创新和不足。

第一节 对中国地方高校在教师评价改革中的行动建议

较之改革开放初期，中国高校在主体地位建立、减少行政干预、市场体制运行以及探索独特的大学精神和文化传统上都取得了长足进步。2000年，中组部、人事部、教育部联合下发《关于深化高等学校人事制度改革的实施意见》，提出打破职务终身制和人才单位所有制，要求高校全面推行聘任制。经过多年改革，教师聘任制的确在引入竞争机制、优化教师队伍、增强大学竞争上取得了不少成绩，在教师评价进入深层改革之后，院系在教师评价改革中多元选择的趋势初露端倪，院系拥有了更多的评价自主权，教师拥有了更大的学术生涯选择权。但是不可否认的是，中国地方高校在教师评价中实行的改革带来了诸多弊端，它忽视了作为地方高校，教学在大学里的中心地位，加重了教学和科研的对立，尤其是在行政权力的干预下，又走向了千篇一律的定量和指标怪圈，也无法对学术的质量进行有效评价。

美国是院系制度的创始者，"哈佛监督委员会将教师'组织在独立的系里……这样的安排可以将那些性质相同或相似的学科集合在一起'。各个专业领域的教师们则被赋予各自领域的控制权"①。美国高校有很多非常古老的系，就像 I 大学的数学系和历史系一样，也有一些比较年轻的系，比如会计系，但它们都以学科文化为基本逻辑和规律形成了学科组织的独特灵魂和处世哲学。以学科为核心设立的"系"作为美国高校的权力实体，其基础性和权威性已经得到公认。中国高校的学院设置可以分为六种情况：（1）以核心学科为依据组建院系；（2）将原来的系直接升格为学院；（3）根据行业需要、集合多种学科而设立的院系；（4）由大学与地方政府或企业联合组建的院系；（5）由异质性大学合并而产生新的院系；（6）将原来单科性大学变成新大学中的一个学院。在地方高校，这种繁杂混乱的院系结构和权力运行很容易忽视学科文化，重视科层管理而忽视知识管理，简化管理程序，以简单的量化指标代替以学科文化为导向的质量评价。在对美国州立大学——I 大学进行案例研究的基础上，笔者提出中国地方高校院系在教师评价改革中的行动建议：（1）将对学科知识和社会关系的关注融入行动意向中；（2）对学术工作的价值调节要平衡学术理性和经济理性；（3）教师评价方法和晋升决策需符合学科发展的需要。

一 将对学科知识和社会关系的关注融入行动意向中

无论是以系为权力实体的学科组织还是以学院为权力实体的学科组织，行动意向应该以学科文化的传承和变迁为主要依据，知识和社会的互动性是促成学科组织行动意向的主要动力。学科文化是开放型文化，它在与社会和周围环境的互动和交流中不断积累、创新和前进。学科文化在知识特征、社会特征和价值倾向上的改变会直接影响学科组织的行动意向。作为公立大学，它必然引领着一国学科知识与社会需求融合的前进方向。后工业时代的大学发生了重大的变化，这种变化对学科文化的影响是深刻而广泛的，忽视这些重要的学科文化变迁而盲目采取的行动，将不利于中国地方高校向着高水平大学迈进。

首先，在知识经济时代，知识的增长和分化速度明显加快，知识的

---

① Harry R. Lewis, *Excellence without A Soul*: *How A Great University Forgot Education*, New York: Public Affairs, 2006, p. 35.

经济属性和应用属性日盛，学科的商业化色彩更为明显。20 世纪 50 年代后，学科数量、期刊数量、论文发表数和专业行会的建立都出现了爆炸性增长。1996 年，OECD 直接对 "以知识为基础的经济" 做了年度报告，对知识经济做了系统阐述，明确提出了未来经济发展是建立在知识和信息的生产、分配和使用上的。大学作为知识生产和传播的主要场所，与工业界和社会的关系愈加紧密，知识商品化和经济化趋势明显。其次，学科不断交叉和融合，交叉学科的增多让学科之间的边界和学者学科身份更加模糊。杰拉尔德·霍尔顿认为：一个生机勃勃的研究领域，其思想源泉不应该只建立在狭隘的专业基础上，而应该来自不同的方向。[①] 交叉学科让传统的学科疆域和学科身份逐渐消退，取而代之的是研究领域的 "社会圈子"，他们对一些问题有着共同的兴趣和信念。越来越多的 "专业交叉者" 和 "角色交叉者" 成为学者新的身份特征，他们可以通过一个项目建立起不同学科或者研究领域之间的联系，可以跨越基础科学和应用科学及技术之间的鸿沟。[②] 学者受聘于不同学科组织的现象越来越普遍。在学术发表上，同一研究领域的论文会散布在不同学科的期刊上。在自由的学术职业和学术场域中，这两种学科文化的变化会对大学教师的认知产生极大的影响。尽管在管理主义的影响下，美国大学尤其是公立大学对科层制管理更为偏好，但是美国高等教育一直处在分散控制和市场体制之中，它在传统上就是一个缺少集权和权威控制的集体。学科组织对教师评价改革的行动意向是不可能被行政命令所左右的，而是根据学科文化的外在框架改变学科共同体成员的内在认知以达到在保守中创新和改进的目的。

在知识经济时代，与社会联系紧密、知识增值空间大、以市场为导向的学科，会适当向社会需求和应用靠拢，这是不可逆转的趋势。知识经济和交叉学科的发展给大部分应用学科和某些硬—纯学科的行动意向带来两大影响：更加开放的学科疆域和知识社会价值的增长。在教师评价中与社会和市场相关的因素都会更加活跃，并通过改变教师对原有知

---

① Gerald Holton, "Scientific Research and Scholarship Notes toward the Design of Proper Scales," *Daedalus*, Vol. 91, No. 2, 1962, pp. 362 – 399.

② Joseph Ben-David, *Scientific Growth*, Calif. : Calif. University Press, 1991, pp. 455 – 467.

识的认知模式施加对评价的影响。同时研究领域成为评价教师学术成果的有效场域，"小同行"评价以及在研究领域内取得创新性学术成果成为普遍认同的观念。与社会保持相对距离的学科，知识领域与社会关联性不强，会让这些学术组织更愿意按照传统的学术思维坚守对教师评价的标准和方法。从某种意义上说，学科组织所面对的具体环境和社会需求是有差别的，行动意向是在各学科组织对知识和社会互动关系的理性判断基础上形成的相对统一的方向。因此，学科组织要不断关注学科知识系统、学者群体生活状态以及学科的价值倾向变化。

中国地方高校与美国不同，在改革中更加强调评价的工具性，表现出更为激进的一面，这种激进性让学科组织并不按照学术文化的变迁来改进教师评价，而是按照学校的规制性制度来进行教师评价改革。随着国家越来越依赖于大学在提升国家全球竞争力中所具有的重要作用，大学必须在知识生产中占据全球知识体系的领先地位。建设世界高等教育强国和世界一流大学的愿望越来越迫切，于是教师评价的工具性也越来越受到大学管理者的青睐，之后所有的人事制度改革以及教师的评价都是为了提高教师的竞争意识和以更加激进的方式过度强调某些符号性指标的重要性。教师评价的工具性所带来的竞争意识的确有助于提高教师流动性和减少安于现状不求进取的惰性思维，但是工具性和行政权力的结合将科层制管理和官僚作风发挥得淋漓尽致，由此引发的简单明了的量化评价方式产生了很大的负面效应，威胁着学术界所普遍珍视的探求知识和尊重传统的精神。学科组织教师评价的行动意向体现的应该是对学科发展的回应、对学科在社会发展中角色变化的回应，而不应该是对学校忽略学科差异后行政命令的回应。

二　学术工作调节要平衡学术理性和经济理性

学科组织在行动中需要拥有相对理性的学术工作价值调节，它是利益分配的重要指向，它决定了教师工作在群体内得到的认可和支持程度。美国高校各基层学术单位的学术工作是由全体成员在历史发展过程中，为了适应内外环境变化而自然形成的价值认知，所体现的是在自治状态下群体的自主选择。学科组织担负着对教师社会化的过程，在与其他教师的互动中，学科组织业已形成的全体成员对学术工作的理解和价值都会传递给新成员，他们通过信息的储存和选择，在适当的机会下模仿、实践或排练这些行为。

对学术工作价值的调节体现了行动者的学术理性和经济理性。在不同学科的不同学术工作调节中，学术理性和经济理性所起到的作用不同，需要学科组织根据学科文化进行合理平衡。新制度主义理论代表道格拉斯·诺斯认为，人的行动目的中不仅包括经济物质的生存功利目的，还为人的精神与价值追求留有目的实现的空间。① 学术界一直秉持着大学以追求知识和真理为第一准则，大学只有忠于真理和恪守学术逻辑，才能确保它的探求精神和创新能力。默顿将其称为学术情感，"学术精神的一种情感，这种情感决不能容忍学术成为其他外部力量的侍女，这种情感还具有维护学术自主性的功能。如果学术情感被消除，那么学术就会成为任何制度的玩偶，美国所有的学者在进行社会化教育伊始，就开始培养这种独立的学术情感。学者可以通过学术产出的社会功能服务社会。"② 学术理性是"学术人"必须持有的一种信念，是在涌动的利益狂流中保持清醒的学术追求。但随着全球社会变革给大学带来的冲击，建立在资本论与功用论基础之上的现代大学理念得到了更多人的支持，大学发展同样依赖社会资源，对社会发展肩负着更多的责任和使命成为大学不可回避的课题。作为"经济人"的教师也必须考虑自身利益，不仅包括薪酬等直接经济利益，还包括获取学术声望所需要的资源和学术声望上升所带来的经济利益增值。"大学为了能更好地保留它核心价值中最珍贵的部分，需要更多地关注社会需求，需要对世界的本质有更深入的了解。"③

大学教师评价学术工作价值的调节既需要学术理性，又需要经济理性，这两种理性可以促进也可以阻碍学科的发展。比如，美国高校在提高教学的价值上，经济理性发挥了重要作用，为了获得更多的学费和市场声望而提高教学价值就是典型的经济理性，始终保持发现学术的最高

---

① Douglass C. North, *Institutions*, *Institutional Change and Economic Performance*, Cambridge: Cambridge University Press, 1990, p. 94.

② ［美］罗伯特·默顿：《社会理论和社会结构》，唐少杰、齐心译，译林出版社 2006 年版，第 156 页。

③ 李莉：《新视野下的大学观：改革论，资本论和功用论》，《辽宁教育研究》2007 年第 8 期。

价值是所有教师出于学术理性的坚守。当然，对发现学术的坚守同时也会带来可观的经济利益。现阶段中国高校并没有达至相对合理的学术工作制度化程度，教师对学术工作的理解和执行具有强烈的功利化倾向，经济理性明显高于学术理性，也没有形成自治状态下的学术工作调节。院系的学术工作价值调节受制于强大的官僚和科层控制，并不是由教师群体在学科文化图式下自发形成的价值认知。目前中国高校学术工作调节更多地体现了学校领导层的强烈意愿和战略倾向，这是一种在管理上的强势控制，它会抹杀掉大学亚文化群体的差异，同时也会招致教师对行政控制下的目标价值产生厌恶和逆反心理。不受学科组织成员控制的价值调节忽略了学科差异，很难形成相对合理的利益指向，造成利益分配关系的严重失衡，导致矛盾更加突出。中国地方高校学科组织的学术工作在群体认知上模糊、价值调节不受控等问题会对教师评价改革带来消极影响。随着学科组织的结构优化和自治性的增强，更加合理的学术工作制度化程度的形成还需要更长的时间去摸索和改进。学术理性和经济理性所带来的结果可以相互转化。就像发现学术在研究型大学的兴起首先来自经济理性的触发，进而内化为教师的学术理性一样，对教学价值的提高也首先来自经济理性，进而通过合理的制度安排和教师社会化过程让其成为教师的学术理性。目前中国地方高校对学术工作的调节大部分也是通过影响教师的经济理性来实现的，但是从经济理性向学术理性的转变并不是理所当然的，需要教师的各样劳动成果都得到学校、共同体成员和社会的认可和尊重，而不仅仅认为这些是教师获取利益的手段。

三　教师评价方法和晋升决策符合学科发展的需要

在具体评价方法、标准和晋升决策上应该给予学科组织更大的自主权和展现学科特色与现实的空间。美国大学从来不在具体晋升标准和决策上给予学科组织明确的意见，反而在政策中会出现十分模糊的词语。在公立大学，学科组织所追求的不是整齐划一的学术工作分类和标准，而是能够服务于特定目的、群体和环境的更加开放和多样的学术工作。"即使是同一个词语，其定义和内涵也会随着共同体的变化而改变，我们鼓励每个学科和单位用自己的语言去描述它们独特的工作和由此衍生的同行评议、晋升和终身制评价过程等。"[1] 学校教师评价政策充当着"引导员"的角色，对基层学术单位在教师工作价值和评价规范上起引导作用。教师在对学校政策进行解读时，通常会表现出这样的看法：学校只是在试图说明我们学校的利益在哪里，什么样的教师是学校需要的，应该怎么评价我们的教师，但具体如何操作，还不是学校政策能够说明的，因为各个共同体的差异实在是太大了，真正掌控"价值分配"的是学科组织。根据对 I 大学四个案例的分析，笔者对不同学科的具体评价方式、标准和晋升决策提出以下建议：

·硬—纯学科（理科）。在教学评价上，硬—纯学科需要对学生评价进行分类处理。硬—纯学科是诸多应用学科的基础，在教学上不仅要面对本学科的学生，还要面对其他学科的学生。学生对课程的要求和接受度都存在差异。在对学生评价进行基于课程分类的基础上，利用参数比较法，判断学生对教师教学质量的满意度。在研究评价上，积极鼓励硬—纯学科与应用学科的跨学科合作，打破传统学科所设定的制度壁垒。硬—纯知识一直被认为是人类认知领域的普遍法则，在一些意想不到的地方可能极有实用性。硬—纯学科和应用学科的合作有利于加快基础研究向应用的转化速度，在评价中硬—纯学科应该增加除传统的以论文为主的评价证据之外，其他具有创造性的非论文类成果也应该成为重要的评价证据。在硬—纯学科里，除本学科权威期刊以外，各研究领域的权威期刊也被视为重要的创新性学术发表载体。硬—纯学科的参与和扩展服务主要集中在对本行业的服务上，但也鼓励教师为其他社会团体比如企业和学校提供无偿服务。

·硬—应用学科（工科）。在教学上，硬—应用学科所面对的学生群没有硬—纯学科范围广，可借鉴工程学的比较曲线对教师的学生评价分数进行较为直观和科学呈现，既可以说明教师所教课程的总体质量，又可以说明教师在职业生涯中教学能力的变化。在研究评价上，应该发展系统性的评价证据，论文、专利、专利许可、科研基金等形成了综合的证据链，它们各自承担着展现学术质量不同方面的作用。和硬—纯学科

① Robert M. Diamond, *Serving on Promotion and Tenure Committees: A Faculty Guide*, Massachusetts: Anker Publishing Company, 1994, p. 9.

一样,硬—应用学科拥有诸多细分的研究领域,它们也各自拥有权威期刊。教师只需要在其研究领域拥有创造性的成果发布,而不需要得到整个学科的认可。创新和影响力是学术评价十分重要的两个关注点,其中影响力的判断由同行决定,同时对于已经转化成产品的转化研究成果,要通过市场和顾客的评价进一步判断其推广性和应用性。与企业的创新性合作而不是重复性劳动可以视为学术的一部分。对于参与和扩展服务的评价,营利性服务要排除在可接受的证据之外,服务强调的是奉献和参与,而不是有偿劳动。

·软—纯学科(文科)。软—纯学科的知识领域与其他领域相比较为庞杂,有些学科的研究也具有硬—纯学科的普遍性,而这些学科还存在十分广泛的应用性,比如经济学。还有一些学科如历史学和社会学则对实践的直接影响较小,往往通过启蒙的方式,比如政策影响或提供良好的社会处方来影响社会。教学对于软—纯学科而言十分重要,除了入门课程以外,软—纯学科更加倾向于专家型教学,突出知识的理论性和系统性,较少考虑学生的需求和感受。软—纯学科在进行教学评价时,应该增加学生评价在教学中的作用,同时增加对学生评价分数处理的科学性,不应直接以课程平均分作为学生对教师课堂教学的证据。在研究评价上,软—纯学科主要以论文或专著为学术载体具有合理性,但同样鼓励软—纯学科和应用学科的合作,增加知识影响社会的途径和渠道。科研基金不应该成为软—纯学科判断学术质量的主要证据,但同行评议具有竞争性的科研基金可视为具有重要影响力的表现。

·软—应用学科(管科和其他社会科学)。软—应用学科的最大特点就是教学和研究容易服从于非学术利益。非学术团体与学术成员密切的联系和重叠的成员身份,相关职业协会在确定教学内容和研究计划上具有很大的发言权。[①] 但软—应用学科同样面临着来自学术共同体其他学科成员的质疑,在学科制度化过程中如果以纯应用为导向、以市场需求为导向,就会引起其他学术共同体对学科独立性的质疑。因此,学科的应用性和学科的基础研究同样重要。在教学评价上,软—应用学科应该关

---

① [英] 托尼·比彻、保罗·特罗勒尔:《学术部落及其领地》,唐跃勤、蒲茂华、陈洪捷译,北京大学出版社 2008 年版,第 189 页。

注学生需求，尤其是具有规范行业认证和统一市场就业标准的学科，对学生评价可以划分一个可接受的门槛分数，对于低于门槛分数的教师，在教学上要进行认真分析和反思。在研究评价上，应该同时承认基础研究和应用研究成果，但对于中国地方高校来说，研究型大学可以适当偏重于基础和理论研究，保证学科的自主性和独立性；教学研究型大学可以适当偏重于应用研究，保证地方高校有效地服务地方经济社会发展。在参与和扩展服务的评价上，软—应用学科同样不能将营利性服务作为评价证据。同时可以允许年轻教师减少或者拒绝服务活动，软—应用学科主要以政策咨询服务社会，年轻教师未必会有足够的经验和专业知识给出恰当的政策建议。

在晋升决策上，建议学科组织以晋升委员会为学术权力基础，以执行官员为学术权力调整，教师们在候选人晋升过程中往往会忽略学校或院系的长远规划，而作为行政执行官的院系领导的作用之一是修正学术群体可能发生的决策偏差，在众多优秀的候选人中挑选出符合学校和院系利益的、可形成学术群聚效应的人。同时建议学科组织在教学评价上发展多样化的评价手段，仅学生评价就可以包括标准化评价、座谈会、学生报告等方式，从多种渠道收集教学信息；在学术评价上，同行评议依然是目前为止最有效的评价方式，所征求的评论人数不应该少于4人，硬学科一般保持在4—6人，软学科则可适当增加外审人数，一般保持在5—8人。学科组织应该给予候选人提供与自己无利益关联的外审名单和需要规避的外审名单的权力。

第二节　美国公立大学教师评价改革弊端及对中国地方高校的警示

Ⅰ大学改革最大的弊端就是"镜像化"。"镜像"是一种隐喻，马瑞·艾德曼在提到"镜像政治"时指出，"镜像"的定义是"有组织，尤其是公共性的娱乐表演"，所有政策场域都是分台前幕后的，台前是领导借以建构和维持良好形象的平台，而幕后才是真正进行"价值分配"的地方。当一项政策的手段与目标具有非关联性或关联性不强时，它就不会带来真正的物质利益分配与改变，它所呈现的是一种价值上的倾向，是一种看起来似乎很美好的愿望，给公众带来一种良好的幻想，更多的是象征性的而非实质性的。① 玛丽·史密斯等运用艾德曼的镜像政治分析了美国教育政策的制定过程，她认为："美国政治已经偏离民主基础……教育政策能够反映一个时代的政治，折射出哪些群体能够影响本州的利益分配。在镜像政治中，平等、补偿和大众利益被抛弃。镜像政治的教育政策在民众利益的面具下服务于特殊利益群体。"②

　　美国政治学家们认为镜像政治损害了美国民主和政策的有效性，尤其是在教育政策的发布和执行上。环境的变化为大学组织的重塑提供了决定性的外部压力，组织和环境的互动带来了组织结构和功能的变化，而大学在适应外部压力上也变得越来越娴熟，镜像政策成为美国大学应对内外冲击的重要手段。由于各学科与社会关联度存在差异，社会需求对基层学术组织的影响不一，每个学科研究的问题、服务社会的方式，以及社会对其的需求也不同。知识生产的动力来自人类社会发展的需求、国家利益和优良的社会激励机制。社会需求与关联是学术组织做出选择的重要外部动力。新研究领域和学科的创建必须拥有某种外部刺激，即觉察到服务于特定社会功能的潜在效用，所有这些都涉及技术概念之上对已有知识的重建和新问题的产生。当社会发展到一定阶段，总会对知识生产提出不同的要求。在 2005 年高等教育未来委员会的会议上，委员会不只详细审查了高等教育的劳动力经济，更是把注意力放在了高等教育认证、使命、课程等基本方面。但在美国高等教育发展的历程中，大学又拥有自己的属地和自治权，关于道德和社会服务拥有一套独立的意识形态，不受外部社会的影响和约束。大学不断为自治权而奋斗，并且会根据"结构潜势"应对不同时期对大学自治权的冲击。虽然镜像政策可以给予大学及其基层学术政治更大的自由度和灵活性，但基本流于形式且相对无效。中国大学教师的聘任制改革政策也会出现镜像政治现象，周光礼在对中国 H 大学进行政策分析后认为，教师聘任制改革具有明显的镜像色彩，实质效果与其目标相去甚远。在中国进行"双一流"建设

---

　　① 周光礼：《公共政策与高等教育：高等教育政治学引论》，华中科技大学出版社 2010 年版，第 63 页。

　　② Mary L. Smith et. al. , *Political Spectacle and the Fate of American Schools*, New York：Routledge, 2004, p. 11.

进程中，地方高校教师的聘任政策一定会随着日趋激烈的办学资源和声誉竞争而不断调整。相比较部属高校，大部分地方高校在科层制上的领导特色更强，行政官员在制定政策过程中容易忽略教师声音和利益，更容易形成镜像化的改革政策，不利于师资队伍的稳定。为了避免改革镜像化所带来的负面效应，中国地方高校在制定相应政策时应该做到以下几点：

第一，坚持自上而下与自下而上的双向问题确认与议程设定，保证教师评价的真问题显现和改革过程的民主参与。

问题确认和议程设定是政策制定的起始，只有问题引起政治参与者关注才会进入议程设定阶段。议程设定决定了决策参与和权力分配的方式。在教师评价改革问题选择和议程设定上，I大学基本上采用了自上而下的程序，由教务长代表的学校领导层确认问题，并设定议程。美国政治学家小瓦尔迪默·奥兰多·基伊认为，"由部分人组成的社会阶层，主要包括政治精英、政治活动家、领导集团或有影响力的人士"，决定了议程设定。自上而下的问题确认和议程设定可以及时回应大众媒体、利益集团或者公共舆论对于公民组织的问责，但容易出现有限信息和信息不对称所引发的假问题和问题认识不清或不足的情况。因此，避免镜像政策，首先要坚持问题确认和议程设定的双向路线，结合自下而上的大众驱动型政策制定模式确保各方利益相关者都能表达意见，以使真正的问题得以显现。中国地方高校教师评价的改革逐渐向多轨制转型，主要包括教学型、教学科研型、科研型和服务型。这种选择趋势主要体现在学校在教师评价上将权力更多地让渡给了院系，而且为教师设定了多种晋升途径。但是，中国地方高校的教师评价改革还处在不稳定的转型期，在新旧制度交替、横向分权不足和权力缺少监督等问题的影响下，教师评价问题频频出现。这就更需要高校通过双向问题确认和议程设定的方式查找不足，完善制度。

第二，实现政策目标—手段合理指向与精确匹配，减少有意为之的象征性和模糊性政策表述。

当大学教师评价出现的问题引起政府和社会的广泛关注后，学校的领导层和决策者总需要采取相应的措施来回应质疑。美国高校与中国高校不同，尽管大学的结构和职能纷繁复杂，但剥去层层外表，从大学的核心来看，它不是一个公司，也不是一个国家机构，更像是一个独立王国，拥有自己的机构、权力和治理方式，与社会的互动也有一套自己的行为准则和处理方式。在殖民地时期，学院就是"国中国"，它拥有自己的属地和极高的自治权。学院关于道德和社会服务拥有一套独立的意识形态，不受外部社会的影响和约束。所以大学更愿意采取象征性的政策去回应社会质疑，至于能否解决实际问题则并不重要，因为在松散的学术共同体内部，学术守门人更多的是按照学术理性去评价教师，而非政府和公众的舆论影响。当学术守门人不认可学校的改革理念或政策措施时，就会导致政策的目标与手段不相匹配或者无法得到执行。中国与美国高等教育体制相比，行政权力相对强大，政策目标与手段的合理指向与精确匹配实施起来更容易，但中国与美国高校的区别在于，美国高校目标与手段的分离在很大程度上来自于底部厚重的管理体系，学校领导层无法控制政策的实施效果，真正的权力阶层分散在各院系和研究领域，而中国高校的政策目标—手段的分离多来自高校领导层的有意为之，以保护部分教师的既得利益或减轻改革带来的负面冲击。

第三，增加政策合法化的信息公开与实质效果，避免因信息不对称而导致的教师不满与政策偏差。

在政策镜像化的过程中，政策合法化是核心任务，如何让具有表演性质而非实用性质的政策获得合法身份是一个复杂的过程。在 I 大学政策合法化过程中，改革委员会、教师顾问会、教学促进会、普通教师等都成为积极听取各方意见的表演工具，但到了真正的决策阶段，改革委员会的最终方案被直接提交给教务长，并由教务长向董事会申请并讨论通过。决策的整个过程信息并未公开，且发布后也未引起其他教师的关注，各院系依然按照自己常规的教师晋升规则和标准行事，不具备强大的约束力。中国地方高校在政策制定过程中也经常会有意识地减少决策信息公开环节，将有助于政策合法化的信息最大限度地传达，而不利于政策合法化的信息尽量隐秘。由此产生的政策在执行过程中不仅会因为事前信息残缺或有意误导，而导致教师不满情绪积累和爆发，也会因无法实现实质效果，而减少教师对学校的信任和公正公平环境的培育。

第三节　研究结论

　　本书以美国一所公立研究型大学 I 大学教师评价改革为主题，研究学科组织——系在教师评价改革中的行动选择。从研究思路来看，主要通过对行动理论的梳理构建了行动意向—学科工作的理性调节—教师评价方式和晋升决策的研究路径，分析学科文化对学科组织行动选择的建构。从研究方法上看，主要采用了质性研究的方法，包括深度访谈、文本分析等具体研究方法；从研究内容上看，包括了对 I 大学教师评价改革、四个学科组织案例行动选择分析、学科文化对行动选择的建构，以及对中国地方高校学科组织行动的建议等内容。其中对四个学科组织案例分析和学科文化对行动选择的建构是本书的核心。通过调查研究，获得了一些有价值的结论，并在解释研究上取得了一些创新，当然也包含了很多的不足和局限。

　　结论一：美国高校学科组织对教师评价改革具有行动选择权。美国高校的教师评价改革是在综合了所有学科和院系意见基础上形成的具有包容性和妥协性的改革。它鼓励院系根据学科特征和现实环境对改革进行有条件执行。学科组织——系在"底部厚重"的管理体系中具有独立运行和决策的权力，学科组织的能动性得到了充分发挥。作为"行动者"的学科组织，有着自己独特的组织理性与行动方式，并以组织整体的名义采取各种有目的的社会行动。学科组织的"行动"，就是那些具有行动意图与目标、代表基层组织整体并对整体产生影响的行为。在教师评价改革中，学科组织——系根据学科文化设定行动意向，理性调节学术工作价值，确定教师评价的具体行动措施。对教师评价改革的行动选择是学科组织整体社会行动的一部分，现实中纷繁多样的学科组织行动样态，就是行动者在行动中不同理性选择的结果，是在学科文化制约下的"能动"选择。

　　结论二：I 大学在教师评价改革过程中，不同学科组织的行动选择具有差异性，本书总结出四种行动选择模式。

　　（1）理科代表：数学系的"功用外显"。数学的学科范式高度统一，是以数字为基础的高度抽象逻辑语言，被称为"世界性语言"。数学一直强调知识的本体价值，但随着社会对数学需求的增加，数学知识的社会价值日益彰显。数学家特别强调研究的独立性，研究成果的周期性相比较其他应用学科而言更漫长，但随着应用数学在其他学科中的应用及与之联合，很多从事应用数学研究的学者发表速度在加快。数学系功用外显行动意向的生成源自数学系成员对时代需求的回应。大科学和大数据时代将数学推向了新的繁荣，引起了学科文化的重大转变。在顺应时代需求的过程中，数学系做出了两个重要转变：大力发展应用数学和教学以不同学生群体需求为导向。在学术工作价值调节上，数学系提升了教学的价值、扩展了发现学术的内涵，跨学科学术的价值也得以提升，但专业服务一直处于停滞状态。在对教学评价上，数学系以同行权力制衡日益增长的学生权力；在研究评价上，论文依然是最重要的依据，但其他非论文类的证据也在增多，数学系还在探索对非论文类证据质量的评价。由于数学研究领域的不断分化和交叉，两年一换的晋升委员会任命方式被以每年轮换掉 5 位成员的方式所替代。数学系在晋升路径上形成了四种模式：卓越研究＋卓越教学，卓越研究＋强劲教学，研究明星＋一般教学，强劲学术＋卓越教学，其中教学价值的提升让以教学为首要晋升标准的选择成为现实。

（2）工科代表：机械系的"开放适应"。机械工程属于硬—应用学科，具有极强的目的性和实用性，最终产出是产品或者技术。机械工程突破了传统的学科边界，和其他学科彼此交叉，工程学各学科之间的界限非常模糊。原来统一的研究范式被来自不同学科背景的范式所替代，其他诸多学科的研究范式被兼容进来。机械工程学具有明显的社会价值倾向，同样具有本体价值，依然有很多学者从事工程科学研究，但不可否认的是社会价值依然是机械工程学的主流价值。机械工程学的教授需要具备三大品质：创新、冒险和团队合作。机械系开放适应行动意向的生成源自机械工程学在科技发展中逐渐形成的开放性品格和独特的全面性工程教育的推动。机械工程的开放主要体现在三个方面：跨越学科的边界、跨越基础和应用的边界，以及跨越大学和社会的边界。工程学在教育上最大的特殊之处在于全面的工程教育观，工程教育需要通过培养训练有素和具有创新能力的工程师为美国工程界和产业界输送源源不断的力量。在学术工作价值调节上，机械系将教育提升到了极为重要的位置上、所有的学术形式都被认可和接受、参与和扩展服务保持在原有水平上。在对教育的评价上，学生权力通过多样渠道得到保障；在研究评价上，重视评价证据的系统性，强调完整的证据链；在参与和扩展服务的评价上，为学校、专业行会、企业等提供的服务都可作为评价的证据。机械系形成了两种普遍接受的晋升标准：卓越研究＋卓越教学，卓越研究＋强劲教学。"开放适应"的行动选择让机械系成为执行学校教师评价改革十分卓越的学科组织之一。

（3）文科代表：历史系的"坚守传统"。历史学属于软—纯学科，是一门追求"解释"的学科。由于缺乏统一的研究范式，学术共同体内并不会出现对一种理论或者研究结论的排他性尊崇和认可，学者们的研究方式和研究论题各不相同，甚至对同一研究论题都会得出不同的结论。历史学至今一直坚持着本体价值倾向，在以知识的本体价值为学科价值观的情况下，扩展与社会的交流渠道和方式。历史系的学者们更喜欢独立研究和写作。面对教师评价的改革，历史系选择了对传统的坚守。历史学对教师评价的改变更多地遵循学科逻辑和知识本体的发展，而社会给予历史学更为宽松而自由的环境。历史系对传统的坚守主要来自两个方面：对著述传统的坚守和对史学理性的坚守。历史系的坚守使学术工作的价值并没有发生太大的变化。在对教学的评价中，学生权力并没有得到充分尊重；在研究评价中，专著和同行评议是教师提供高质量学术的有力证据，尤其是专著，几乎是决定教师能否晋升的关键证据；在参与和扩展服务评价中，教师提供公共服务的证据显著增加。在此基础上，历史系教师形成了三种可供选择的晋升标准：卓越研究＋卓越教学，卓越研究＋强劲教学，研究明星＋一般教学。当教师的教学只达到合格的标准时，他们依然可以通过提供高水平的研究而获得晋升委员会的青睐。

（4）管科代表：会计系的"竞值依赖"。会计系属于软—应用学科，会计学是一门倾向于社会价值的学科，尤其是在服务社会经济发展和管理上具有非常重要的作用。会计系同样重视知识的本体价值，尤其是在会计学成为一门成熟学科的过程中，以探求学科本质为主的科学和基础研究为会计学者们所重视。作为学术职业的会计学教师，实务和学术缺一不可。会计系"竞值依赖"的行动意向是建立在分裂的基础之上的：作为学术职业的会计师们既要通过以应用性实践的知识教学向社会提供服务，又要通过更加学术化、理论化和基础性的研究让其成为一门更加成熟和被广泛认可的学科。在学术工作价值调节上，会计系的教学回归了传统，以基础研究为核心的发现学术依然是最重要的奋斗目标，而由于学科身份的敏感性，跨学科学术则被限定在了一定的范围内，原来会计学十分重视的应用研究和对各行业的专业服务则作为参与和扩展服务被降至边缘地位。在对教学的评价中，学生拥有绝对权力；在研究评价上，会计系唯一承认的发现学术的表现形式就是论文，并且只承认在六个顶级期刊上发表的论文；在递交的学术档案袋中，跨学科学术的论文不得多于两篇。参与和扩展服务的评价只要求提供非营利性服务证据。I大学整个商学院的传统都比较倾向于行政权力和学术权力的相对分离，而行政权力在教师晋升时拥有更大的决策权。会计系对于候选人的晋升形成了两种认可标准：卓越学术＋卓越教学，卓越学术＋强劲教学。

结论三：学科文化是美国高校学科组织行动的力量。文化系统作为塑造人们基本价值和规范的系统，对社会系统起到了维持的功能。文化强调了以社会为媒介的共同意义框架，对于组织行动者的建构具有重要作用。组织行动者之所以会按照文化框架行动，是因为文化是"最深层次"的合法性，这种合法性依赖于前意识的、被视为当然的因而被接受的各种理解和认知框架。学科作为学科组织建立的核心，学科文化就成为学科组织行动的框架和脚本。在面对教师评价改革的浪潮中，学科组织以学科文化为导向，在学科价值和规范系统的约束下选择行动的方向和模式。学科文化并不是孤立的符号系统，它是开放的系统，与社会环境和条件共同经历了历史演化，形成学科共同体成员特定的行为规范。学科文化作为学科组织共同信念和共同的行动逻辑，在教师评价改革中建构着行动的图式。

学科组织的行动意向是汇聚了成员的认知、价值和情感等全部信息后做出的行动决策表现。学科文化对行动起到潜隐的引导和规塑作用，在具有不同学科文化的组织中，面对教师评价改革，其行动意向可能完全不同。学科组织具有能动性，在组织结构所提供的"意义框架"内，"在有限的可能性"里寻求最理性的行动意向。每一个学科组织对学术工作的选择、内涵和价值都会受到学科文化的制约。在美国高校中，学科组织学术工作是由组织成员在外在文化框架限定下的主体认知能力决定的。选择主体的主观因素在决定学术工作价值时表现了主体理性的一面。本书通过分析认为，影响学科组织学术工作制度化程度调节的"理性"有两种：追求利益最大化的"经济理性"和追求学术价值和信仰的"学术理性"。学术工作价值和教师评价方式、晋升决策之间需要达到有效的平衡，当学科组织在学术工作的认知上发生改变时，教师评价标准和晋升过程也会发生改变。但教师评价的方式和晋升决策全然植根于学科文化所允许的程序和规则。同时，学科组织的行动也强化和发展着学科文化，文化只有在行动中才能得以产生和继续发展。

附录一　访谈提纲

1. 请问您所在的大学和院系，教学与科研（发现学术、跨学科研究、转化研究等），哪些比 10 年前更重要？

2. 您认为大学决定进行教师评估改革的催化剂是什么？

3. 您所在院系是否全力支持和执行改革政策呢？如果不是，是什么原因阻碍了您接受改革政策？

4. 您能描述一下您的研究领域吗？这些年您所在的学科有什么变化吗？

5. 教学在教师晋升中扮演什么样的角色？如何评价您所在院系的教学？

6. 学术在晋升中扮演什么角色？如何评价学术水平？除了发表，还有什么证据可以用来评价学术？他们能说服其他同事吗？您所在院系在教师晋升评价中需要有多少同行评议？如何选择同行评议专家？他们应该具备怎样的素质？

7. 什么是参与和扩展活动？把参与和扩展活动作为首要任务的教师，他们是否得到了与那些以研究和教学为首要任务教师相同的认可或声誉？

8. 您所在院系有跨学科研究的传统吗？这个传统是如何形成的？如果晋升候选人的跨学科研究不是教师所熟悉的，如何处理这种情况？

9. 在晋升和终身教职的评价中，您是否关注教师在整合教学、学术和参与活动等方面所做的努力？

10. 您能描述一下教师晋升评价的流程吗？您能描述一下院长、系主任及晋升委员会的职责吗？如果晋升候选人收到了来自同行评议的负面评价，该如何处理？如果出现分化投票，该如何处理？

11. 您认为大学的教师评估政策好吗？未来的教师评价应该是什么样的？未来 10 年有哪些方面需要改进的？

参考文献

中文文献

一 著作

［法］布鲁诺·拉图尔：《科学在行动：怎样在社会中跟随科学家和工程师》，刘文旋、郑开译，东方出版社 2005 年版。

［美］达雷尔·R. 刘易斯、詹姆斯·赫恩：《美国公立研究型大学：为新时代公共利益服务》，杨克瑞、王晨译校，河北大学出版社 2008 年版。

［英］亨利·纽曼：《大学的理想》，王承绪等译，浙江教育出版社 2001 年版。

［英］凯西·卡麦兹：《建构扎根理论：质性分析实践指南》，边国英译，重庆大学出版社 2009 年版。

［美］科瑞恩·格莱斯：《质性研究方法导论》，王中会、李芳英译，中国人民大学出版社 2013 年版。

［美］克拉克·克尔：《大学的功用》，陈学飞等译，江西教育出版社 1993 年版。

［美］克拉克·克尔：《高等教育不能回避历史：21 世纪的问题》，王承绪译，浙江教育出版社 2001 年版。

［美］露丝·本尼迪克特：《文化模式》，王炜等译，社会科学文献出版社 2009 年版。

［美］罗伯特·金·默顿：《十七世纪英格兰的科学技术与社会》，范岱年译，商务印书馆 2000 年版。

［美］罗伯特·K. 默顿：《社会理论和社会结构》，唐少杰、齐心译，译

林出版社 2006 年版。

［美］罗纳德·G. 埃伦伯格：《美国的大学治理》，沈文钦、张婷姝、杨晓芳译，北京大学出版社 2010 年版。

［美］罗纳德·G. 艾伦伯格：《美国大学学费问题》，崔玉平译，北京师范大学出版社 2008 年版。

［美］马克·雅各布斯：《文化社会学指南》，刘佳林译，南京大学出版社 2012 年版。

［德］马克斯·韦伯：《经济与社会》，林荣远译，商务印书馆 2004 年版。

［德］马克斯·韦伯：《学术与政治：韦伯的两篇演说》，冯克利译，生活·读书·新知三联书店 1998 年版。

［英］梅拉尼·莫特纳：《质性研究的伦理》，丁三东、王岫庐译，重庆大学出版社 2008 年版。

［美］诺曼·K. 邓津、伊冯娜·S·林肯主编：《定性研究》，风笑天等译，重庆大学出版社 2007 年版。

［美］史蒂文·卢克斯：《权力：一种激进的观点》，彭斌译，江苏人民出版社 2008 年版。

［美］塔尔科特·帕森斯：《社会行动的结构》，张明德、夏遇南、彭刚译，译林出版社 2008 年版。

［美］托马斯·库恩：《科学革命的结构》，金吾伦、胡新和译，北京大学出版社 2003 年版。

［英］托尼·比彻、保罗·特罗勒尔：《学术部落及其领地》，唐跃勤、蒲茂华、陈洪捷等译，北京大学出版社 2008 年版。

［美］W. 理查德·斯科特：《制度与组织》，姚伟、王黎芳译，中国人民大学出版社 2010 年版。

［德］伍威·弗里克：《质性研究导引》，孙进译，重庆大学出版社 2011 年版。

［英］亚当·斯密：《国富论》（上、下），郭大力、王亚南译，商务印书馆 2014 年版。

［美］亚瑟·科恩：《美国高等教育通史》，李子江译，北京大学出版社 2010 年版。

［美］约翰·S. 布鲁贝克：《高等教育哲学》，王承绪等译，浙江教育出

版社 1998 年版。

[美] 约翰·杜威：《人的问题》，傅统先等译，文化教育出版社 1957
年版。

[加] 约翰·范德格拉夫：《学术权力——七国高等教育管理体制比较》，
王承绪等译，浙江教育出版社 1989 年版。

[美] 詹姆斯·S. 科尔曼：《社会理论的基础》，邓方译，社会科学文献
出版社 1999 年版。

陈向明：《质的研究方法与社会科学研究》，教育科学出版社 2000 年版。

费孝通：《费孝通论文化与文化自觉》，群言出版社 2005 年版。

冯平：《评价论》，东方出版社 1995 年版。

冯友兰：《新事论：中国到自由之路》，生活·读书·新知三联书店 2007
年版。

高雪芬、胡觉亮：《数学与科学进步》，浙江大学出版社 2011 年版。

李子江：《学术自由在美国的变迁与发展》，北京师范大学出版社 2008
年版。

林莉：《大学—企业知识联盟的理论与实证研究》，科学出版社 2010
年版。

邱均平、文庭孝：《评价学：理论·方法·实践》，科学出版社 2010
年版。

沈红：《美国研究型大学形成与发展》，华中理工大学出版社 1999 年版。

石中英：《知识转型与教育改革》，教育科学出版社 2001 年版。

王建成：《美国高等教育认证制度研究》，教育科学出版社 2007 年版。

宣勇：《大学变革的逻辑》，人民出版社 2009 年版。

于杨：《现代美国大学共同治理理念与实践》，中国社会科学出版社 2010
年版。

张慧洁：《中外大学组织变革》，复旦大学出版社 2005 年版。

赵万里：《科学的社会建构》，天津人民出版社 2002 年版。

周光礼：《公共政策与高等教育：高等教育政治学引论》，华中科技大学
出版社 2010 年版。

朱新梅：《知识与权力：高等教育政治学新论》，教育科学出版社 2007
年版。

二　期刊

陈恒六：《从科学家对待原子弹的态度看知识分子的社会责任》，《政治学研究》1987 年第 6 期。

陈廷柱：《多元价值论与大学理想的诉求》，《教育研究》2007 年第 6 期。

陈晓端：《美国大学学生评价教学的理论与实践》，《比较教育研究》2001 年第 2 期。

陈瑜：《美国大学教师评价中的同行观察初探——以得克萨斯大学为例》，《教育与考试》2011 年第 4 期。

董立河：《后现代主义之后的历史理性与史学实践》，《历史研究》2013 年第 5 期。

范明、张帆：《以质量和创新为导向的学术评价体系研究》，《国家教育行政学院学报》2013 年第 10 期。

菲利普·阿特巴赫、阿曼达·戈德尔：《论文引用率与大学排名：引文分析法不宜用于大学评估与排行》，张晓鹏等译，《中国高等教育评估》2006 年第 3 期。

高军、迟爽：《中国学术评价的异化研究》，《高校教育管理》2008 年第 2 期。

高月萍：《高校学术评价的价值冲突及其现实反思》，《理工高教研究》2008 年第 5 期。

谷贤林：《美国研究型大学管理的若干特点》，《清华大学教育研究》2010 年第 4 期。

顾建民：《学科差异与学术评价》，《高等教育研究》2006 年第 2 期。

何玉润、李晓慧：《中国高校会计人才培养模式研究——基于美国十所高校会计学教育的实地调研》，《会计研究》2013 年第 4 期。

何兆武：《对历史学的若干反思》，《史学理论研究》1996 年第 2 期。

贺琛：《会计研究范式理论探讨》，《财会通讯》2012 年第 21 期。

贾永堂、杨红旻：《改革开放以来高等教育分权模式的问题与治理》，《高等教育研究》2015 年第 3 期。

金吾伦：《跨学科学：跨学科研究的科学》，《天津师范大学学报》（社会科学版）1994 年第 5 期。

李冲：《刍议高校教师学术评价缺位及其补正》，《现代教育科学》2007
　　年第 4 期。

李莉：《新视野下的大学观：改革论，资本论和功用论》，《辽宁教育研
　　究》2007 年第 8 期。

刘创：《在传统与保守中获取自由——论大学传统与保守的文化品格及当
　　下意义》，《教育研究》2004 年第 4 期。

马克斯·普朗克：《世界物理图景的一致》，《国外社会科学》1984 年第
　　6 期。

缪榕楠：《难以弥合的区隔——大学教师学术评价复杂性探讨》，《教育研
　　究与实验》2010 年第 2 期。

彭云望：《学术评价泛行政化问题之分析》，《理论界》2010 年第 1 期。

钱甜甜、吴卓平、张巍：《回归学术本质，构建合理的大学学术评价体
　　系》，《上海教育评估研究》2014 年第 1 期。

邱均平：《学术评价的"三二一"——"三种途径"、"两类心理"、"一
　　门科学"》，《评价与管理》2013 年第 4 期。

饶燕婷：《美国大学学生评教的影响因素研究述评》，《比较教育研究》
　　2009 年第 8 期。

沈红：《论大学教师评价的目的》，《高等教育研究》2012 年第 11 期。

沈红：《论学术职业的独特性》，《北京大学教育评论》2011 年第 3 期。

汪志斌：《历史学的跨学科研究及其创新意义》，《中华文化论坛》2012
　　年第 4 期。

王建慧、沈红：《美国大学教师评价的导向流变和价值层次》，《外国教育
　　研究》2016 年第 7 期。

王英杰：《美国大学中的院长：制度、文化和责任》，《比较教育研究》
　　2015 年第 2 期。

王英杰：《美国研究型大学辨析》，《清华大学教育研究》2008 年第 1 期。

维克托·迈尔·舍恩伯格：《大数据时代：生活、工作与思维的大变革》，
　　周涛译，《人力资源管理》2013 年第 3 期。

吴志功：《国外巨型大学的组织结构特点分析》，《比较教育研究》1999
　　年第 1 期。

余东升：《质的方法在院校研究中的适用性及其范围》，《高等工程教育研

究》2009 年第 6 期。

袁爱玲：《知识经济呼唤创新教育》，《教育研究》1999 年第 5 期。

周玉容、沈红：《大学教学同行评价：优势、困境与出路》，《复旦教育论坛》2015 年第 3 期。

邹波、孙垠：《三螺旋混成组织视阈下的科学知识生产》，《哈尔滨工业大学学报》2012 年第 5 期。

英文文献

一　著作

Ad Hoc Committee on Resources for the Mathematical Sciences; Commission on Physical Sciences, Mathematics, and Resources; National Research Council, *Renewing Us Mathematics: Critical Resource for the Future*, Washington: National Academies, 1984.

Ahmed Riahi-Belkaoui, *Accounting Theory*, Berlin: Cengage Learning Emea, 2004.

Albrecht W. Steve, Robert J. Sack, *Accounting Education: Charting the Course through A Perilous Future*, Florida: American Accounting Association, 2000.

Allen F. Repko, *Interdisciplinary Research: Process and Theory*, London: Sage Publications, 2008.

Andrew J. Hoffman, *From Heresy to Dogma: An Institutional History of Corporate Environmentalism*, New York: Stanford University Press, 2001.

Anthony F. Grasha, *Assessing and Developing Faculty Performance: Principles and Models*, Cincinnati: Communication and Education Associates, 1977.

Burton R. Clark, *Perspectives on Higher Education: Eight Disciplinary and Comparative Views*, Oakland: University of California Press, 1984.

Burton R. Clark, *The Academic Life: Small Worlds, Different Worlds*, Lawrenceville: Princeton University Press, 1987.

Burton R. Clark, *The Higher Education System: Academic Organization in Cross-National Perspective*, Oakland: University of California Press, 1986.

Carolin Kreber ed. , *The University and Its Disciplines: Teaching and Learning within and beyond Disciplinary Boundaries*, New York: Taylor & Francis, 2008.

Charles E. Glassick, Mary T. Huber, Gene I. Maeroff, *Scholarship Assessed*, San Francisco: Jossey-Bass, 1997.

Charles F. Thwing, *A History of Higher Education in America*, Hew York: Appleton and Company, 1906.

Clifford I. Geertz, *Observed: Religious Development in Morocco and Indonesia*, Chicago: University of Chicago Press, 1971.

David A. Kolb, *The Kolb Learning Style Inventory*, Boston: Experience Based Learning Systems Inc. , 2007.

David Damrosch, *We Scholars: Changing the Culture of the University*, Cambridge: Harvard University Press, 1995.

Derek D. Price, Derek John De Solla Price, *Little Science, Big Science-and Beyond*, New York: Columbia University Press, 1986.

Douglass C. North, *Institutions, Institutional Change and Economic Performance*, Cambridge: Cambridge University Press, 1990.

Edward E. David, et al. , *Renewing Us Mathematics: Critical Resource for the Future*, Washington: Critical Resource for the Future, 1984.

Ernest A. Lynton, *Making the Case for Professional Service. Forum on Faculty Roles & Rewards*, Washington, D. C. : American Association for Higher Education, 1995.

Gary J. Previts, Babara D. Martino, *A History of Accountancy in the U. S. A. : The Cultural Significance of Accounting*, Ohio: Ohio State University Press, 1996.

Geert Hofstede, Gert J. Hofstede, Michael Minkov, *Cultures and Organizations: Software of the Mind*, New York: Mcgraw-Hill, 2005.

George D. Kuh, Elizabeth J. Whitt, *Culture in American Colleges and Universities, Ashe-Eric Higher Education, Report* No. 1, 1988, Washington, D. C. : Association for the Study of Higher Education, 1988.

Harry R. Lewis, *Excellence without A Soul: How A Great University Forgot Education*, New York: Public Affairs, 2006.

John M. Braxton, William Luckey, Patricia Helland, *Institutionalizing A Broader View of Scholarship through Boyer's Four Domains*, San Francisco: Jossey-Bass, 2002.

Joseph Ben-David, *Scientific Growth*, Calif. : Calif. Univ. Press, 1991.

Joshua Gans, Scott Stern, *Assessing Australia's Innovative Capacity in the 21st Century*, Melbourne: Intellectual Property Research Institute of Australia, 2003.

Judith M. Gappa, Ann E. Austin, Andrea G. Trice, *Rethinking Faculty Work: Higher Education's Strategic Imperative*, Washington: Jossey-Bass, 2007.

Julie T. Klein, *Interdisciplinarity: History, Theory, and Practice*, Detroit: Wayne State University Press, 1990.

Larry A. Braskamp, John C. Ory, *Assessing Faculty Work: Enhancing Individual and Institutional Performance*, San Francisco: Jossey-Bass Inc. , 1994.

Mary L. Smith et al, *Political Spectacle and the Fate of American Schools*, New York: Routledge, 2004.

Mirja Hartimo, *Phenomenology and Mathematics*, Berlin: Springer Science & Business Media, 2010.

National Research Council, Division on Engineering and Physical Sciences, Board on Mathematical Sciences and Their Applications, Committee on the Mathematical Sciences in 2025, *The Mathematical Science in 2025*, Washington: National Research Council, 2013.

Peter Galison, Bruce W. Hevly, *Big Science: The Growth of Large-Scale Research*, Redwood City: Stanford University Press, 1999.

Richard Ms Wilson, *The Routledge Companion to Accounting Education*, London: Routledge, 2014.

Robert M. Diamond ed. , *The Disciplines Speak: Rewarding the Scholarly, Professional, and Creative Work of Faculty*, Forum on Faculty Roles & Rewards, Washington, D. C. : American Association for Higher Education, 1995.

Sahlins Marshall, *Islands of History*, Chicago: University of Chicago Press, 2013.

Tony Becher, Paul Trowler, *Academic Tribes and Territories*, London: Mcgraw-

Hill Education, 2001.

Williams Raymond, *The Sociology of Culture*, Chicago: University of Chicago Press, 1981.

Yvonna S. Lincoln, Egon G. Guba, *Naturalistic Inquiry*, Fiesole: Sage Publications Ltd., 1985.

二　期刊

AAA Research Impact Task Force, "The Impact of Academic Accounting Research on Professional Practice: An Analysis by the AAA Research Impact Task Force," *Accounting Horizons*, Vol. 23, No. 4, 2009.

Alan J. Richardson, "Applied Research in Accounting: A Commentary," *Canadian Accounting Perspectives*, Vol. 3, No. 2, 2004.

Anne Hyde, "History Discipline Core: American Historical Association Tuning Project," *American Historical Association*, 2012.

Anne-Françoise Gilbert, "Disciplinary Cultures in Mechanical Engineering and Materials Science: Gendered/Gendering PractICES? " *Equal Opportunities International*, Vol. 28, No. 1, 2009.

Barbara M. Olds, Barbara M. Moskal, Ronald L. Miller, "Assessment in Engineering Education: Evolution, Approaches and Future Collaborations," *Journal of Engineering Education*, Vol. 94, No. 1, 2005.

Brian C. Drolet, Nancy M. Lorenzi, "Translational Research: Understanding the Continuum from Bench to Bedside," *Translational Research*, Vol. 157, No. 1, 2011.

Brian P. Green, Thomas G. Calderon, Barbara P. Reider, "A Content Analysis of Teaching Evaluation Instruments Used in Accounting Departments," *Issues in Accounting Education*, Vol. 13, No. 1, 1998.

Bruce Keith, "Disciplinary Culture and Organizational Dissonance: The Regional Association in American Sociology," *Sociological Focus*, Vol. 37, No. 2, 2004.

Charles P. Snow, "Two Cultures," *Science*, Vol. 130, No. 3373, 1959.

Charles P. Snow, *The Two Cultures and A Second Look*, New York: New American Library.

David W. Leslie, "Accounting Faculty in Us Colleges and Universities: Status and Trends, 1993 – 2004," *American Accounting Association*, 2008.

Derek K. Oler, Mitchell J. Oler, Christopher J. Skousen, "Characterizing Accounting Research," *Accounting Horizons*, Vol. 24, No. 4, 2010.

Diana Rhoten, "Interdisciplinary Research: Trend or Transition," *Items and Issues*, Vol. 5, No. 1 – 2, 2004.

Ea. Zerhouni, "Translational Research: Moving Discovery to Practice," *Clinical Pharmacology & Therapeutics*, Vol. 81, No. 1, 2007.

Pamela J. Eckard, "Faculty Evaluation: The Basis for Rewards in Higher Education," *Peabody Journal of Education*, Vol. 57, No. 2, 1980.

Gerald Holton, "Scientific Research and Scholarship Notes toward the Design of Proper Scales," *Daedalus*, Vol. 91, No. 2, 1962.

Greg Wise, Denise Retzleff, Kevin Reilly, "Adapting Scholarship Reconsidered and Scholarship Assessed to Evaluate University of Wisconsin-Extension Outreach Faculty for Tenure and Promotion," *Journal of Higher Education Outreach and Engagement*, Vol. 7, No. 3, 2002.

Illinois State University, *Illinois State University Report of the Comptroller*, in Accordance with the Single Audit Act and Omb Circular A – 133, June 30, 2008.

Jagdish N. Sheth, Parvatiyar Atul, "Evolving Relationship Marketing into A Discipline," *Journal of Relationship Marketing*, Vol. 1, No. 1, 2002.

Jane Robbins, "Toward A Theory of the University: Mapping the American Research University in Space and Time," *American Journal of Education*, Vol. 114, No. 2, 2008.

Jerry G. Gaff, Robert C. Wilson, "Faculty Cultures and Interdisciplinary Studies," *The Journal of Higher Education*, 1971, Vol. 42, No. 3, 1971.

Joel S. Demski, "Is Accounting An Academic Discipline?" *Accounting Horizons*, Vol. 21, No. 2, 2007.

John A. Dossey, "The Nature of Mathematics: Its Role and Its Influence," *Handbook of Research on Mathematics Teaching and Learning*, 1992.

John C. Fellingham, "Is Accounting An Academic Discipline?" *Accounting Horizons*, Vol. 21, No. 2, 2007.

John M. Braxton, Alan E. Bayer, "Assessing Faculty Scholarly Performance," *New Directions for Institutional Research*, Vol. 50, No. 2, 1986.

Judith V. Grabiner, "Conflicts between Generalization, Rigor, and Intuition: Number Concepts Underlying the Development of Analysis in 17 – 19th Century France and Germany," *Society for Industrial and Applied Mathematics*, Vol. 48, No. 2, 2006.

Julie E. Mills, David F. Treagust, "Engineering Education—Is Problem-Based or Project-Based Learning the Answer," *Australasian Journal of Engineering Education*, Vol. 3, No. 2, 2003.

Karl E. Weick, "Educational Organizations as Loosely Coupled Systems," *Administrative Science Quarterly*, Vol. 21, No. 1, 1976.

Kenneth A. Merchant, "Why Interdisciplinary Accounting Research Tends Not to Impact Most North American Academic Accountants," *Critical Perspectives on Accounting*, Vol. 19, No. 6, 2008.

La Salle, "Basic Research in Accounting," *The Accounting Review*, Vol. 34, No. 4, 1959.

Lee D. Parker, James Guthrie, Simon Linacre, "The Relationship between Academic Accounting Research and Professional Practice," *Accounting, Auditing & Accountability Journal*, Vol. 24, No. 1, 2011.

Lindsay Prior, *Using Documents in Social Research*, Fiesole: Sage Publications Ltd, 2014.

Janice B. Lodahl, and Gerald Gordon, "The Structure of Scientific Fields and the Functioning of University Graduate Departments," *American Sociological Review*, Vol. 37, No. 1, 1972.

Mark C. Suchman, "Localism and Globalism in Institutional Analysis: The Emergence of Contractual Norms in Venture Finance," *The Institutional Construction of Organizations: International and Longitudinal Studies*, 1995.

Mary D. Sorcinelli, Jami Desantis, "Faculty Priorities Reconsidered: Rewarding Multiple Forms of Scholarship," *The Journal of Higher Education*,

Vol. 78, No. 6, 2007.

Mary F. Fox, "Research, Teaching, and Publication Productivity: Mutuality versus Competition in Academia," *Sociology of Education*, Vol. 65, No. 4, 1992.

Nannerl O. Keohane, "The Mission of the Research University," *Daedalus*, Vol. 122, No. 4, 1993.

National Institutes of Health, Institutional Clinical and Translational Science A-ward (U54), March 22, 2007, Rfa – Rm – 07 – 007.

Neal Whitman, Weiss Elaine, "Faculty Evaluation: The Use of Explicit Criteria for Promotion, Retention, And Tenure," *Aahe-Eric/Higher Education Research Report*, No. 2, 1982.

Norman Metzger, Richard N. Zare, "Interdisciplinary Research: From Belief to Reality," *Science*, Vol. 283, No. 5402, 1999.

Norton M. Bedford, "A History of Accountancy at the University of Illinois Urbana-Champaign," *The Accounting Historians Journal*, Vol. 26, No. 1, June 1999.

Pamela J. Eckard, "Faculty Evaluation: The Basis for Rewards in Higher Education," *Peabody Journal of Education*, Vol. 57, No. 2, 1980.

Pamela J. Eckard, "Issues and Trends in American Education," *Peabody Journal of Education*, Vol. 57, No. 2.

Paul Sarbanes, "Sarbanes-Oxley Act of 2002," *The Public Company Accounting Reform and Investor Protection Act*, Us Congress, 2002.

Peter Abell, "The New Institutionalism and Rational Choice," *The Institutional Construction of Organizations: International and Longitudinal Studies*, 1995.

Peter Seixas, "Beyond 'Content' and 'Pedagogy': in Search of A Way to Talk about History Education," *Journal of Curriculum Studies*, Vol. 31, No. 3, 1999.

Peter Seldin, "Faculty Evaluation: Surveying Policy and Practices," *Change: The Magazine of Higher Learning*, Vol. 16, No. 3, 1984.

Philip Selznick, "Jurisprudence and Social Policy: Aspirations and Perspectives," *Cal. L. Rev.*, 1980.

Raoul A. Arreola, "Issues in Developing A Faculty Evaluation Systems," *American Journal of Occupational Therapy*, Vol. 53, No. 1, 1999.

Ravindra R. Kamath, Heidi H. Meier, Edward G. Thomas, "Characteristics of Accounting Faculty in the Us," *American Journal of Business Education*, Vol. 2, No. 3, 2011.

Robert J. Menges, "Evaluating Teaching Effectiveness: What Is the Proper Role for Students?" *Liberal Education*, Vol. 65, No. 3, 1979.

Robert Mw Travers, "Appraisal of the Teaching of the College Faculty," *Journal of Higher Education*, Vol. 21, No. 41, 1950.

Roebken Heinke, "Similarity Attracts: An Analysis of Recruitment Decisions in Academia," *Educational Management Administration & Leadership*, Vol. 38, No. 4, 2010.

Scott Freeman et. al., "Active Learning Increases Student Performance in Science, Engineering, and Mathematics," *Proceedings of the National Academy of Sciences*, Vol. 111, No. 23, 2014.

State of Illinois 2 91st General Assembly 3 Senate, *State of Illinois 91st General Assembly Legislation*, Senate Resolution No. 296, March 23, 2000.

Stephanie Moser, "On Disciplinary Culture: Archaeology as Fieldwork and Its Gendered Associations," *Journal of Archaeological Method and Theory*, Vol. 14, No. 3, 2007.

Stephen H. Haber, David M. Kennedy, Stephen D. Krasner, "Brothers under the Skin: Diplomatic History and International Relations," *International Security*, Vol. 22, No. 1, 1997.

Steven H. Woolf, "The Meaning of Translational Research and Why It Matters," *Jama*, Vol. 299, No. 2, 2008.

Sylvia Hurtado, Jessica Sharkness, "Scholarship Is Changing, and So Must Tenure Review," *Academe*, Vol. 94, No. 5, 2008.

Tony Becher, "Historians on History," *Studies in Higher Education*, Vol. 14, No. 3, 1989.

Tom Lee, "The Professionalization of Accountancy: A History of Protecting the Public Interest in A Self-Interested Way," *Accounting, Auditing & Accounta-*

bility Journal, Vol. 8, No. 4, 1995.

Jim L. Turner, Matthew Miller, and Claudia Mitchell-Kernan, "Disciplinary Cultures And Graduate Education," *Emergences*: *Journal for the Study of Media & Composite Cultures*, Vol. 12, No. 1, 2002, P. 47 – 70.

University of Illinois, *University of Illinois Annual Finacial Report*, June 30, 2014.

Viale Riccardo, Henry Etzkowitz, "Third Academic Revolution: Polyvalent Knowledge; The Dna of the Triple Helix," *Fifth Triple Helix Conference*, *Department of Production Systems & Business Economics*, *Polytechnic of Turin & Fondazione Rosselli*, Turin, Italy, May 18 – 21, 2005.

William Trochim et al. , "Evaluating Translational Research: A Process Marker Model," *Clinical and Translational Science*, Vol. 4, No. 3, 2011.

Willis A. Jones, "Variation among Academic Disciplines: An Update on Analytical Frameworks and Research," *Journal of the Professoriate*, Vol. 6, No. 1, 2011.

Wood L. Maren, Robert B. Townsend, "The Many Careers of History PhDs: A Study of Job Outcomes, Spring 2013," *American Historical Association*, Spring 2013.

Ylijoki Oili-Helena, "Dsciplinary Cultures and the Moral Order of Studying-A Case-Study of Four Finnish University Departments," *Higher Education*, Vol. 29, No. 3, 2000.

后　记

　　我们团队中大部分人都是背井离乡，远离父母来武汉求学的。在求学的过程中总会遇到这样或那样的困难，在外面总会有雨打风吹。但是，我们每一个人都会记得有一个人为我们打造了坚固的避难所，在她的关怀中，你可以忘掉忧伤、得到安慰，像一个母亲一样时时刻刻保护着她的孩子们。记得2012年的5月博士生面试时，我从家里赶了十几个小时的火车来到武汉，没有休息就去见了沈老师，饥肠辘辘。沈老师得知我没有吃早餐，就吩咐爱萍为我买了面包和牛奶，并看着我把早餐吃完，她的眼中充满了慈爱和怜悯，我的心中充满了暖流和感恩。记得2015年4月在芝加哥寒风凛凛的街头，我没有带够衣服，被冻得瑟瑟发抖，沈老师把她身上穿的毛衣脱下来为我避寒，她被冻得仅仅裹住风衣，就为了一个没有生活经验的不懂事的傻学生；走在车水马龙的马路上，她会紧紧拉着我的胳膊，生怕车辆碰到了我或者我走丢了；她会在去香港时，反复叮嘱男生们要保护好我这唯一的女生，出去时要把我夹在他们中间。她总是告诉我们，不管在生活上、家庭上或者心理上，有任何的困难都可以随时找她并向她求助。现在回想起来，感觉这就是一个大家庭生活的点点滴滴，充满了欢声笑语，充满了人间的温存，充满了一个母亲的关爱。

　　在温室中生长的花朵永远经受不住风雨的洗礼。沈老师是"文化大革命"后的第一届大学生，又在而立之年后出国求学，深知磨炼在学术道路上的宝贵。所以，她从来不让学生总是躺在温床上做学问。沈老师总会给学生所能承受的学术压力，促使我们在学术上不断前行。她很少在学术上说学生的好话，有时候我们还会收到十分严厉的评语，但自古严师出高徒，红门团队每一位成员的"抗压"能力在未来的发展中都起到了重要的作用。在学术上，沈老师的严谨让每一个学生都感到"胆寒"，身为红门团队中的一员，所不能忘记的就是对学术的责任，要有红门起码的学术素养和学术能力。记得在一篇文章的修改中，我被沈老师"骂"了不知道多少次，她总是能够找到我的问题所在，并用近乎严苛的话语提出来，目的就是让我谨记，下次不要再犯。她逐字逐句地修改，每一稿都发到我的信箱里，提醒我哪些地方又是重新修改的、为何要这样修改，一个严师"恨铁不成钢"的心情跃然纸上。我把每一稿按照日期收放在文件夹中，记住恩师的谆谆教诲和虔诚的学术态度。严格培养换来的是我们走出师门的笔直腰杆，当你顶着"沈红学生"的名号走向学术职场时，受到的是招聘者高看一眼的尊重和竞争者羡慕的目光。记得在某校的招聘上，院长对我说："我一直想招一个沈老师的学生，可就是没能如愿，不知这次是否有机会。"沈老师以朱九思先生为师，那是她一生的荣光；我们以沈老师为师，亦是一生的荣光。

我们每个人在实现人生梦想的道路上总会磕磕绊绊，幸好沈老师时常在我们身边，紧紧地抓住我们，从未放手。在入学之初，她会与每一位学生真诚交心，在谈吐之中她能够精确地洞察学生的优点、缺点，更重要的是她会记住每一个人心中的梦想。记得我在博士入学的时候，曾向她提起自己在出国留学上所做的努力和所遭受的挫折。我没有想到的是，她竟然时刻将这件事挂在心上。无论在国际会议上，还是在平时与国外的学术交流中，她总不忘为我牵线搭桥，寻找一位合适的国外导师。在她的努力下，我成功地获得了伊利诺伊大学香槟分校的联合培养机会，实现了多年来出国学习的梦想。当我踏上美国的那一刻，心中更多的不是激动和高兴，而是恩师的期盼和重托。沈老师在 2015 年 4 月代表学校走访了华工在美的优秀毕业生，甚为有幸，能够与她一同生活半月有余，亲眼见证了她的工作日程和习惯：沈老师每天都工作到很晚，即使在非常疲惫的状态下，还是坚持给学生修改论文、处理公务，每天心心念念的都是学生的出路和发展。她真的是把我们团队中的每一个成员都当成自己的孩子，绞尽脑汁地为大家的未来想办法，睡觉之前就像数羊一样把我们数一遍，想想我们的近况和以后的发展路径。沈老师总是告诉我们外面的世界很精彩，我要为你们每一个人创造接触世界的机会。她是这么说的，也是这么做的！她时常带领弟子们活跃在世界学术的舞台上：美国、德国、阿根廷、中国香港和台湾……当我们背起行囊，去探寻真理、与世界交往时，心中都会有说不出的激动。她总是说把钱花在学生身上，是最值得的，是最有收获的，也是对中国学术的未来负责。"给每一个学生以机会，尽我所能。"她就是那个可以在你人生路途上，在你实现人生梦想中时刻搀扶你、时刻帮助你，是你无畏前行的依赖。

感谢恩师陈廷柱教授！没有陈老师在学术上的启蒙和教导，学生不会有今日之成绩！陈老师是一位不善情感流露但处处为学生着想的好老师，他总是无声地帮助你、提携你。陈老师培养了我对高等教育的学术素养，为我指明了研究的方向。在硕士入学之时陈老师推荐的高等教育经典我至今还在反复研读。

感谢父母的哺育之恩！蓼蓼者莪，匪莪伊蒿。哀哀父母，生我劬劳。蓼蓼者莪，匪莪伊蔚。哀哀父母，生我劳瘁。每每想到求学十几载，无暇侍奉双亲，实有余哀。他们承受着岁月无情的变迁，我们学有所成的背后竟是父母日渐苍老的容颜和始终不变的关爱。

感谢佐治亚大学的闫教授！有一个和你一起长大但又比你大很多且同处于学术职业之中的哥哥是痛苦的也是幸运的，他总是能够在我贪图享乐时给我当头一棒，也能够在我迷茫时用一两句话点醒梦中人。在他面前我永远都是那个跟在他屁股后面问东问西不知天高地厚的小屁孩儿。感谢授课之师刘献君教授、冯向东教授、张应强教授、李太平教授、余东升教授、柯佑祥教授、贾永堂教授和雷洪德副教授，授业之恩没齿难忘。感谢我在 UIUC 接受访谈的所有教授，他们之中有很多都已是所在领域的佼佼者，还能抽出时间接受我的访谈，没有他们就没有这篇博士论文。感谢爱萍，话到嘴边却又不知该如何说，是感谢抑或者是亏欠，"乐于助人"这等平庸的语言并不能描述这个最不像"80 后"的"80 后"，也许有一句话可以表现她是一个怎样的女生："有事情，找爱萍。"感谢"红门三胖"——王鹏师兄、之远和志平，压力之余还能相互调侃，尽显"损友"本色：调侃师兄的"腿短"，调侃皮卡丘（之远）的"荒原"，调侃甜甜（志平）的"浑圆"；感谢"定量二张"——冰冰和青根，定量如白痴的我时常把他们问得目瞪口呆、瞠目结舌，至今都还记得他们迷茫的眼神，仿佛颠覆了他们认识的那个定量世界。感谢熊俊峰师兄、张和平师兄、牛风蕊师姐和刘盛师姐，在学术和工作上总会得到他们的指点和经验。同门之情，是缘分亦是满满的互助和欢乐。感谢常州大学高等教育研究院副院长徐高明教授在本书的修改完善、出版资助等方面提供的极大的支持、鼓励和指导。

最后，深深缅怀在我生命中影响深远的先生和亲人们。在归国前夕，惊闻九思先生与世长辞，终年百岁。那个种树的老人走了，那个焕发了青葱校园的老人走了！九思先生将一生献给了华工，当我们这些后人徜徉在郁郁葱葱的梧桐树下，心中总会念起这位缔造了共和国高等教育传奇的"华工之父"，他让年轻的校园充满了朝气，他唤醒了大学精深的精髓。随恩师走访美国之时，耕耘在世界名校的那些业已功成名就的毕业生们，无不敬佩九思先生在那个动乱的年代"敢于竞争、善于转化"的魄力，无不感念九思先生当年为华工奠定的勃发根基，"回国要去看看九思老院长"是他们的心愿和牵挂；涂又光先生走了，涂先生的风骨和学识就像世界名人园石碑上为我们留下的那几个刚劲大字，它好比苍松翠柏万古长青；文辅相先生走了，他独树一帜的学术思想奠定了华中科技大学高等教育的发展根基。没有这些逝去的先生们，我们何以立足于强手如林的学术王国。老当益壮，宁移白首之心？穷且益坚，不坠青云之志。云山苍苍，江水泱泱，先生之风，山高水长！

在本书出版前夕，我亲爱的、敬爱的、可爱的外公不幸离我而去，我从小便在他精心呵护和养育下长大，与老人家相处 38 年，都是幸福的印记。谨以此书，慰藉他的在天之灵。

是他们，他们或多或少教会了我相处之道，或多或少给予了我前行的勇气，或多或少包容了我的缺点，或多或少影响了我的生活和学术态度，或多或少有让我钦佩的地方和心疼的地方。他们如山间清爽的风，如古城温暖的光，从清晨到夜晚，从山野到书房，从岁月静安到沧海桑田，谢谢从我的世界路过，今生相伴！

王建慧

写于常州大学逸夫科技楼

2023 年 2 月